21世紀の結婚ビジネス
アメリカメディア文化と「妻業」

スザンヌ・レオナード 著
河野貴代美・但馬みほ 共訳

三一書房

Wife, Inc.: The Business of Marriage in the Twenty-First Century
by Suzanne Leonard
Original Enlish Language Edition Published by
New York University Press

カバー絵：河野貴代美

日本の読者へ

二〇一八年発行の拙著『Wife, Inc.: The Business of Marriage in the Twenty-First Century』が日本で翻訳出版されることを祝い、この便りを日本の読者に送れることを光栄に思います。

子どもだった頃、私は常に結婚に憧れていました。英国のダイアナ妃の写真を降り注がれるように浴び、あとは二人の男の子の成長を見てきました。成功している結婚、失敗した結婚の物語を読み、同じテーマのテレビや映画を見てきました。私の両親はまだ共に暮らしていますが、離婚した親を持つ子どもたちの物語に非常に興味を持った時期もありました。

後になって、フェミニストが結婚を批判していることを知りましたが、少なくとも議論になっているのは制度なのだと思うようになりました。

結婚は家父長制的なミソジニストの実践であり、女性を支配するように作られているとある者は言います。このような論議は、歴史的に女性は所有物と考えられてきていると指摘し、さらに婚約者双方の家族にとって結婚は彼らの持つ経済的、社会的、文化的権力を強化するようにデザインされていると言います。別の者は、自由な表現という選択があるのだから、あなたが誰を愛しているかを世界中に宣言するチャンスになる、とも。結婚は人々をとても幸せにするし、また悲惨にもします。

私は文学とメディア研究で博士号をとり、結婚をテーマに研究し続けました。また二〇世紀のフィクションや映画の中の不誠実な女性の表象に焦点を当て論文にしました。古典的な解釈では、結婚の誓いを裏切る女は死にさえいたります。この色合いは変化してきていますが、しかし裏切りは、まだ論議のあるところとして残っています。私にとって、不誠実な女性に対する持続的な注目が、結婚の話題に関する絶え間ない文化の変容を確認させてくれます。

二〇〇〇年代の初め、あるプロジェクトで仕事をしていた時、米国と英国で「ポストフェミニズム」という言葉が流行り始めました。これは複雑な用語ですが、「もうフェミニズムは不要だ、望ましいものは手に入れたから」というサインのようなものでした。一方でフェミニストの見識は、女性を不幸な事態に導いている、なぜなら基本的に、妻であり、母であるという伝統的に女らしい役割から目を背けさせているからだと示唆しました。「選択」の考えは、また結婚についての会話を確定されたものにしてしまい、多くの人々はほとんど政治や文化の重要性に関わりのない個人的なコミットだと見ています。

しかし結婚は個人的なことで政治的なことではないということの考えを、私は正しいとは思えませんでした。私は結婚し、子どもを作り、そして長い間、このことを考えてきました。この間ずっと、人々は結婚ついいて、また現代社会におけるその役割について語っていない何かがあると感じてきました。そして二〇一二年、二つのことに気が付きました。一つはアメリカのポピュラーカルチャーに広く喧伝されている「妻」という言葉です。突然、「妻交換」「本当の主婦」とか「姉妹妻」（これらは、人気テレビプログラムの名付けたもの）という言葉が現れました。妻を求めている男性や妻になりたい女性を必死で助けるテレビプログラムの爆発です。オンラインデートのサイトは参加者に、出会いのために、自分の欲望を十分吐露するつもりがあればソウルメイトを見つけられるし、後に楽しそうで冒険好きな魅力的な自分の写真を得られるようになると約束するようになりました。同時にいかに結婚率が減少しているか、とくに経済的な資源を持たない人たちには、という話もたくさん出ました。本書は、ポピュラーカルチャーのどこにでもあるように見える結婚が、なぜ人々の現実生活で、ありそうもないことになっているのかという疑問に答えようと試みたものです。

その答えは私を驚かせました。米国における結婚はますます富や地位の目印になってきているということでした。資産の少ない多くの人々は、結婚しないか、さらにこの選択は自分たちには開かれていないと感じています。富の格差はアメリカ的文脈では広がり続けており、この傾向はさらに増長しています。また同時に結婚しない人たちは、ますますそのための資金を貯めなくなりました。本書において結婚が経済的な特権層にテコ入れする中で、結婚が演じる役割を検討し続け、さらにいかにポピュラーカルチャーがこのプロセスに関与しているかを分析したいと思いました。

私の調査、教育、学問は米国の状況を土台にしています。とはいえ本書の結果は広く応用できるのではないでしょうか。最近、東南アジアの国々において、いかに結婚率が減少し、ひいては出産率の低下をもたらしているかについての資料を読みました。日本や韓国の所轄官庁は、人口数の安定のために、カップルにとっての「仲人役」を引き受けようとしているようです。しかし、多くの人たち、特に女性は結婚に興味がなく魅力のあることとは見ていないようです。このためらいが、頑固なジェンダー不平等からきていることはわかっているつもりです。多くの女性にとって、結婚の現実は、しばしば遠隔の、また孤立した場面で夫や子どもや親戚の面倒を見なければならないものだからです。

本書はこのような現実について考える手助けになると思います。また米国の女性が結婚すべきだというプレッシャーをいかに操作しているか、またさらに、結婚は経済的成功を得るために必要であるというメッセージをいかようにさばいているかがわかると思います。米国では人口問題等のために結婚を喧伝するような公的な「仲人役」を雇用していません。しかしポピュラーカルチャーは、長年このような類の仕事をしてきているし、結婚は女性にとって唯一望ましい人生の選択だと示唆してきています。

あなた自身、あるいは友人、あなたの家族の人生において結婚はどのような役割を演じているか考えることを考えてほしいと思います。日本のポピュラーカルチャーにおいては、これらのメッセージの拡散は違ったものになると思いますが、それでもあなたは考えることはできます。「私の周りで誰が結婚しているか？　誰はしていないか？　なぜ？」と。なぜ政府の介入が必要なのか、政府はそうすべきか？　と。私たちが結婚の社会的な現実を知れば知るほど、結婚が演じる役割をさらに定義できるようになります。もしいかに生きるべきかの処方箋をこの本に見つけられないとしても、結婚を理解することは、ジェンダーと権力を理解することから切り離せないでしょう。結婚したときに利益を得るのは誰でしょう。しなかったときに利益を得るのは誰でしょう。このような質問に答えることが、究極的に権力が検討されないまま、説明されないまま残されてしまうことを確信できる手助けになるでしょう。翻ってこの種の実践は、平等を要求する第一歩になるのではないでしょうか。
これを書くために本書を再読しました。米国以外の読者にこのようなつながりを保持できたことは非常な喜びでした。但馬みほさんには、本書の翻訳に励んでくださり、私の著作を手近なものにしてくれたことに感謝します。最後に心を込めた感謝を河野貴代美さんに。彼女の考えがなくては、本書は日の目を見ることはなかったでしょう。貴代美さん、あなたは刺激的で倦むことを知らないフェミニストです。二〇二一年の秋に専攻を変えて学生として再度シモンズ大学院に戻ってきてくれたことは、大きな喜びでした。逆にあなたは多くのことを私に教えてくれました。

シモンズ大学大学院　スザンヌ・レオナード

（河野貴代美・訳）

目次

もくじ

はじめに

妻産業

アメリカのテレビチャンネルＦＹＩの番組「一目で結婚」（２０１４〜）は、番組の六人の出演者が、結婚の決定を「科学」にゆだね、見知らぬ人との結婚に同意するという、きわめて冷静、単純な前提で出来ている。詳細な性格分析、魅力の評価尺度、家庭訪問など、番組が繰り返し「洗練された手段」と呼んでいるものを使って、専門家（心理学者、性科学者、社会学者、スピリチュアル・アドバイザー）が競争相手の中から結婚相手を選ぶのである。番組名が示唆するとおり、将来夫婦となるべき二人は、文字通り初めて祭壇で出会うのである。この番組に出演したある参加者は出演の理由を聞かれて、デートのやりかたが変わって、デートがしにくくなったからと答えた。今はメールやネットでのやりとりが多くなり、直接顔を合わせることが少なくなっていると彼女は言う。

社会学者のペッパー・シュワルツ博士は、この番組が意味のある実験だと認めている。「人々を疲れさせる混沌としたデートシステムの解毒剤になるかもしれない」と。気まぐれな選択と意図を回避し、失敗した初デートの不快感を参加者に与えない「一目で結婚」は、機能不全のデート環境に疲れ、時間に追われる社会人のための答えなのかもしれない。端的に言えば、この番組は「運命の人」を見つけるプロセスを外注するモデルを提示している、と。

効率的な手法に依拠し、カップルになるための科学的と思われるアプローチおよび参加者が結婚を適切にする作業を執拗に強調することから、「一目で結婚」はありがたいことに本書への導入として最適な番組だと言える。番組では、結婚して一ヶ月後に夫婦が結婚を続けるかやめるかを決める。この番組は、アメリカの結婚文化が二一世紀になって根本的に見直されたことを気付かせたと私は思う。すなわち、結婚がフルタイムの仕事や家の購入と同じように、腰を据えて取り組まなければならない仕事である、という考え方に変化したということである。結婚相手を得るための合理的なシステムを構築する「一目で結婚」は、結婚しても良いという準備体勢程度を、男女ともに結婚を決意するべき唯一の理由へと引きあげたのである。『妻たること　101――間違いない男に出会って、私が得たあらゆる間違い』という本では、「一目で結婚」が約束する長い結婚生活を実現できているわずか二組のカップル（番組が5シーズンも続いているにもかかわらず）のうちの一組の女性が、結婚生活を成功させるには時間と努力、そして成功への意志以上のものは必要ないと淡々と言い切っていることを紹介している。「科学的にアレンジされた、法的拘束力のある目隠し《ブラインド》結婚」に同意したことについて書く、著者のジェイミー・オーティスは、結婚後には他にもやるべきことがたくさん残っていると打ち明ける。「結婚生活を長く続けるためには、私は良い妻になること、そして良い義理の家族になることを、すぐにかつ効率的に学ばなければならなかった(1)」。

本書は、二一世紀アメリカの文化的構造に新たに組み込まれた、結婚に関する合理的な理解を理論化し、女性向けメディア文化の詳細な分析を通じて、それを解きほぐすことを試みるものである。具体的には、テレビ、映画、文学作品、ニュース、女性誌、新しいメディア、アドバイス・カルチャーなどを取り上げ、これらの展開を見てみよう。本書には男女双方を参照しているが、「妻」という言葉の牽引力が増していることに伴い、結婚文化における女性の位置付けに重点を置いている。読者には、「妻」という呼び名が現在流行しているとは思われないかもしれないが、結婚という制度は、特に女性にとって、過去四〇年間に劇的に変化したものである。一つには、かつて女性にとっての労働、経済、家庭生活に関する不公平さが、社会で起きた多くの変化と自由主義の進歩で改善したことがあげられる。かつて妻が直面していた二流市民としての地位は、結婚制度に対する第一波、第二波のフェミニストたちの批判に火をつけるきっかけとなったが、女性の獲得物が広く了解されたポストフェミニズム時代には後景に退いている。家庭でも仕事場でも平等が必要だという認識は、必ずしも実現されてはいないが、認識自体はほぼ主流になっている。その結果、今日では女性の性的欲求は結婚でしか満たされないとか、男性は繁殖のために必要だとか、家庭を機能的に支えるために女性が情緒的、家庭的、あるいは肉体的な労働の大部分を負担しなければならないなどというのは、まさに時代錯誤だと感じられるようになった。恋愛面でも実用面でも、アメリカにおいての結婚は、平等なパートナーシップ、経済的自立、ロマンティックな愛に基づいており、このような新しい取引は特に女性に恩恵をもたらすものと広く理解されている。

まず「一目で結婚」が衝撃的なのは、こうした進歩を無視し、結婚は専門家に任せるのが一番だという、仲人や見合い結婚の歴史を引き合いに出した一見時代遅れの考えを提示している点である。この番組の基盤において同じく退行的なのは、私たちの文化が、結婚は選択するものであるという信念に基づいた教育の中でされていることだ。このレトリックは、女性の個人主義に関するポストフェミニストの概念に負っているのと同様に、今や同性婚運動でも定着している。しかし、二〇代、三〇代の魅力ある若者たちが、愛に基づいてパートナーを選ぶという聖なる権利に近いものを犠牲にして、一群の見知らぬ人たちが選んだ相手と結婚するという事実は、女性の結婚への依存度が急激に低下しているという広範な認識を打ち消すものであろう。コスモポリタン誌のようなよく手に取られる雑誌は、結婚がもはやかつてほど重要な出来事ではないという示唆を恐れなくなっている。二〇一三年八月に掲載された「I Do, or Do I?（誓います、ほんとに？）」という恐れを知らぬタイトルの記事は、多くの結婚専門家や若い女性を調査し、「結婚を遅らせるか、急速に、結婚しなくなっている」という結論に達している。この記事は、女性が「二〇代では結婚に対して相反する気持ちを抱いている」ことを示しており、この観察は人口統計学的データにも見合っている。米国の調査機関ピュー・センターの二〇一四年のレポートによると、二五歳以上の成人二〇％（約四二〇〇万人）が未婚であり、この数字は一九六〇年代のデータとは大きく異なっている。当時このカテゴリーに属していたのは、アメリカ人のわずか九％だった。また、初婚年齢は女性が二七歳、男性が二九歳と、男女ともに結婚までの期間が長くなっていることも、最近の統計の裏付けとなっている。

このデータは、結婚の社会的意義、必要性、そして普遍性が以前よりも低下しているという広く信じられている考えを裏付けると思われる。二〇一〇年の国勢調査によると、アメリカの家庭のうち結婚して子どもを持つ異性婚カップルはわずか二〇％である。同棲率の増加、初婚年齢の上昇、当時は多くの州で同性婚という選択肢がなかったこと、結婚はもはや生殖に先駆けて必要ではないという考えが主流になっていることなどの現実を無視した統計となっているのである。しかし、数的減少は、結婚がアメリカ的な想像力の最後のよりどころを弱めたわけではないし、結婚制度を取り巻く膨大な関心とエネルギーが弱まったことを示すものでもない。歴史学者のステファニー・クーンツは二〇一三年にこのように書いている。「結婚が死んだという噂は非常に誇張されている。人々は結婚をあきらめてはおらず、単に時期を遅らせているだけである」[2]。結婚がもはや重要でないという認識も、アメリカの人気メディアの言説にざっと目を通すだけでも（特にその領域における異性愛者の女性の役割に目を向けると）維持するのが難しいことがわかる。実際二一世紀の女性のポピュラーカルチャーでは、熱心に求愛し、豪華に結婚し、スキャンダラスに離婚するという関心と条件が妻によって支配されているのである。具体的には、妻は回顧録やアドバイス本を書き、妻としての立場を中心に据えたビジネスを始め、フィクションおよびリアリティ番組で主演を務めている。妻は忘却の彼方へ向かうどころか、ポストフェミニストのメディア文化が最も好むアイコンへと変貌し、女性のライフサイクルに関する議論の枠組みとして限りなく利用されている。このような状況において、妻は歴史的に衰退した存在であると同時に、これまで以上に重要な存在となっているのだ。

妻の座と結婚は、ポストフェミニズム時代のメディアが女性のライフサイクルを調査し、記述し、処方するための好ましい様式であり続けている。換言すれば、妻の描写は、現代アメリカ文化が女らしさの規範について論じる上で最も重要な方法なのである。このような結婚文化の支配性は、成熟すること、大人になること、そして生殖の未来への道筋の一歩として、一部見るからに明白な役割から生じている。愛とロマンスが結婚と子どもに通じるという、従来のラブストーリーの背景を考えてみよう。同性婚が国民の権利として認められるようになったことで（トランプ政権のもとで不安定になったことは認めよう）、結婚の軌道はむしろ人々の意識の中に否応なく刻まれるようになった。結婚は単に個人生活、本、映画、テレビ番組だけでなく、チック・リットと呼ばれる女性向け小説、ラブコメディ、リアリティデート番組といったジャンル全体を構成する好ましい主目的として存続しているのである。ステファニー・ハーゼフスキが女性向け小説の研究で詳述している。このジャンルの小説がしばしば「夫婦の絆の希薄さとか、ロマンティックな結婚式は、長きにわたる充足を保証しないという社会学的、現実的な解説」をしているにもかかわらず、「結婚は終着点であり、交際は主目的であると捉えられているのである」と。この断絶は、女性のメディア文化においてなぜ結婚が軽視されると同時に顕在化するのか、という問いを投げかける。アンジェラ・マクロビーは、経済的なインセンティブが低下したために、結婚の文化的側面が焦点化するようになったと説明している。

男性の覇権を維持・強化するために多大な努力が払われているのは、まさにその支配を脅かすと思われる勢力が存在するからである。こうして、結婚文化の道具立ては、その必要性が問われるまさにその時に、ポピュラーカルチャーの中で大いに顕在化していく。西洋の女性にとって、生存そのものや子どもの幸福が、もはや稼ぎ手となる男性パートナーを見つけることにかかっていないとすれば、結婚の意義はかなり低下する……。これは、もはや経済的に中心になりえないものが、まさにその理由から文化的に必要になるというケースである。(3)

マクロビーは、「結婚文化とそれに付随するすべてのものを賞賛する」という新たな試みが、「変化と移動の中でも決まった秩序が優勢であることを保証する」試みなのだと考えている（前掲書）。結婚が経済的には必要でないにしても、文化的には必要であり続けていることを示す証拠として、妻をテーマにしたメディアが大量に生産されていることを挙げることができるだろう。歴史上実在した夫の妻たちを想像して再現した小説、『パリの妻』、『アメリカの妻』、『飛行士の妻』、『ロス・アラモスの妻』を始めとして、この言葉をマーケティングの鍵として題名に使ったフィクション（例えば『国会議員の妻』、『一九世紀の妻』、『タイガーの妻』他）、妻を名乗るテレビ番組（例えば「妻交換」、「デスパレートな妻」、「本物の主婦」他）まで、率直に言って妻は過度に露出された存在なのである。上記のリストでは、あえてタイトルに「妻」という言葉が使われているものだけを取り上げた。これらの作品は非常に異なる効果を持っており、その多くは本書で解析されることになるが、分析のための明確な出発点の一つは、現代のメディア化された環境において、妻の文化的な顕在化をまずは認識することである。

結婚——昔と今

本書の最も重要な基盤の一つは、結婚を、特に女性にとって独特な意味を持つ、移り変わりの激しい文化的制度として理解することにある。おそらく西洋文化における結婚の最も大きな変化は、ステファニー・クーンツの大著『結婚、歴史』で述べられている「従順さから親密さへ」という動きと、「愛が結婚を征服した」という二つのキャッチフレーズによるものであろう。クーンツの説明によれば、歴史の大部分を通して結婚は政治的・経済的な制度として定義され、それは今日の政府や市場と同じように「物と人の生産と分配」を組織することによって機能してきた。[4] 結婚は愛情や経済を同じく調整する重要な社会的要因であったが、一八世紀後半に人々が個人の愛情に基づいてパートナーを選ぶことができるという概念が文化的理想として広まると、この機能は変化しはじめた。自由な選択と愛のための結婚が、クーンツの言う「稼ぎ手が男性である恋愛結婚」を促し、妻は育児をする主婦として、男性は文化を提供する者として期待されたのである。しかしこの理想は、ほぼ一九五〇年代まではブルジョワを除いて経済的にほとんど実現不可能であった。この時期は、中産階級が一人の稼ぎ手によって繁栄できた特異な時期であったと今では理解されている。この時代、そしてこの時代が具現化した厳格な性別役割分担は、今もなおアメリカの文化的想像力の中で圧倒的な位置を占めている。

一九七〇年代には結婚の規範が再び激変する。この変化は、クーンツの説明においても私の研究においても特に重要である。二〇〇五年、著書の中でクーンツは「男女の関係は過去三〇年間に、それまでの三〇〇〇年間よりも大きく変化した」と主張している。

二〇年足らずの間に、結婚に関する法律的、政治的、経済的な文脈はすべて一変した。一九七〇年代の終わりには、女性は法的権利、教育、避妊具、そしてまともな仕事を手に入れることができるようになったし、離婚も簡単にできるようになった。同時に、伝統的な家族のありかたを新しい経済の中で維持することが困難になった。そして、新しい性風俗、婚外子への寛容さ、自己実現への願望の高まりが、人々が個人的な関係について決定を下す文化的環境を変化させた。一九八〇年代から九〇年代にかけて、こうしたすべての変化が重なり合い、社会全体にとっても人々の個人生活にとっても結婚の役割は、もはや取り消すことができないほどに大きく変化したのである（前掲書）。

クーンツの主張は一般に女性解放運動として理解されているもので、医療、教育、政治などの分野で女性の平等が叫ばれただけでなく、政治的グループにとっても中心的課題となったことを示している。こうした改革が進むにつれて、家庭生活の理想と夫婦の絆のありかたが見直され、相互扶助と共働が結婚の望ましい一面として脚光を浴びるようになったのである。男性が稼ぎ手というイメージが薄れるのと同時に、女性の経済的な自立が促進・可視化された。女性は経済的安定のために結婚するのではなく、情緒的な充足感を得るために結婚する必要があると考えられたのである。

また、結婚に対する理解の変化もその重要性を政治化していく。第一波と第二波のフェミニストたちは、男性が女性の身体、財産、労働力を非難されることなく利用できるという不公平なジェンダー図式を伝播するものとして旧制度を非難したのである。一九六〇年代から七〇年代にかけて、この批判は基本的に街頭で叫ばれ、活動家、理論家を始めとして主流派の幅広い介入によって地方に分散された。一九六九年に急進的なフェミニスト集団がマディソンスクエア・ガーデンの外で発したブライダルフェアに対する呪詛の言葉を始めとして、女性の家庭内での無償労働が家庭外での男女同一賃金要求を妨害するので結婚の廃止が必要だと主張したフェミニスト活動家の著作、さらに、不満を抱えた専業主婦を取り上げた主流雑誌の無数の記事、加えて、独身・別居・離婚した女性を取り上げた映画やテレビ番組、そして新しい性のありかたを考えるフィクションまで、異性間の結婚を精査するプロセスは、この時期何かと話題を引き起こした。

こうした結婚批判と、クーンツが一九八〇年代から九〇年代にかけてのアメリカにおける結婚の本質を語る際に使った安心感を与えるトーンとを比較するのは有益であろう。クーンツによれば、女性にとっての良い仕事というはかない夢と同時に、教育、避妊、離婚へのアクセスが容易になり、「自己実現」の内的要求にしたがって「決断」することが大衆化したという。

この発言には、ポストフェミニズムを定義するようになったいくつかの前提が、私の研究の文脈と現実性を形成するものでもあるという理解において、極めて顕著に共通している。

だが一つ気になるのは、クーンツは経済的な不平等について言及していないことだ。多くの女性は「まともな仕事」に就くことができないし、これまでもできなかった。さらに、教育や避妊といった古くから「女性用」とされてきた問題に関して、進歩という目的論に対する信頼が見られる。それには個人の決定する力についての確かな投資までも含まれる。エレスペス・プロビンは、個人の選択へのポストフェミニスト的投資を有効にも「有選択階級」と名付け、すべての決定を個人の観点から枠づける傾向を指す用語として使っている。とはいえプロビンはこのような理想化に異議を唱え、「物質的なレベルでは、大多数の女性はいまだにほとんど選択肢が与えられておらず、魅力的な選択肢で埋め尽くされたこれらの表現はすべて、イデオロギー的宣言にすぎない」と主張している。それでもなお、個人的選択の概念は、結婚の文化政治を表現する上で最も重要な社会的心的態度になっている。

クーンツの記述が示すように、一九八〇年代、一九九〇年代、そして二〇〇〇年代初頭には、結婚は主に私的な約束事として機能し、その実践者の幸福を善意で確保しようとするものだという主張が盛んに行なわれた。このような帰結は、結婚の柔軟性という考え方に拠るところが大きい。最も称賛すべき立場は、社会学者アンソニー・ギデンズの仕事から生まれたもので、彼の一九九二年の画期的な研究『親密さの変容——現代社会における性、愛、エロティシズム』に表されている。同書は、有難いことに、性的関係が参加型民主主義の原則に依っていると理解できるような新しい情緒的秩序のおかげで、解放の可能性がロマンティックな愛の実現にあるという信念を説いている。ギデンズは、フェミニストや運動とは無縁の一般女性までもが、関係における平等と互恵性を要求する様子を観察し、こうした理想は彼が「純粋な関係」と呼ぶ、入口と出口双方の条件が柔軟に定義される、きわめてユートピア的形態で実現されると論じた。ギデンズによれば、純粋な関係はそれ自体のために作られ、同じ条件で解消されるものである。ギデンズは、純粋な関係と結婚を区別しているが、多くの人々にとって、両者での体験はしばしば区別がつかない。彼は、「かつて愛は、性的に『普通の』多くの人々にとって、結婚を通じてセクシュアリティと結びついていた。しかしいまや愛と結婚の二つは、純粋な関係を通じてより強く結びつくようになった。多くの人々にとって、また否応なしにすべての人々にとって、結婚は純粋な関係という形へとますます変化してきている」(5)と書いている。結婚が束縛ではなく、価値ある解放的な関わりであるという考え方は、結婚の制限の厳しさが顕著なバックラッシュを呼んだ一九七〇年代からの大きな転換を意味する。

また、一九八〇年代から九〇年代にかけては、夫婦の間だけでなくその子孫のためにも、結婚生活をうまく送ることの重要性が文化的に強調されるようになった。この二〇年間に結婚カウンセラーの数が急増したことに加え、歴史学者のクリスティン・セレロは、「結婚生活を続けるには」と題した一九八七年のニューズウィーク誌のカバーストーリーを引用し、二人の関係に「取り組む」ことの美徳を賞賛している。同じような視点は女性向けメディアにも見られる。一九八〇年には人気女性誌マドモアゼルが「結婚狂騒曲」が起きたと宣言し、一九九一年にはレディースホーム・ジャーナル誌が「関わりへの回帰」を指摘した。結婚制度の称賛とその利点に関する議論は、学術的な探究にもトリクルダウン効果［訳注：政府資金は福祉などより企業に分配するほうが経済成長をうながすという考え］をもたらした。社会学者のウェンディ・ラングフォードは、結婚に関する研究で権力の問題を扱おうとした研究者も確かにいたが、「一九九〇年代までには、著名な社会理論家が再び性的カップルを進歩的で人間的なものとして構築し、さらに、部分的にはフェミニズムへの対応として、恋愛関係は以前よりも平等でやりとり可能なものになってきていると主張している」と述べている。このバラ色の平等主義的見解は慰めになるが、それにもかかわらず、ラングフォードの一九九九年の研究は、科学的な精査に耐えられないと言われている。長期的な恋愛関係にある女性たちにインタビューした結果、ラングフォードは、平等な愛というビジョンは女性の生活の実態を神秘化することに役立ち、女性たちに「ジェンダー化された二項対立、疎外、権力の階級を特徴とする社会秩序の再生産にエネルギーを注ぎ込ませる一方で、民主的カップル言説を鮮明にする」と結論付けている。ラングフォードの知見は、『女と愛――進行中の文化大革命』として発表されたシェア・ハイトの大仰な一九八八年の研究を裏付けるように思われる。その中でハイトは、ポストフェミニストの女性たちは、配偶者との対等なパートナー関係を実現しようとする試みに、依然として深い失望を抱いていると論じているのである。(6)

結婚を自由な約束事として祝福すること、またそれに反する意見を退散させることは、一九八〇年代、一九九〇年代、二〇〇〇年代初頭、政治的批評に値する制度としての結婚が、その地位を相対的に低めることに力を貸した。文化理論家のデヴィッド・シャムウェイは二〇〇三年にこのように書いている。「かつて結婚は、自然なものであると同時に社会的に必要なものであると考えられていた。今はその自然性が疑問視され、右派の大衆道徳家だけが結婚を社会的義務とみなしている。今日、結婚は最もプライベートな行為であり、個人の幸福と充足に関する事項である」[7]。結婚は政府の干渉や介入なしに、責任ある当事者が自由に出入りできる私的な約束であるという信念は、現在我々がネオリベラリズム（ネオリベ）として考えているものと強い親和性を持っている。ネオリベの考え方は、公私のほとんどすべての領域に浸透しており、人々は自己利益のために行動し、自由な選択を行使し、自分の決定と行動に個人的責任を負うべき行為遂行体の主体であるという信念を優先させるものである。結婚を個人の権利と責任という私的な約束事として新たに位置付けたことは、ネオリベ的な規範とぴったり一致する考えである。同性婚をめぐる議論がこうした公式化に及ぼした影響についてはいずれ触れるが、二〇世紀後半から二一世紀初頭にかけて、結婚に関する言説がいかに近視眼的で異性愛至上主義であったかということは注意しておくべきことである。

結婚の解放的な可能性を謳う言説は、人口の大部分が法的に結婚を許されていないという事実に目をつぶるものであった。同様に、結婚を国家が関与しない約束事とすることも難しい。実際、結婚を望む同性カップルは、国家の介入と禁止の重さを痛感しているが、二〇一五年に全米で同性婚が合法化されるまでそうであったのだ。

とはいえ、結婚に関するネオリベ的な枠組みが、本書の基本的な根拠であることは確かである。というのも、結婚相手を見つけ、確保し、婚姻を維持することは、個人の意志に任せるのが最善であるという信念が、文化的理想を支えているからである。ネオリベの研究者、中でもウェンディ・ブラウンは、その特徴の一つが「あらゆる人間の努力や活動を起業家的な観点から捉えること」であると指摘している。「一〇代の若者が大学進学のために願書を書くのも、二〇代の若者が結婚相手を探すのも、働く母親が学校に戻るのも、企業がカーボンオフセットを購入するのも、すべて（特に人間自身を含む）資本投資と評価の観点から公式化されている」と彼女は述べている。

ネオリベが社会秩序の構成にどのような影響を及ぼすかを最もよく表しているのは、「結婚相手を探す二〇代の若者」である。ブラウンが説くように、ネオリベが主体者を「自分のニーズと欲望の起業家、消費者、投資家」(8)に変えるのだとすれば、本書は二一世紀の妻がその分類にぴったりと当てはまるだけでなく、多くの点でそれを例証していると考えたい。本書で論じるように、妻という肩書きを手に入れることは、しばしば自己に利する行為であり、巧みな起業家的操作を必要とする。一九八〇年代から二〇〇〇年代初頭まで、結婚というものは比較的争いのない健全な文化的側面であったが、その後の一〇年間でその地位が変化したと私は主張したい。この変化は、ネオリベ的な理念が強まったこと、人間関係が多くの参与者に無制限の情緒的充足を与えるという信念が薄れたこと、そしておそらく最も顕著な要因として、大不況の間とその後に強まった経済不安、ならびに不況が強調し悪化させた経済階層の深化などに起因するものと思われる。これらの変化を受けて、妻業が職業として新たに専門化されたことと、現代の労使関係を特徴づける規制と感情を投資することが、アメリカにおける妻業の基盤にもなっていることも議論したい。これらの再定式化は、現在の結婚事情や社会経済秩序全体に対して示唆を与えるものである。

結婚と階層分化

本書が対象とする時代の人口統計データは、結婚が文化的なステータスシンボルとして新たな地平を占めていることを示している。結婚が経済的安定性のバロメーターであることは、この国の階級分化が進む中で、結婚文化がその基盤にある現実を改めて認識させるものである。ピュー・センターが二〇一〇年に発表した調査によると、アメリカでは、教育や所得の格差が拡大する中で新たな「結婚格差」が生じているという。この調査の結論は「結婚件数はあらゆる集団で減少しているが、大学教育を受け十分な収入のある成人にとっては依然として標準レベルであり、一方社会・経済的階層の低い人々の間では、今や明らかに一般的ではない(9)」というものである。結婚件数の減少は、裕福なアメリカ人と苦労している人々の間に存在する深く決定的な格差を痛烈に物語っている。バージニア大学の国民結婚プロジェクトのディレクターであり「結婚が消えるとき――アメリカ中部州の結婚離れ」と題する報告書の著者であるW・ブラッドフォード・ウィルコックスは、二〇一一年に次のように述べている。「結婚格差拡大の根源は、経済的なもの（脱工業化経済は大卒者に有利）、文化的なもの（大卒のアメリカ人が結婚意識を持っても、低学歴のアメリカ人は結婚意識を捨てている）、法的なもの（無過失離婚［訳注：州によって合意だけでは離婚できず、どちらかの過失を述べあう法廷での認知が必要。合意のみで離婚できる州もある］が国の法律である世の中では、低学歴のアメリカ人は結婚を特に嫌がる様子）にある」と説明している。

重要なことは、経済的安定がしばしば結婚に先行するとみなされる限り、結婚率の低下は社会・経済的苦境の現実と影響を証言していることになる。二〇一四年のピュー・センターの報告書で確認されたように、「結婚を望む若年層にとって、経済的な安定は大きなハードルである。高齢者に比べて、結婚経験のない若者は、現在結婚していない主な理由として経済的安定（の欠如）を挙げる傾向が強い」。一般的に人は安定した経済的地位に就くまで結婚を控える。このように、結婚はしばしば経済的達成の頂点にある行為であって、多くのアメリカ人はその地位に到達することができない。この点で、結婚しないことは結婚制度を放棄しようとするのではなく、むしろ厳しい経済的現実に屈服していると見られるのである。「結婚したくないということではない。未婚のアメリカ人の多くは今でも結婚に憧れているというが、彼らの多くは、結婚を壮大で手の届かないものと考えている」。二〇一三年、アトランティック誌のカバーストーリーはそのように報じている。さらに、階級と教育が人種と交差するとき、これらのパターンが歴史的に深く根付いていることが分かる。例えば、黒人男性の教育や仕事の欠如は、長い間彼らの結婚の見通しを低める原因となってきた。女性が結婚するのに適した黒人男性がいないことは、女性のポピュラーカルチャーにおいて一貫して不安の種となっており、本書の第1章ではその問題を取り上げる。[10] これらは、結婚制度の階級的・人種的な歴史、富の蓄積と強化との関係、結婚が階級的・人種的なヒエラルキーを屈折させ、再定義する方法を再考させている。

経済的安定と結婚生活の両立は、学歴が低く、市場価値のないアメリカ人にとって特に差し迫った問題である。結婚件数の減少や片親世帯の増加は貧困と相関しており、生活環境だけでなく寿命にさえも悲惨な影響を及ぼしている。プリンストン大学の経済学者による二〇一五年の画期的な研究を見てみよう。「一九九九年から二〇一三年の間に、アメリカの中年白人非ヒスパニック系男女の、すべての死亡原因の死亡率が顕著に上昇したことが明らかになった。この変化は、死亡率における数十年の進歩を逆転させ、アメリカに特有のものであり、他の豊かな国では同様の展開が見られなかった」[11]。死亡率上昇の原因は様々に考えられるが、著者らは、経済的圧力が健康と長寿に打撃を与えることから、経済的ストレスが大きな役割を果たしている可能性が高いと推察している。経済、教育、結婚のパターン、生活への期待が複雑に絡み合うこの状況において、一九八〇年代以降、選択、個人の欲求、個性等の表現によって、結婚に関する議論が大衆の意識の中で重きを置かれ、多くの意味で神秘化されてきた。それにもかかわらず、世界的な経済不況とそれに伴う賃金の低迷、失業、負債などの結果、自己決定と個人責任というアメリカで大切にされてきた理想は大きなストレスにさらされることになったのである。さらに、かつて低学歴のアメリカ人を対象としていた無数の産業が失われ、低賃金のサービス業が増加したことで、階級決定論が高まり、ドナルド・トランプは二〇一六年の大統領選挙で露骨にこの感情を利用したのだった。

本書が強調したいことの一つは、結婚の形態は経済的、社会的、政治的に大きな意味を持ち、女性向けのメディアは多くの点で経済的分断を支え、助長さえするということである。二〇一〇年代の結婚のパターンに影響を与えた最も大きな風潮は、大学教育を受けた男女は結婚し、結婚生活を維持する傾向が強いのに対し、学位のない男女は結婚に踏み切らない傾向が強いということである。このように、結婚は新たな贅沢品、つまり多くのアメリカ人が手に入れることのできないステータスとして考えられるようになったのである。社会学者で公共政策アナリストのアンドリュー・チャーリンは二〇一〇年に「結婚することは、家族や友人に自分の生活がうまくいっていることを示す方法であり、究極の勲章のようなものだ」と述べている。チャーリンの考えは最近の国の結婚パターンに関する説明に呼応している。

二〇一四年に出版された『結婚市場——不平等がアメリカの家族をどう変えるか』の著者であるジューン・カーボーンとナオミ・カーンは、次のように述べている。「大卒者は依然として互いに持続的な婚姻関係を築くことが多い。しかし彼女らは自分たち（そして婚姻関係を結ぶ相手）の最終的な到達地点がはっきりするまで、結婚と出産を遅らせるかどうかの賭けをする。その過程で、彼女らの圧倒的多数が経済的に安定した二親家庭で子どもを育てるというエリートに優位性が集中するのである」。高学歴で裕福な人々は同じような層の人々と結婚し、その後同じ経済層を受け継ぐ有利な子どもを育てる傾向があり、現実は経済階級の存続を証明するのである。「パワーを持つカップルの結婚が経済格差を強化する」と題する二〇一五年の論文は、「所得格差の拡大の背後にあるすべての原因のうち、長期的にはこの傾向が最も重大であり、また対策が最も困難なものの一つであることが証明されるだろう」と主張する。

教育的・経済的基盤は、アメリカ人の結婚の見通しや経済的な将来を規定する。結婚は多くの中・低所得層のアメリカ人にとって手の届かないものであり、この制度から排除されることによって階級移動の可能性が制限される。前述のカーボーンとカーンが主張するように、「この本の根底に特定の図があるとすれば、それは離婚と非婚出産が階級の指標となっていることを示している」。中・下層階級では、経済的に安定し支払能力のある男性として定義される「結婚できる男性」の数は、結婚できる女性の数が多いのに比べて減少しており、同じ階級や学歴の女性の多くが独身や単独での子育てを選択している、とこの本の著者たちは観察している。実際、非大卒女性の出産の五〇％は婚外子である。「中・下層階級では、より有能で安定した女性が、信頼できる男性との結婚を求めるが、その数は減少している。結婚市場の変化が家族の脚本を書き換え、ジェンダー不信を増大させる中で、我々が見ているのは、新しいアメリカ経済における勝者と敗者を分ける階級、鋭さを増した境界線の再構築である」とカーボーンとカーンは述べている。著者らはこれらの知見をエリート女性が現在最も結婚しやすい集団になっているという現実と対比させている。「晩婚化は大卒女性に有利」と題された論文は、「経済的観点から言えば、大学教育を受けた女性が晩婚化によって最も利益を得ている」と指摘する。「晩婚の女性は、若くして結婚した女性よりも年収が高い」[12]のである。これらの調査をまとめると、階層という断層に沿って分かれた結婚格差の存在が明らかになる。経済的に不利な階層は、仕事を見つけるのに苦労するとか、長期的な婚姻関係を結ぶのを躊躇するため、結婚を遅らせることを選択する。一方裕福な層は、結婚件数が安定し、増加さえしているのである。本書で調査したメディアの多くは、実際には教育を受けた女性が持っている自信と経済的安定とを前提としている。女性のメディア文化はこのような層を特徴づけるとともに、その層に向けて発信しているのである。

ニューヨーク・タイムズ紙の「結婚は金持ちのもの」という露骨なタイトルの記事が主張す

るように、結婚は特権のサインとして存在し、階層間の深い格差を象徴しているという認識を本書は強調しておこう。「アメリカの富裕層における結婚の集中は、所得格差の拡大を増幅している」のである。現代における結婚は、社会的・経済的な調整役であると同時に、歴史的にこの制度を構成してきたある種の階級主義的な基盤への回帰を予感させるものでもあるのだ。結婚がますます裕福で高学歴の女性のものとなっている事実を真摯に受け止め、本書はそうした理解がいかにポピュラーカルチャーによって規範化され、支持されているかを考察するつもりである。特に、結婚という約束事がますます排他的なものとなり、女性のポピュラーカルチャーがこの排他性を永続させるような理解や態度を流通させていることに注意を払うよう促したい。

同性婚と愛の再考

この研究プロジェクトを始めたとき、同性婚に関する議論が私の分析にとって重要だと確信していた。確かに結婚の平等を求める運動とそれに付随する言説は、本書で検討する問題を明確化するのに役立ってきた。このような議論は、結婚が市民と国家との関係を媒介する上で極めて重要な役割を果たすことを、あらためて私たちに思い起こさせる。一九八〇年代と一九九〇年代には、結婚が個人の選択に過ぎないというネオリベ的な理解への転換があったと述べたが、その選択は、結婚が伝統的なジェンダー規範に従っている人々にのみ存在するものであった。同性婚の議論は、ある意味で、結婚に対する個人的な理解の根底にある誤りを指摘するものであった。ゲイやレズビアンを自認するアメリカ人同士の結婚を認めないことで、国は事実上個人の選択という概念自体が幻影であり、異性愛者の特権の証であることを示したのである。結婚とは単に選択の問題ではなく、多くの権利や特権を媒介するものであり、それは相続権から育児の取り決め、医療現場での面会権に至るまであらゆる意味を持っている。同性婚の擁護者であるジェイ・シー・ホワイトヘッドが二〇一一年に書いたように、「過去百年にわたる制度の大幅な拡大は、納税義務から障害者手当、医療ケアに関する決定事項から家族法まで、国家と個人が交わるすべての領域に結婚を入れ込んだ」。

結婚制度に対して、政府および市民権との関連性がしばしば議論の前面に出ることから、アメリカ的文化風景における同性婚の地位と可視性は、結婚に関する文化の迷走を解体させたのである。

めずらしいことに、全米で同性婚を合法化した二〇一五年の画期的な最高裁判決は、ある意味でアンチ個人的選択に対して活動家が激しく闘ってきた、個人的選択という神話を復活させたと言える。大切にされるべき個人的な関わりの親密さという理想や、被差別や不平等に反するサポートは、合法化を支持する議論に用いられ、オバージフェル対ホッジス裁判で裁判所が述べた判断に強い影響を与えた。「結婚に関する個人的な選択の権利は個人の自律の概念に内在している」とケネディ裁判官は多数意見として書いている。「結婚ほど深遠な結合はない。夫婦なぜなら、愛、貞節、献身、犠牲、家族という、最高の理想を体現しているからである。夫婦の結合を形成することによって、二人はかつての自分たちよりも大きな存在となるのである」。

この楽観的な言辞は、多くの点で人間経験の中心としての恋愛の位置付けに関するありふれた理解と一致する。同時に、こうした議論は結婚という枠からはみ出した関係に汚名を着せる危険性があり、既婚者に結果的にもたらされる経済的な利益を軽視することになる。

J・ジャック・ハルバースタムが合法化の数年前に指摘したように、「同性婚は、中流階級や大金持ちには明確な税制上のメリットがある一方で、現在貧困にあえぐクィアにはほとんど役に立たない」。結婚が、すべての人々の合法的権利を主張できる約束事として大衆意識を通して復活すれば、民主主義の理想としての結婚のイメージはさらに高まり、一方で、結婚によりもたらされる経済的効果は放置されたままになるであろう。

結婚とは、愛、家族、性的なパートナーシップの神格化されたものとして存在する自由で解放的な約束事であるという一般的な概念に対抗して、本書はより現実的な倫理観が現代のメディア化された環境において流通し、女性に直接的な影響をおよぼしていることを主張したい。あらゆる場面で、階層構造と結婚生活の未来が密接に関係していることを考慮すると同時に、本書は、ポピュラーカルチャーが女性に結婚市場の圧力に対処する必要性を説き、経済的・社会的見通しを深めるための戦略や技能を身につけさせようとする仕方を浮き彫りにするつもりだ。本書はある意味で、法律よりも目立たない規律メカニズムについて考え、結婚の約束が排他的で階級的であることを認めるサイトに注目したい。こうしたサイトはしばしば、時間、年齢、生殖に関する課題など、厳しい経済状況とどのように交渉するかについて視聴者を教育するのである。このような結婚の枠組みは、キャサリン・ロッテンバーグが「ネオリベラリズム・

フェミニズム」と呼ぶものと一致している。その中でフェミニストの思想は、女性の幸福の最大化を主目的とするように改編されている。ロッテンバーグが説くように、フェミニストの主体は「自分自身の幸福とセルフケアに全責任を負い、そのために費用対効果の計算に基づいて、巧みなワーク・ライフ・バランスを作り上げることがますます前提となってきている」[13]のである。ロッテンバーグが主にワーク・ライフ・バランスに焦点化した言説に関心を寄せているのに対し、本書は一般的に結婚に至る道筋という観点から時間を遡り、人がどのように人生のパートナーを見つけて相手を惹きつけ、妻の座を得るための準備を適切に行ない、結婚の約束事を代わって（そしてしばしば利益を生む方法で）実行するかを問うものだ。結婚という領域における女性の起業家的精神への期待は、バラ色の至福の絵空事を乱し、実用主義と利己主義の概念が、同じくあまり情緒的なコミットが不必要であることを示唆している。もちろん私は、個々の女性が愛、親密なパートナーシップ、子育てなどの理由では結婚に踏み切らない、と言っているのではない。というのも、私が手記やインタビュー、リアリティ番組を通じて調査した現実の女性たちの多くは、これらの大切な理想を信じていることを明言している。とはいえ、本書は二一世紀の女性向けメディア文化が、結婚願望を認識するために女性が取るべき行動や気構えについて、明らかに、霞がかった目では判断しない感情的構造によって支えられていることを論証している。

先に述べたように、この変化にはいくつかの要因があるが、その中でも最も強力なのは、この国の階層格差が拡大していることである。また、かつてはロマンティックコメディ、女性向け小説、女性中心のテレビドラマなどに見られたようなポストフェミニスト的な姿勢が、近年はより脆く、冷笑的な見方になってきていることも認めなければならない。経済的な圧力が、最も裕福なアメリカ人以外のすべての人々にかかる中、いかなる制度も経済的必要性から切り離すことは困難であり、ましてや結婚のように社会・政治・文化の秩序に深く関わるものであればなおさらである。このような困難な時代にあって、結婚やその他の個々の人間関係に完全な感情的充足感を求めるのは近視眼的であるように感じられる。また仮にそうであったとしても、個人的な関係が経済的な計算から切り離された領域に存在すると考えるのは基本的に間違っている（結婚が非政治化されたのは、主として国家が繁栄していた時代であり、二〇〇一年九月一一日の衝撃的な出来事の前であったことは、おそらく偶然ではないだろう）。

本書が記録する女性向けメディア文化の変遷には、個人的にはかなり心を痛めているが、女性が結婚に個人的、経済的、地位的褒美を得るための手段としてアプローチするという事実は、多くの点で単純に良い計画のようにも思われる。だが私が気になるのは、こうした戦略が最も裕福なアメリカ人たちによって、彼／女らのために考案されていることである。結婚が、ネオリベによって永続化された勝者総取りの分断的な考え方の中で重要な位置を占めていることが、おそらくこの国の経済的・情緒的未来を再編成する過程に、その継続的かつ重要な形で関わっていることも驚くにあたらないと言えるのだ。この優位性は、経済的不平等を国家の最重要課題と考える人々でさえ驚くほど抵抗できないでいる。結婚はお金だけでなく、多くの人が切望する情緒的秩序へのアクセスを提供するからだ。女性も男性もこの意味で、愛に値切られつつある。

確かに多くの結婚が失敗し、名目上は成功しても理想的な結婚神話にあるような見栄えのする約束に応えられないことが多い。しかし少なくとも結婚が確かなパートナーシップ、永続的な約束事、持続的な感情的・経済的支援という見解を予告するものであるならば、この約束事がますます大多数のアメリカ人にとって手の届かないものになっているという気が滅入る現実を認めなければならない。格差としての感情の体制化は、現在の階級制度と同様に、それぞれの方法で二分され、不公平になっているのである。

起業としての結婚

このような文化的パターンに沿って、本書は二一世紀の結婚を他の職業的成功と同じように位置付けている。妻という地位を得るために、女性は自らを「自己主張の強い、起業家的な行為者」と考えるべきである。この感性は、ポストフェミニズムとネオリベの両方と明白かつ直接的な結びつきをもっている。「起業家はネオリベの卓越した主体である」とすれば、起業家的な結婚のために働くことは、彼女自身のために働いている者だと本書は言っておこう。少し違った言い方をすれば、本書は二一世紀の妻業がネオリベ的な労働と専門性の概念化に新たに組み込まれ、それによって「人間関係の発見と構築が専門的、合理的、準科学的な事柄と見なされる」という核心的観察を提供することになる。現代の妻業は、職業文化の論理に染まり、職業圏のリズムと社会的・心的態度に同調した一連の労働を必要としている、と本書は主張したい。

妻の役割は一般的に家庭内のこととして考えられてきたが、フェミニスト研究者は長い間公的存在と私的存在という誤った区分、つまり政治的現実から切り離された空間に女性を閉じ込めてしまうという間違いを犯してきた。この思想革命の主要な目的の一つは、女性が家庭外では影響力を持たないという主張に反論し、代わりに女性の力が無数の空間にわたって展開される様子を図式化することであった。たとえば文学研究者のナンシー・アームストロングの言葉を借りれば、フェミニストたちが問題にしようとした区分は、「家庭と工場」の間の分断であった。私のプロジェクトはその努力を引き継ぐものだが、家庭に内在する政治性を認識する代わりに、かつて純粋に家庭内の用語で考えられていたアイデンティティ（すなわち妻）を、家庭よりも工場の領域に属する人物として考えるよう促すものである。具体的には、二一世紀アメリカの妻業は、ポストフェミニストの起業家的体制が積極的に奨励するアイデンティティ形成のエンブレムであると主張したい。結婚が主として経済的な取り決めであった西欧社会での結婚の起源を想起するかのごとく、妻業は再び奨励される役割となった。

本書は特に公共空間で発生する妻の仕事を調査することに関心があり、その際職場の論理を徹底的に借用する。古典的なフェミニストの主張は、養育や介護といった家事労働も仕事として認めるというものだったが、本書は二一世紀において妻になり、妻であり続けるためには、明らかに非家事的な領域で労働することが必要だとする。具体的には、ネット上、リアリティ番組、回想録、ソーシャルメディア空間、選挙戦等で、妻という仕事がどのように発生するかを検証し、妻としての適性は、女性が結婚相手として指名されるような体勢をとることが必要だと論じる。そして、妻はこのアイデンティティを利用して、自分自身や自分のビジネス、家族を売り込むのだ。本書は妻としての役割を、奮闘し、継続的に労働しなければならないものと考え、意図して時系列的に「妻のサイクル」に沿うよう進行する。すなわち女性たちがデートをし、結婚の準備をし、妻として労働する姿を追究するのである。本書の第1章では、妻になりたい現代女性（「妻になりたい」女性と「妻になりかけ」の女性）に求められる能力や適性を分析する。続いて、妻であることを最も容易に道具化・収益化できる領域（「専業主婦」「本物の妻」「政治家の妻」）について検討する。これらのカテゴリーにはそれぞれ異なる圧力が存在するが、本書の共通テーマは、起業の論理が妻の役割を制限し、妻をビジネスマネージャーに仕立て上げ、妻としてのブランドを公に管理しなければならないということである。

本書でわかった風潮とは、親密な結びつきの金銭化を強調する最近の文化的展開と一致していることだ。経済学者のヴィヴィアナ・A・ゼライザーは、親密な関係がますます取引的な性質を帯びてきていることを研究している。彼女は政治的結婚（本書の最終章で扱うテーマ）に対する我々の不快感は、それが「経済的合理性」と「親密な絆」とを混交しているように見えるからだと指摘している。特に経済的な計算と対人的な連帯の両立を疑う傾向のおかげで「親密な経済関係」に対して疑念を抱くことはよくあることだと彼女は認識している。この違和感は、ゼライザーが言うように「お金が親密さと普通に同棲し、それを維持さえしている」という事実を無視することはできない。ゼライザーは家庭内領域で換金が行なわれる方法を粉砕したがっているが、本書はその代わりに、新しい妻業の段階が、彼女たちの公的存在の中に、理屈に合った計算をいかに組み込んでいるかを取り上げる。このような組織化は、結婚のプロセスに専門的な論理を適用する必要性を強調する傾向があり、その痕跡は現代のメディア文化に最もよく見られる結婚風土によって伝播し、維持されているのである。本書では、経済的な計算が妻としての務めにどのように影響するかを分析するのではなく、妻としてのアイデンティティが専門性の枠組みを通してメディア文化の中でどのように一般的に展開されるかを検証する。

このように新たに再構築された妻の概念は、結婚が主に金銭的な取引として機能していた長年の歴史の流れを汲んでいる。同時に、本書は自己充足感と経済的達成というフェミニストの理想から明らかにインスピレーションを得ている情緒的風土と信念体系に疑問を投げかけることになる。このハイブリッド化、そしてそれが生み出す文化的な魅力は、二〇一五年に出版されたウェンズデイ・マーティンの民族誌学による『パークアベニューの霊長類たち』によって簡単に展示されることになった。マーティンは、ニューヨークにおけるエリート上流階級の特権的な住人に人類学的なレンズを向けて、彼女の仲間の多くの女性が、夫から「妻ボーナス」、「夫の収入と配偶者の社会的（および暗黙の性的）パフォーマンスに関連する年俸[14]」を受け取っていることを明らかにした。この主張はその虚偽がほぼ暴かれたが、子どもを高級私立学校に入れたり、家計を賢く管理したりといった妻としての優れた業績に対して女性が年間ボーナスを得るという考えは、本書がたどる潮流に直接訴えかけるものである。確かに極端ではあるが、女性が社会的利益と同時に経済的利益のために結婚し、職業的領域の論理、操作、さらには時間性（たとえば「年間ボーナス」）を利用してそのように行動するという考え方は、本書に通底するところである。

妻の座を有益な地位役割として占有し主張することには多くの利点があるが、それにともなうリスクを私は小さく言うつもりはない。「もし私たちの寛容さが、競争的な職業上の利益を追求するためにしばしば使われるなら、私たちは利益のない目的のための親密さの利点を、ありがたがれないという見通しに直面してしまうだろう」とメリッサ・グレッグは警告する。

運命論的に聞こえるかもしれないが、現代の女性には、利益を生まない親密さのための情緒的空間が欠けているように思われる。この現実は、パートナーを見つけ子どもを産むことさえ、時間、年齢、金銭的な必要性に迫られた行為であると考えれば特に顕著になる。ロザリンド・ギルは、女性誌で恋愛アドバイスがどのように展開されているかについての二〇〇九年の論文で、女性は自分の感情、欲望、態度だけでなく、相手の感情も強く監視する「親密な自己監視」を行なわなければならないという事実に言及している。しかし、本書が取り上げる現代には、この厳しい監視の目は外側に向けられるようになった。現在では、内的情緒の地位は、外的情緒のそれの表明よりも重要ではないのだ。つまり本書は、女性がどのように感情を表現するかという問題を取り上げているが、それは主に感情を鍛え、適切に表現すること、つまり相性の良いパートナーを惹きつけるために行なわれるのである。本書の主題は、幸福感、自信、愛に対する覚悟と努力であり、第1章と第2章で特に取り上げているのは義務としての感情秩序である。第3章で詳述するように、リアリティ番組でも感情が主役となり、商品を売るため、あるいは雇用を継続するために、参加者はどう感じるかを告白し、その感情を捻出しなければならない。第4章で調査したなんとも言えない心ない政治的動物たちが明らかにしているように、何らかの大きな操作のためではなく、自身のために何かを感じたり表現したりすることは、古風で時代錯誤な理想だとさえ思えるのだ。

妻の座のステージ

ネオリベ的フェミニズムが飽和状態にある現代の状況において、本書では妻のライフサイクルをたどる軌跡を紹介したい。まず、結婚志願者が踏み出す最初の段階、すなわち結婚市場での交渉を調査することから始めよう。結婚を望む女性や、結婚のチャンスを確実にものにするための指針を求める女性は、しばしば女性向けメディア文化の注目と助言の的となる。そのため、彼女たちの立ち位置は分析のための有益な出発点である。本書の第1章「起業する妻たち」は、プリンストン・ママと呼ばれる人物が、女子大学生に向けたアドバイスについて考察することから始まる。この人物は、大学在学中に夫を見つけるよう女子学生たちに呼びかけたことで知られている。この章では、このような忠告を促す結婚の希少性モデルおよび、それに関連して高学歴・高ステータスの女性にはもはや結婚にふさわしい男性はいないという、経済不況に触発された不安感を真剣に受け止め、二一世紀のポピュラーカルチャーが女性に提供する結婚戦略について考察する。特にこの章では、悲惨な結婚経済において、妻志願者は、自分のブランドを築き、自発的に行動できなければならず、希少資源と理解されつつあるものをめぐって高いレベルの競争を覚悟しなければならないことを論じる。

この前提を検証するために、第1章では、結婚市場という概念に焦点を合わせ、特に現在の結婚経済を構成する操作や儀礼に適しており、かつまたそれを連想させる文化構成として、オンラインデートを挙げる。オンラインデートはブランド文化に根ざした一連の戦略を必要とし、女性向けのメディア文化によれば労働的努力として広く認識されている。専門性という経済論理は、オンラインデートの規範に影響を与え、その結果アメリカ社会の文脈において結婚がますます排他的な空間を占めるようになっているという社会学的現実と合致することになるのである。ここでは、オンラインデートに関する研究、回想録や体験談、アドバイス集などを調査し、現代のデート規範は、効率性を正当化し、定量化が可能な自己評価を促し、利用者に個性を霧散させるよう導くのだと結論付けている。オンラインデートの規範は、このプロセスに「適していている」ユーザーがいるという認識のもとで、一連の情緒的パフォーマンスを習得したユーザーに報酬を与える傾向がある。女性の場合は特に「気楽な日常を演出する」「楽観的で単純である」「自分の欲望にこだわり過ぎない」などがその条件となる。それに関連して、オンラインデートは、女性が消費文化の中にしっかりと根を張っていることを示し、商品の好みによって自分の個性を伝えることを促す、より大きな結びつきの試みである。第1章では、本書が提案する階層分析を開始し、オンラインデートの実践が、十分な時間とお金を持つ人々が最も容易に調達できる商品の一つとして結婚を位置付けていることを論じる。

妻の軌跡を追うプロジェクトに続いて、第2章「もうすぐ妻に」では結婚式や結婚をテーマにしたテレビ番組が結婚の主体者としての適性を証明するために、どのように女性を鍛え、肉体的にも精神的にも励めるよう促しているのかを検証する。分析は親密性の規範、特にデートやカップルになることのプロセスが現代のメディアで最も容易に展示される場所として、リアリティデート番組を認識することから始める。リアリティ番組は、現代のデートと結婚の文化を構成する選択、競争、情緒的・身体的管理の論理として認められ、それを顕在化するものである。同章では、感情の開放性を持ち恋に落ちる「準備ができている」という感覚が特徴的な条件として存在するリアリティ番組「バチェラー」を皮切りに、結婚式をテーマにしたリアリティ番組を構成する階級的グループを調査する。このような番組は、裕福な層に特化し、かつまたその層にアピールする傾向がある。このことはパティ・スタンガーの「ミリオネア・マッチメーカー」という番組に象徴されている。スタンガーは、回復力に長け、責任感が強く、柔軟に対応し、外見を整え、交際をはじめるために必要な心理的作業を遂行する意思を示す交際希望者が好みである。スタンガーは結婚市場についてのプレゼンで、選択、個人のエンパワーメント、個人の責任などを説いており、男女を問わず同性愛者も異性愛者も、愛のための適切な準備を拒めば、その責任を痛烈に追及する。「バチェラー」と「ミリオネア・マッチメーカー」は、オンラインデートの効率性、選択性、道具性へのこだわりを表象の文脈に置き換え、結婚市場がいかに排他的でありうるかを思い起こさせてくれると私は主張したい。

ここでは次に「悪嫁」番組を取り上げ、花嫁としての条件を満たせない場合、メディアの規律にさらされることを解説し、女性向けのポピュラーカルチャーが、適切に自己規制を行なわない花嫁をいかに貶めるかを述べる。特に長寿番組「ブライドジラ」〔訳注：ゴジラのような花嫁〕は、登場する女性たちが結婚式を挙げるに値しない、あるいは結婚するにも値しないことを視聴者に思い知らせる。この判断は、「ブライドジラ」が不適切な行動をとった花嫁を貶めるという問題のある傾向を示すだけでなく、下層階級出身の花嫁は優雅なイベントにふさわしい振る舞いができないため豪華な結婚式に相応しくないということを示す以上、階級への偏見であることの判断を追跡したいと考えている。ここでは、「ブートキャンプ」「でっぱり花嫁」「結婚式のための脱皮」といったシリーズ番組が提供している表象、すなわち花嫁がさまざまな形の監視にさらされ、極端な身体改造を試みるこうした好ましくない表象とは対照的である。最後には、リアリティ・ウェディング〔訳注：リアリティ番組で挙げられる結婚式〕に関する簡単な節を設けた。リアリティ・ウェディングは、適切な花嫁になるための準備にかかる労力を強調し賞賛する。全体として、本章はブライダルワークの持続性と普及性に光をあて、ポストフェミニスト時代のネオリベ的な起業家精神がブライダル産業に与える影響の大きさを再確認する。

第3章「主婦の復活」は本書にとって、また妻の座の文化史にとって、転機となる章である。ここでは専業主婦に焦点を合わせ、かつては家庭生活と分かちがたく結びついて認識されていた存在が、どのようにしてポストフェミニズムの議論の中心となる公的な象徴となったかを検証する。具体的には、二一世紀のメディア文化において主婦が再び登場し、それがこの時代において女性的とみなされるものすべての代用品であるという認識と絡めている。現代アメリカにおいて、主婦は最も高名な妻の形態であり、その座はテレビの番組表で確認することができる。この表象がいかに支配的かということを理解し解き明かすために、まず一九五〇年代の主婦に関する古典的なテキストや会話に目を向けて、その歴史的重要性と永続の魅力を指摘する。主婦は貨幣経済から切り離された存在であるという考え方が広く浸透しているが、本章では、仕事、労働、専門性、経済が主婦を論じる上で重要な概念であることを再確認するつもりだ。

このように主婦を捉えることは、二一世紀における主婦の復権に対する私の評価と説明につながり、テレビネットワーク、ABCの「デスパレートな妻たち」を通じた主婦の皮肉な再登場を検証するレンズを提供することになる。この番組は、ポストフェミニズムの特徴であるアイロニーや、ポストモダニズムの言語的劣化の定式化に沿って、「主婦」という言葉の新しい概念化（すなわち「主婦」は家庭の外で賃金を得ない女性という定義はもはや成り立たない）を生んだと私は主張する。むしろ「主婦」という語は、ポピュラーカルチャーにおける話題、興味、関心の集合体の代用語として機能しているのである。主婦が文化的な舞台に再び登場したことで、長年の論争が再燃した。特に再三にわたって指摘されてきた専業主婦と働く母親との間の綱引きをめぐって、おなじみの疑問や論争が巻き起こっている。したがって二一世紀の主婦は、アイデンティティというよりも、ポピュラーカルチャーが、女らしさの最も重要な側面について女性に想起させる方法を提示する便利な機会なのである。

「主婦」という言葉がメディア主導型経済における生産性とブランドの論理の根拠となったことを具体的に説明するために、第3章ではテレビネットワーク、Bravo の人気番組「本物の専業主婦たち」の分析で締めくくる。この文脈における「主婦」は、裕福な女性のことで、彼女たちが個人的なブランドや商品を立ち上げる際に、予測可能な情緒的葛藤（その多くは女性同士のホモソーシャリティを中心としたもの）を予行することを意味している。とはいえ、この番組の表象上の支配力は、現在の結婚情勢における階級の重要性を裏付けている。最も特権的な主体者のみに声を与えることで、この番組は現代の妻の座が結婚とはほとんど関係なく、女らしさの金銭化に大きく関わっていることを示すことになった。このような新しい経済的・情緒的秩序において利益をもたらす試みは、メキシコの高級リゾート地カボでの週末女子会かもしれない。そこでは画面上完璧なドレスを着た参加者がゴシップや口論にかまけ、酒を飲み、タブロイド紙に餌を提供する。家事や育児をしないよう努めることは、一九五〇年代の古典的な主婦の文化的意義とはかけ離れているように見えるが、この章では、両者が感情的抑制や女らしさの経済性の中に位置していると主張し、両者を結びつけようとするものである。日々の活動を有益なものにすることで、主婦は野心的な一般女性となる。

本書の最終章である「良き妻たち」では、長らく家庭と仕事という線引きをかく乱してきた政治家の妻たちを取り上げる。ここではまず政治家の妻たちが、二一世紀のメディア文化において、うろんな扱いを受けていることをむしろ楽しんでいることを強調する。具体的には、ありがたいことに男性政治家の不倫スキャンダルが相次いだことで「裏切られた妻」というイメージがメディアの論調を盛り上げ、さまざまなテレビ番組が制作された。本章では実在の政治家夫人とその多文脈、および「良き妻たち」、「スキャンダル」等のテレビシリーズに登場する架空の人物に焦点を合わせ、「裏切られた妻」が、被害者としてのイメージから切り離され、代わりに自分自身の野心や目標を持った人物像としてポストクリントン時代に再創造されていることを論じる。彼女らの経験は、結婚を目に見える労働行為として前景化し、多くの点で配偶者と同じように自分も利益を得ているため、実際にも、そして媒介された表現においても、女性の業績と専門性のためのプラットフォームとしての結婚について語る場を開いているのである。そのため、彼女らは結婚の労働的機能についてのユニークな洞察を提供している。

ここでは、政治家の妻がいかに出世主義、実利主義、計算高い決断力によって人々から線引きされているかを考察する。最初の節では、ヒラリー・クリントン、フマ・アベディン、「良き妻たち」のアリシア・フローリックの三人の共通点と相互関係を考察し、その重なりから、妻であることを利用して政治的利益を得ようとする女性は、欠陥のある男性とのつながり――暗黙の類似性――によってそれらを妨げられることも明らかにするつもりである。さらに、ジェニー・サンフォード、エリザベス・エドワーズ、ディナ・マトス・マグリーヴィー、ゲイル・ハガードの妻としての回想録を調査し、公的な妻という職業の危険性と報酬の両方について洞察を与えていることを論じる。最終節では、アリシア・フローリック、「スキャンダル」のメリー・グラント、「ハウス・オブ・カード」のクレア・アンダーウッドといった架空の女性たちが結婚を意図的に利用したことを考察する。またフマ・アベディンは、元下院議員アンソニー・ウィーナーとの不運な結婚が、ヒラリー・クリントンの大統領選の最後の数週間で全米に知れ渡り、その結果予想外の形でヒラリー・クリントンの最終的な敗北につながったことも述べる。

ここでは、政治家としての妻の地位は夫に対する二次的な地位であるために、彼女らの回復力が損なわれていることを指摘する。彼女らなりのやり方で骨の折れる政治的な課題に向かって前進しながらも、妻であることがかえって邪魔になることもあるのだ。

本書が主張するのは、妻の座がアメリカ女性の人生を構成する概念として機能し続けているということである。このことは、結婚が衰退しつつある制度と考えられている事実とは違和感を覚えるほど、かなり意外な展開である。アメリカの結婚のパターンが大きく変化したと言われているにもかかわらず、結婚における女らしさは、人気のある女性向けメディアを凌駕する議論であり続けている。本書は企業の論理がこうした言説をどのように支えているかを示すことで、ポストフェミニズムのメディア文化におけるネオリベ的要求を確認し、女性視聴者の関心、不安、野心を形成するために及ぼしている力を明らかにする。本書は女らしい行動やアイデンティティに対する伝統的な考え方が、職業上の必要性に応じてどのように変化しているかを探り、こうした変化が、結婚がますます排他的な地位を占めていることに、無数の形で貢献していることを論じていく。この現象がアメリカの女性像に経済的・感情的な影響を及ぼしていることを探求することによって、本書が女性にとっても男性にとっても同様に、解放的な役割を果たすことを期待したい。

第1章　起業する妻たち

厳しい時代の労働のようなデート

「恋は、なるようにしかならない」と言われている。いいえ、それは違う。なるようにしかならないものではない。もしあなたが望むなら、計画的に、そして賢く追い求めなければならないものである。仕事上の幸せを考えるのと同じく、個人的な幸せも考えなければならないのだ。そうじゃない？（スーザン・パットン）

二〇一三年の春、プリンストン大学の卒業生であるスーザン・パットンは、学生新聞デイリー・プリンストニアン上で「私の授からなかった娘たち」に宛てた手紙を発表した。パットンは、プリンストン大学の（異性愛者と想定した）現役女子学生読者に向けて、卒業後には適当な伴侶を見つける可能性が急落すると指摘し、学生でいる間に夫を見つけるよう促したのである。「賢い女性は、少なくとも知的水準が同等でない男性とは結婚できないし、すべきでない」とパットンは主張する。「プリンストン大学の女子学生たちは、自らを市場から排除しているようなものだ。はっきり言えば、私たちと同等かそれ以上に賢い男性の人口は非常に限られている。再度言うが、あなたにふさわしい男性がこれほど同群にいることは、もう二度とないのだ」。

励ましの仮面《エンパワーメント》をかぶせた資格《エンタイトルメント》の言語を用いて、パットンは、彼女の読者たちが約束される同等の業績と稼ぎの可能性を持つ男性こそ、彼女たちにふさわしい良き伴侶と位置づけている。しかし、パットンの根底にある倫理観は、端的に言えば、収穫消滅の法則でもある。プリンストン大学での学生生活は、ほとんどの学生にとって四年という短い期間だが、パットンはさらに時間の短さを警告する。「あなたたちが四年生になる頃には、基本的に自分のクラスの男性からしか相手を選べないが、率直にいって男性は、四クラスの女性から選べる」。男性と違い、女性にとって、結婚時計の時間はすぐに尽きてしまうからである。

二一世紀、アメリカの異性愛者の女らしさに関する多くのトレンド記事と同様に、パットンの扇情的なアドバイスは、主にソーシャルメディアを通じて国民的な議論を巻き起こした。彼女はエリート主義者で女性嫌悪、常識外れ、そして彼女自身が離婚経験者であるため偽善的だなどと非難された。その一方で、若い女性たちに現代の結婚事情に即した新鮮な誠実さを提供したと評価もされている。時流に沿った結婚用アドバイスは、アメリカの文化的魅力の尽きることのない源泉であるため、パットンの六五〇語の手紙も、予想通り、一流出版社サイモン&シャスターとの契約を引き寄せ、二〇一四年に『賢い結婚——運命の相手を見つけるためのアドバイス』[1]と題した本を出版した。二〇一五年の文庫版では、パットンのメッセージを具体化するためか、タイトルが微妙に変更され、『結婚は偶然ではなく選択で——適切なタイミングで適切な相手を見つけるためのアドバイス』となっている。とはいえ、パットンの手紙は、何十年も前からからかい半分に「ミセス学位」と呼ばれてきた学業を言ったものであり、決して独創的ではない。パットンの手紙は、ポストフェミニストの反動的レトリックによく見られる自己正当化の調子で書かれている。そこにある結婚と母性への憧れは、フェミニズム批評を押し返す心構えを勇敢に提唱していると自負しているようだ。

本章を構成する前提とはいえ、しかし注目されていないのは、パットンが敏捷性、自立性、起業家精神を求めるネオリベ的思考に染まった結婚時代の潮流に臆することなく参加しているということである。「起業家精神」という言葉が最もよく表しているように、妻を目指す人は、競争の激しい市場で自分の価値を評価し、目標達成のために自分自身という最高の資産を活用しようとする、熾烈で明確な意志を示さなければならないのだ。プリンストン大学の女子学生は、結婚して子どもを産まなければならないというより、そうしたいのならその機会を最大限に生かす責任は彼女たちにあり、そうしないなら非難されるべきというのが、パットンの大前提なのだ。簡単に言えば、彼女は結婚市場についてネオリベ的な定式化を行ない、自由市場資本主義を支配する超個人主義的な位置づけおよび決定を提供する。その論理は、起業家時代のポストフェミニストの女性性を定義するようになっていく。翻って同時代のアメリカの文化的言説に波乱を起こしたもう一冊の本を、パットンが遠回しに引用しているのは偶然ではない。シェリル・サンドバーグの『LEAN IN（リーン・イン）女性、仕事、リーダーへの意欲』（村井章子訳、日本経済新聞出版社、2013）は、職場における女性の成功用ハンドブックで、女性が自己主張し、リスクにかまわず、求めた権力の座で交渉しキャリアアップすることを奨励している。パットンは、「すべてを手に入れることも、手に入れないことも、挑戦することも、しないことも忘れてほしい。この本には、誰も教えてくれない、あなたが本当に知るべきことがある」と書き始めている。このように、忘れるようにと言いながら、パットンとサンドバーグは、同じく結婚を真剣な計算と同等として概念化している。「女性が行なう唯一最も重要なキャリア上の決断は、人生のパートナーを持つかどうか、そしてそのパートナーが誰か、だと心から信じている」とサンドバーグは当該書で書いている。(2) 結婚に関するこの二つの陳述は、いずれも結婚の機会を最大化するための女性の責任を前面に押し出しており、第1章と本書全体への適切な導入となっている。二つの本は、現在の結婚経済では、ビジネスベースの計算が結婚追求の条件とその成功の測定法を構成していると論じている。これから述べるように、妻を目指す人は自己というブランドを持ち、物事に率先して取り組む人でなければならず、また、私が述べるように結婚適齢期の男性という希少な資源をめぐって高レベルの競争を強いられることが予想される。

本章では、こうした心理を分析するために、ブランド文化に根ざした戦略を必要とするオンラインデートを中心に据えよう。サラ・バネット・ワイザーは、「ブランド化とは、実際の商品ではなく、感情や情動、個性や価値といった非物質的なものを市場化し、販売することだ」と述べている。この言葉は、ブランド化の論理が夫を見つけるプロセスに非常に適している理由を効果的に表現している。現代の妻の生活実態が、かつて「妻」という呼び名の意味した、家庭的で私的なアイデンティティから改めて切断されたということが、この研究の核心的な前提の一つである。自尊心や願望といった現在頻繁に流通している語彙と関わることで、「妻」

志願者の姿はこうした変化を可視化し、デート市場での成功には専門性が必要であることを浮き彫りにしている。こうした現実は、アメリカの文脈において、結婚がますます排除的な空間を占めるという人口社会学的な現実と一致する。大学教育を受け、上昇志向の強いアメリカ人（プリンストン大学のような大学に通っている人など）が大勢結婚し続ける一方で、高校や大学の学位を持たない同時代の人々はそうではない。アメリカ経済を特徴づけている二極化する所得階層と危険なほど一致しており、このような構造は、結婚がさまざまな社会階級に存在する、アメリカ人が楽しむ生涯の関わりではなく、ますます裕福な人々のものとなっていることを明らかにしている。

本章では、オンライン領域で妻志願者に求められるさまざまな働きを視野に入れながら、なおかつ最後に結婚パニックについて述べ、デートと結婚に関する議論はますます格差を反映し、具体化していることを理論化したい。デートの条件や期待を超正当化することがあたりまえになった今、結婚に関するより大きな概念化はどのような影響を受けるのか。オンラインデートのシステムは、それに対応するビジネスであると公言する市場をどのように作り出してきたのか。ポピュラーカルチャー、特にオンラインデートのアドバイスによって、どのような感情や個人のアイデンティティの提示が促されるのだろうか。本書が主張するように、現在の時代精神は、女性が自己評価し、自己報告し、自己宣伝することを奨励する。結婚の追求という今や規則化された側面は、結婚が時間、お金、感情の洞察力などの重要な資源を持つ人々が最も容易に利用できる商品であると位置づけている。

オンラインデート市場における交換価値の最大化

アメリカでは二〇〇九年までに、オンラインデートが友人の紹介を除くすべてのアプリを上回った。オンラインデートの利用が増加し、それに伴ってオンラインデートに関する烙印が減少したことは、アメリカにおける結婚傾向の変化や個人生活のスタイルの変化を反映している。[3] ダン・スレーターは、オンラインデート業界の歴史とジャーナリズムを概観した二〇一三年の著書『アルゴリズム時代の恋愛』で、「仕事における女性の地位向上と経済的地位の上昇、男性の繁栄の遅れ、結婚率の低下、結婚年齢の上昇、これらは近年のオンラインデートと連動した社会的傾向であり、その利益を受けている」と書いている。デートを効率的なビジネスに変え、ソーシャルメディアやデジタルメディアの最新トレンドを利用したモデルとして、オンラインデートは、すでに自分の生活をデジタルアプリで調達することに抵抗のないアメリカ人に大いに推奨されている。スレーターのインタビュー対象者の一人は、「サンフランシスコの人はみんな忙しすぎて、デートどころじゃない」と明かした上で、「でもみんなiPhoneは持っている。だから、デートはアプリでできることの一つになった。音楽を聴くためのアプリ、映画を勧めるアプリ、ニュースを見るためのアプリ、友達のためのアプリ、良いバーを教えてくれるアプリ、そのバーに一緒に行く相手を探すためのアプリ」と語る。

多くの人がオンラインデートを利用しているのは、長期的なパートナーや結婚相手を見つけるためではなく、将来の約束を前提としない性的な出会いの機会を得るためなど、さまざまな理由があることをわかったほうがよいだろう。その上で多くの人が結婚相手を見つけるためにこれらのサービスを利用してもいる。宣伝文句で結婚について明確に言及しているのはeHarmonyだけだが（eHarmonyのサービスは「米国の新婚カップルの五％」を占めると主張する）、他のサイトも同様に、長続きするカップルを作り出すことに成功していることを伝えるために、重厚な言葉を使っている（「毎週何百人もの J Daters がソウルメイトに出会っている」）。二〇一三年の Match.com の広告も同様に、「Match.com は恋愛、出会い、結婚の分野でナンバーワン」と宣言している。オンラインでデート相手を見つける人たちがサービスを利用する理由はさまざまだが、オンラインデートのサイトは、カップルが長期的、ひょっとしたら生涯の関係になるつながりを作る場所として、文化的想像力の中に（そして現実に）紛れもなく存在しているのである。ナンパアプリとされる Tinder でさえ、時には結婚経済に介入し、長期的な結婚をお膳立てすることがある。私は結婚願望のあるユーザーに最も興味を持っているので、この研究では主に Match.com、Ok Cupid、eHarmony といった、長期的なカップリングが実現可能であるという確信を持たせる従来の出会い系サイトに焦点を合わせることにした。

オンラインデートが結婚生活の風景を、またユーザーが恋愛の価値を選別し、判断し、定量化する露骨な商品市場に変えてしまったという主張もまた正当な評価に値する。確かに運命の二人が、結婚を一目惚れして出会うような偶然の産物ではなく、正当な交換市場として機能するようにしたことは、デジタル技術の普及よりずっと前から指摘されていた。一九七三年に発表された画期的な論文「結婚の理論――第一部」で、経済学者のゲイリー・ベッカーは「結婚市場」という言葉を作り出し、「男女が結婚相手を探すために競争し（略）各人が市場の制約を受けながら、最高の伴侶を見つけようとする」ことを説明した。ベッカーは、本来は非市場的な現実に関する経済理論の価値を臆面もなく肯定している。「経済理論は、希少資源に関わるすべての行動に対して統一的な枠組みを提供する途上にあるのかもしれない」と彼は予言しているのである。ベッカーが結婚相手を希少資源であるとしたのは、ありがたいことに中産階級の縮小により、経済的に安定した男性の層が劇的に薄くなったという考え方に照らして、先見の明があるように思われる（本章の最終節で取り上げる）。しかし、ベッカーの別の多くの洞察は、現在ではかなりありふれたものとなっている。特に、結婚を意識する成人は可能な限り最高のマッチングをしようとし、身体資本、教育、知能、身長、人種などの要素で彼が「相性あるいは補完性」と呼ぶものを求めるという考え方である（現在における唯一の違いは、おそらく、これらが検索用語であるということだ）。

また、個人が似たような経歴、階層、教育レベルの人と付き合ったり結婚したりすることも現代的な現象とは言いがたい。社会学者はこの現象を「同類愛」や「同類交配」という言葉で表現し、似た者同士の結婚がいかに社会的再生産をもたらし、人種的、階層的、性的、文化的特権のカテゴリーを強化するかを説明する。もちろんほとんどの人は配偶者の選択をこのようには考えておらず、その代わりに恋愛に関するロマンティックなイデオロギーと自由な選択の概念の組み合わせを好む。「私は単に好きになった人と結婚することを選んだだけ」と。しかしそのプロセスが正当化されればされるほど、参加者には、ある特性が求められ、他の特性が切り捨てられるような市場への参加を了解しているという根拠になる。一九九三年に発表された研究で、経済学者のアーロン・アフヴィアとマーラ・アデルマンは、「紹介サービス」（今日のオンラインデート会社の明らかな前身となる産業）に関わる独身者のグループにインタビューを行ない、このグループの間で市場メタファーと言われるものが特に広まっていることを発見した。アフヴィアとアデルマンは、インタビューに応じた人々の理解を次のように分類している。つまり、消費（デートは買い物、人は商品）、生産（人はデート相手によって消費される利益を生み出す、あるいは自分を売る）はデート界全般に関するマクロ経済のメタファーである、と。「デートのプロセスを職探しと見なすことは、おそらくこの論文で取り上げたメタファーの中で最もふさわしいものである。就職市場では、結婚市場と同様に、将来の志願者／パートナーは自分を売り込もうとすると同時に、「相方」の望ましさを評価する」とアフヴィアとアデルマンが結論付けている。

市場メタファーの主流化は、特に女性を対象とした自己啓発本やデートアドバイスにも同様に表れている。ロザリンド・ギルは二〇〇九年の記事で、英国版グラマー誌のデートアドバイスを調査し、「金融、経営、科学、マーケティング、軍事作戦からの類推を用いて、人間関係が仕事として割り当てられる」プロセスを説明するために、「親密な起業家精神」という言葉をうまく作り上げている。ギルが挙げた親密な起業家精神の多くの例の中で、オンラインデートに関する記事の著者は、読者に「自分自身をマーケティングが必要な商品と考える」ように促している。「履歴書を書くようにプロフィールを書き、返答を絞り込んで、気に入った男性を体系的に調べなければならないのだ」。この引用が明らかにしているように、オンラインデートは、職探しのためのアドバイスと多くの親和性を共有している。オンラインのプロフィールはしばしば履歴書のカバーレターと比較され、読者はデートを仕事のように扱い、他の競争相手と自分を区別する必要性を認識し、自分に合う相手を探し見つけるよう奨励される。

このような考え方が広く浸透し根強いにもかかわらず、市場の比喩では、多くの人が打算から遠いほど神聖な行為と考える恋愛を冒涜するので、不快感を与える可能性がある。人々は恋愛におけるつながりを、年齢、収入、教育レベルなどの類似した、あるいは補完的な要素に基づく正当な組み合わせではなく、ソウルメイトとの出会いとして認識したいのである。しかし、社会学者ピエール・ブルデューは、結婚相手について、計算に基づかない選択と合理的な選択の違いをうまくぼかしている。ブルデューはアルジェリアでの結婚パターンの研究を基にした一九七五年の論文「社会的再生産の戦略としての結婚戦略」の中で、結婚における計算というものは、細かく規制された社会的・家族的ルールに従うが、同時にはるかに規制の少ないプロセスとして人々に生きられ、経験されるものである、と説明している。「平等でない」結婚（特に収入に基づくもの）は禁止される傾向にあるが、こうした規則が規制や懲罰として明示的に成文化されることはほとんどない。その代わりこうした規則は、ブルデューが言う「習慣《ハビトゥス》」の一部であるかのように人々の生活の一部となっている。「習慣」とは、個人の行動や思考を導く社会化された規範や傾向を示す用語としてブルデューが用いるものである。ブルデューいわく、これらのパターンは「自然発生的」に出現するため、それらを明示したり、何らかのルールを呼び出したり、課したりする必要はないのである。したがって習慣は、それが再生産しようとする構造そのものの産物である。確立された秩序とその秩序の守護者である年長者の意志に「自発的に」従うことを前提とする習慣は、さまざまな解決策を生み出す原理である（略）。したがって結婚戦略というものは、相続戦略、繁殖戦略、さらには教育戦略とは無縁の抽象的なものとはみなされないのである。言い換えれば、結婚戦略は生物学的・文化的・社会的再生産のシステム全体における一要素であり、それによってすべての集団は、自らが受け継いだ権力と特権のすべてを次の世代に引き継ごうとするのである。[4]

社会的規範は、思考、感情、行動を決める傾向を構造化する。この傾向はたいてい明示的な強制や規律体制の結果とは認識されない。結婚の決断は無意識のうちにこれらの操作の産物である。ブルデューがうまく説明したように、結婚のパターンはたとえそのように認識されていなくても、社会的ヒエラルキーを再生産するのに役立っているのである。

オンラインデートは、自然な出会いを前提とした交際の手はずにありがちな、ある種の策略を露呈し、それを前提にしている。例えばサイトの洗練された機能のおかげで、ユーザーは特定の条件に従って交際相手を検索することができる。このプロセスの思想的基盤を経済学者のキャサリン・ハキームはデートを「セルフサービス・マッチング」と呼んで的確に言い表している。さらに、オンラインデートの利用者は、自分と同じような人を見つけるという基準で選択を行なう。二〇〇五年にアメリカで行なわれたあるオンラインデート・システムの六五人の異性愛者を対象とした研究によると、「利用者の好みは、結婚歴や子どもを望むかどうかといったライフコースに関連する属性において最も強く同類を求めるが、自己申告された体格、身体的魅力、喫煙習慣においても顕著な同類性を示した」。

このように同一性が強調される一方で、例えば魅力的な若い女性が、お金を持っていればそれほど魅力的でない年上の男性と結婚してもよいという交換条件モデルも、文化的想像力の中でまだ根強く残っているのだ。プリンストン大学を卒業したパットンの息子は同級生と結婚したが「誰とでも結婚できただろう」と彼女は言う。さらに彼女は「男性は通常、自分より若くて、知性がなく、学歴の低い女性と結婚する。女性が特別に美人であれば、男性が女性の教養のなさに寛容になれるというのは、まったくもって驚くべきことだ」と続ける。このような取引条件が文化的に広く認識されていることがパットンの論理を導き出し、プリンストン大学の男性は非常に望ましい商品として存在するという彼女の主張に正当性を与えるのである。例えば、大手メディアは、ポリティカル・エコノミー誌が二〇一二年に発表した「太った人の魅力――結婚市場における体格差と社会経済的マッチング」という不遜なタイトルの研究を引用してそのような取引を数値化している。その記事によると、「女性は一年の追加教育で二単位分の肥満度を補うことができる」。逆に「男性は一％の賃金上昇で一・三単位の肥満度を補うことができる」と言う。さらに砕けた言い方をすれば、女性は学歴が高ければ太ることができ、男性はお金によって認識されている身体的不利益を相殺することができるのである。二〇一二年

あると言う。

のCNBCのオンラインデートに関する特集記事では、こうした計算が実生活でどのように展開される可能性が高いかをさらに明らかにしている。ある研究者によると、身長一七五センチの男性が一七八センチの男性と同じ魅力を保つためには、年収にもう四万ドル追加する必要があると言う。

この記述の具体性の高さには驚かされるが、基本原理はありふれたものである。二〇〇七年、ある女性がニューヨークのクレイグスリスト〔訳注：1995年にアメリカでクレイグ・ニューマークによって開設された、地域ごとの不動産情報や求人情報などが掲載されたウェブサイトの名称〕に「二五歳、美人でスタイリッシュ、年収五〇万ドル以上の男性を惹きつけて結婚する方法を教えてほしい」と投稿した。「ウォール街の銀行家」と名乗る男性からの返信は、彼女の市場価値を容赦なく批判するものだった。その銀行家は「あなたの容姿は衰えるのに、私の資産は永続するだろう。（略）実際、私の収入が増える可能性は高いが、あなたがこれ以上美しくならないことは絶対確実だ！」と断言したのである。「経済学的に言えばあなたは減価資産であり、私は収益資産なのだ。あなたが求めているようにあなたを『買う』のはビジネス的に意味がないので、借地ならいいかも」。この銀行員は架空の人物であることがわかり、当時ロイター通信はこれを報じた。しかし同じ話が何年にもわたって真実かつ現在のものとして流通し続けたことは、結婚の合意が交換の原理（例えば彼女の美しさと彼のお金）で機能するという考えの長寿と魅力を示唆している。しかし、お金と違って美しさは痛みやすい商品である。二〇一三年にある辛辣な投稿者が指摘したように、「彼女の市場価値はあと二・五～五年しかないから、急いだほうがいい」のである。

オンラインデートは、年齢、人種、職業を特定できるため、こうした計算を露骨に後押しする。多くのサイトでは、投稿者が年収の範囲を公表できる選択も用意されている。サイト利用者も同様に特定の要素で検索をかけることができ非常に選択しやすいため、選択肢の幅を狭める傾向があるという考えが調査で裏付けられている。例えば二〇〇九年二月から二〇一〇年二月にかけて大手出会い系サイトを調査したところ、ユーザーは自分の人種や民族の中での出会いを強く希望していることが報告されている。この調査の主執筆者であるジェリー・メンデルゾーンによると、白人会員によって開始されたコンタクトの八〇％以上が他の白人会員にむけたもので、黒人会員へのコンタクトはわずか三％であったという。一方、黒人会員は白人が黒人にコンタクトを取るよりも一〇倍も多く白人にコンタクトを取っていた（このように最初のコンタクトを重視することは、研究者にとって重要な自己発見的手法であり、この点では人種が特に重要な選択肢を占めているようである）。メンデルゾーンの研究は、社会的再生産の凝り固まったパターンがいかにオンラインで具体化されるかを示すもう一つの例となっている。メンデルゾーンが言うように「人種の分離は当分の間、社会の中に組み込まれているようだ」。

メンデルゾーンの研究は、ユーザーがプロフィールをスクロールして恋人候補を探すサイト（Ok Cupid、J Date、Match.com など）に明確に焦点化しているが、同様の選択基準は、よりあからさまに人々の好みに基づいてペアを組むことを基本とする事業の論理に影響を与えているようだ。後者のサイトでは、eHarmony 社が「相性の次元」と呼ぶ重要な要素に基づき、アルゴリズムを使用して相手を差し出す。このプロセスは、その見極め力を保護するために特許を取得している。このバージョンでは、アルゴリズムの基準に達しないユーザーと会ったり連絡を取ったりすることを制限している。これは、出会い系サイトがそのサイト運営に選択性の原則を継ぎ目なく組み込み、細かく調整された調整機能を正規化し、情報に基づいた選択への単なる常識的アプローチとして読んでいる別の例である。（外見上の違いはあっても、すべての出会い系サイトはユーザーの好みとサイトの推奨を混ぜ合わせたものと理解すべきかもしれない。ユーザーが完全にコントロールできるように見えるサイトでさえ、アルゴリズムを使用してユーザーのオンラインパターンを判断し、それに基づいてマッチングを提案している）。こうしたシステムはまた、テッド・ストリファスが「アルゴリズム文化」と呼ぶものの偏在を示す。そこでは「人、場所、物、アイデアの選別、分類、階級化」が計算処理によって決定されている。そのため、オンラインデート利用者はアルゴリズムが潜在的なデート相手を選別し、数値化するという階級的慣習に参加することになる。このプロセスはアルゴリズムがユーザーの好みを「学習」することによって、差異に対する不寛容さをさらに定着させる可能性がある。

また出会い系サイトでは、サイトのデザインやあらかじめ設定された性格に関する質問により、どのような点が類似しているか、または望ましいか（年齢、居住地、学歴、婚姻歴、収入、宗教、ライフスタイルなど）をユーザーに指示し、それらの相乗効果を求める場合もある。これらの団体は、相補性または同意が結婚を成功させるための重要な基礎となることを示唆している。この理解は健全なように思えるが、本書の冒頭で述べたような富の集約パターンに関与していることは否定できない。同様にとても特殊なライフスタイルや興味に応える隙間産業的出会い系サイトの普及は、好み、興味、またはアイデンティティのカテゴリー市場を共有することで、より最適なペアが作られるという認識を助長するものである。スレーターによれば、そのリストには「ゴート人系、ペット好き系、軍人の未亡人向け系、オタク系、肥満系、金持ちとそれを愛する女性向けの数々の小集団系、囚人向け、外見が似た者向け、スター・トレックのファン向け、カウボーイ向け、船長向け、運動オタク系」などがあると言う。

オンラインデートは、効率性と選択性が特徴的なサービスである。というのも、ユーザーは大量の在庫を短時間で選別する能力をオンラインデートの最大の長所とみなしているからだ。オンラインデートは、出会いの場を劇的に拡大するが、それを活用してもらうために、圧倒的な数のマッチング候補を選別する方法をユーザーに提供する。ハイノ、エリソン、ギブスが二〇一〇年に行なったオンラインデートのユーザーに関する研究では「ある女性は、サイト上の評価ツールを使って、自分が求めている資質を持つ男性会員はわずか六%であることがわかったと報告している。彼女の検索は非常に具体的であったため、オンラインデートがそうした特定のユーザーを素早く特定できることを彼女は高く評価している」。サイトは、自分が何を求めているかを正確に把握している選択的な消費者に対応しており、ユーザーはこの研究の著者が「関係性ショッピング」と呼ぶものに参加することができるのである。さらに、研究者が主張するように、多くのユーザーは自分自身が消費者的行為に従事していると考えている。この調査では、半数以上の回答者がオンラインデートの経験を説明するために経済の比喩を使い、オンラインサイトをスーパーマーケットやカタログのように表現している。多くの人が自分のプロフィールを、最高の自分を見せるための履歴書にたとえ、中には自分の相対的な価値や功績を確認する機会を得たと高く評価する人もいた。ある女性の回答者は「私は自分が思っていたよりもずっと魅力的だったのでよかった」と述べている。この記事は回答者の気持ちを、書かれているようには整理してはいないが、この女性の表現は、自分のブランド価値を正確に把握したことへの満足を示唆している。この点については次節で述べる。オンラインデートでは、自分の市場価値を正確に判断できるようになる。それは自分のプロフィールに対する反応の質と傾向に基づく評価となる。

オンラインデートとブランド化された自己

オンラインデートに不快さがないのは、一般的にはオンライン、特にフェイスブック、ツイッター、タンブラー、インスタグラムのような巨大企業が当たり前のように作り上げたブランド化された最高の自己という快楽として、助長された自己イメージと一致していくからである。商品化とブランド化は区別しておくべきである。サラ・バネット＝ワイザーが区別するように、商品化は明白な経済戦略であるのに対し、ブランド化は文化的現象として理解することができる。彼女の説明によれば「高度なグローバル資本主義の時代には、モノを作り、売り、使うことは、しばしば私たち自身の生活を作る方法と切り離すことはできない。ブランド戦略や論理は背景であるだけでなく、文化の中で生きるための『道具』となる（略）。ブランド論理や戦略は、個人的・社会的な影響や感情関係を形成するための規範的文脈となる」。オンラインデートは、ブランドの論理が手段を指定し、行動を定め、相手探しの効果を規定するプロセスの明確な例である。

これらの論理は、レイチェル・グリーンウォルドが二〇〇三年に出版した『三五歳を過ぎてから夫を見つけよう――ハーバード・ビジネス・スクールで学んだことを使って』の中でより明確に示されている。この本には、女性がいかに自分のブランドを築き、そのブランドを売り込み、ブランドの露出度を高め、さらにはそのブランドを市場調査すべきという章があり、その提案には、失敗したデート相手に友人から電話をかけてもらい、なぜうまくいかなかったのかを聞き出すことが含まれている。グリーンウォルドによれば、妻になりたい人は次のような基準を満たすブランドを構築する必要がある。「そのブランドは、自分から見ても他人から見ても、自己に誠実であること、幅広い層の男性にアピールできること、記憶に残りやすくユニークであること、自分を『結婚に適した人材』として位置づけること」などである。彼女のアドバイスのように、女性は自分自身について三つのキーワードを決めることから始めるべきなのだ。このプログラムで成功した参加者は「赤毛、冒険的、料理上手」というブランドを使った。

このアドバイスの前提には、結婚前のあらゆる段階で、起業家的な論理が働くということが明確に示されている。「自分のブランドを確立したのだから、そのブランドを宣伝し、中身の細部に至るまで統一し、オンラインデートやその他のデート活動でブランドを強化することを学べ」と、グリーンウォルドは書いている。この文章が示すように、グリーンウォルドの仲介は徹底的な没入体験に基づいている。彼女は読者に銀行口座を開くことを勧め、そこからは夫を見つけるための付帯費用のみ（新しい服を買う、デート・サービスに参加するなど）に資金を回すように勧めているが、これは富と可処分所得に関する暗黙の前提がいかに彼女のプログラムを構成しているかを示している。このアドバイスは、結婚サイトが月額二〇ドルから五〇ドル程度と有料になりがちで、利用者にある程度の可処分所得があることが条件となる現状に即して、極めて現実的なものである。

ネット上の出会い系サイトは、ブランド確立用の働きに適した場所である。例えば、ダモーナ・ホフマンの出会い系ガイド本『ウェブを紡げ――オンラインデートを成功させるための自己ブランド化の方法』というタイトルを考えてみよう。その中で、ホフマンは読者に「これから先、あなた自身を商品として考えてほしい。製品としての『あなた』だ」。ホフマンはこの用語を本全体に用いており、「『製品としての私を作る』ためのマーケティング・ワークシート」という適切なタイトルの文書用テンプレートで、「製品としての『あなた』を何に例えますか」「この製品に魅力を感じるのはどんな人だと思いますか」といった質問をそこに掲載している。(5)レイチェル・グリーンウォルドも、オンラインデートを「オンライン・マーケティング」と呼び、それが「夫を見つける勝率を最大化する唯一最善のこと」だと断言する。

技術の専門家であるエイミー・ウェッブが書いたハウツーガイドと回想録を兼ねた『データというラブ・ストーリー――オンラインデートを利用して運命の相手に出会った話』は、ホフマンとグリーンウォルドが提唱する理論を偶然にも採用した一人称の記述であり、かつては極端に見えた考え方が主流になっていたという一貫性がわかるものである。ウェッブはその後、

「私はいかにしてオンラインデートをハッキングしたか」と題する自著に基づくTEDトーク(オンライン・トーク)を撮影し、成功を収めている。「市場調査」を行なうために、ウェッブはグリーンウォルドが助言するように他の女性のプロフィールを見るだけでなく、その女性がどのように反応するかを見るために様々な男性になりすまし、学んだことに基づいて「スーパープロフィール」を作り上げた。最も効果的な記録を残すために、ウェッブは夫に求める重厚な資質を付けたリストを作成し(自分が最も望んでいるものにより多くの点数を割り当てる)、自分に連絡してきた男性の詳細をスプレッドシートに記入して点数を確認し、最終的に点数が足りなかった人とは連絡を取るのを拒否した。彼女はこう書いている。「覚えておいてほしいのは、システムをゲーム化するには、その構造を利用し、個人的に有利になるために、根本的なレベルで理解することだ」。ウェッブは「個人的な利点」を得ることにこだわっているが、これはカップル成立の過程に対する彼女の機械的なアプローチを強調するものである。ストレスの多い経済下では誰もがそうするように、ウェッブは競争相手を調査し、どのタイプの女性プロフィールが最も注目を集めるかを評価し、自分がなりすました一〇人の偽男性プロフィールのうちの一人に接触した女性が示す交流の手順を模倣したのである(ウェッブは、このなりすましの倫理的意味をほとんど無視して、プロフィールを本物の男性のものだと信じている無知な女性との会話を長引かせたことはないと断言している)。

ウェッブの実験は、アリソン・ハーンが「デジタルによる評判」と呼ぶ「ある製品、人物、サービスに対する一般大衆の感覚や感情」が、数値化も変化もできることを示すものである。ハーンが説明するように、「Google検索で名前が出てくる回数、eBayでの買い手や売り手としての評価、フェイスブックでの友達の数、ツィッターでのフォロワーの数はすべて、デジタル評判の結果と見ることができる。評判は操作できるものだという前提が、ＴＬＣの番組「スワイプで一目惚れ」（２０１５～１６年放送）をまとめあげていることが重要である。これは私が最初のオンラインデート・リアリティ番組と考えていたものである。その中で、「着てはダメなもの」というリアリティ番組のホストでライフ・コンサルタントのクリントン・ケリーは、オンラインデートの専門家デヴィン・シモーンとともに、オンラインで恋人を探すのに間違ったプロフィールを作り上げ、垢抜けない服装の女性たちに次々と直面する。このように女性ばかりに注目が集まるのは、本章が主張するように、女性のほうが愛のために多大な労力を費やしていることを裏付けている。プロフィールを作成する際にデート志願者たちが最初に試みることは、あまりにも突飛、奇抜、セックスに夢中、鈍感、等々、否定的な例として大きく取り上げる。変身番組でもあり、デート指南番組でもある「スワイプで一目惚れ」は、デート志願者とそのプロフィールの救済に二通りのアプローチをとる。ケリーが候補者の容姿を吟味し、新しい服を選び、メークや髪型のイメージチェンジをする一方、シモーンはオンラインのプロフィールを微調整し、新しい写真、キャッチフレーズ、コミュニケーションの取り方についてのアドバイスを提供する。この番組はその使命にきわめて真剣に取り組んでいる。「悲惨なプロフィールは、恋人を見つけるチャンスを奪う」とケリーが言うと、頭に猫を乗せた女性の写真がスクリーンに映し出される。またこの番組では、プロフィールを修正し、自分のオンライン・プレゼン全体をより洗練された方法で扱うことが、成功への確実な手段であるという信念に徹底的に入れ込む。この主張の正しさを示すために、各エピソードはまず出場者の変身前のプロフィールを紹介し、一〇〇人の男性に「この人と交際できると思うか」と尋ねる。予想通り、交際できると答えた人の数は非常に少ない。同じ質問を変身後のプロフィールに対して再度行なうと、結果は劇的に改善される。このビフォー／アフター評価は、この番組の専門家の言わず語らずの知恵を裏付けるものであり、どんなに絶望的な交際相手でも、工夫次第で劇的に改善させることができることを示唆しているのだ。

ケリーとシモーンのアドバイスは、ウェッブが見出した「成功するプロフィールは、明るくて屈託のない女性だと披露すること」と一致している。ウェッブは、露出の少ない服装で、笑った数秒後にカメラがとらえたような写真をアップするよう勧めている。こうした属性をもつ写真は、「スワイプで一目惚れ」でも大きく取り上げられる。またこの番組のホストは、過剰な印象を和らげることにも気を配っている。女性はハッピーでなければならないがクレイジーであってはならない、セクシーでなければならないがみだらであってはならない、個性的でなければならないが派手で奇抜であってはならない、と。これらの観察が示唆するように、オンライン出会い系サイトは情緒的・視覚的なシステムによって構成されている。他の仕事環境と同様に、オンラインプロフィールでは、親しみやすさ、熱意、普通さといった、ある種の外見的な見かけが要求される。

実際、オンラインデートのアドバイスで最も繰り返されているのは、ポジティブさを強調することなのだ。『最初のクリックで一目惚れ——オンラインデートの究極のガイド』の著者であるローリー・デイヴィスは、「プロフィールを書くときに念頭に置くべき最も重要なことは、楽観的であることだ」と勧めている。グリーンウォルドは、「簡潔で、ポジティブで、ユニークであること」と書く。(6)『最初のサイトで一目惚れ——現代のマッチメーカーが語るオンラインデートを成功させるための物語とヒント』のエリカ・エティンは、結婚希望者に「人生で悪い時期のことを語らず」、代わりに「楽観的で幸せである」ようにとアドバイスしている。このアドバイスは、オンラインデートの相手に与える感情の範囲が狭いことを反映しているだけでなく、ネオリベラル時代の感情のありようが楽観主義を要求するその程度を確認するものでもある。『良き伴侶に出会うには——デートの楽観主義を利用して理想の相手を見つけるための明るいガイドブック』で、著者のエイミー・スペンサーは、明るい希望満々を、信条とアイデンティティに格上げしている。デート楽観主義者（彼女の造語）たちは、「恋愛は最高にうまくいくもの」と単純に信じている。この事態を確実にするために、デート志願者は「今できる最も幸せな人間になることから始める」必要があるのだ。文化理論家のバーバラ・エーレンライクが『明るい側面』で述べているように、「ポジティブな感情は、内面的な幸福を示唆するように見える」というのは、またその逆も意味している。なぜならそうした目を見開いたような所感をほとんど示さないことはアメリカ的文脈では、ほとんど受け入れられなくなったからである。重要なのは、企業の論理が感情的な模範を常に支えていることである。メリッサ・グレッグが職業文化の研究で発見したように、「感情の適切な制御」は職業上の成功の重要な決定要因である。この点で、オンラインデートは労働世界の情緒的状況を映し出し複製している。

ポジティブな感情を示すことは、言い換えれば、自己のブランド化という作業をうまくこなしたことを示すのである。ハーンが主張するように、「笑顔とポジティブな態度がブランド化に成功した人の特徴」であるとすれば、ネット上のデート希望者は、自己のブランドに対する精通度を示すことになる。しかしこの形式では、自分のブランドは個人的なものであると同時に、無差別に人を惹きつけるものでなければならない。グリーンウォルドの表現を借りれば、ブランドは「ユニーク」でありながら「幅広い男性にアピールする」ものでなければならない。この困難さを克服する方法は、適応性である。ウェッブもデイヴィスも同じように促している。たとえ二つの属性や興味が対立するものであっても、「あれ」をするのと同じように「これ」をするのも快適だと宣言するのだ、と。例えば、ウェッブのスーパープロフィールには、次のような記述がある。「私の友人は、私を外向的で社交的な世界旅行者で、ブルージーンズもブラックドレスも同じように快適に着こなすと表現するだろう」。多才であることは、オンライン・プロフィールのもう一つの特徴である。デイヴィスは、あるクライアントの文章を「ディーゼルの素晴らしいジーンズを見つけることは、テールゲート・パーティ〔訳注：駐車場で車の後部をあけてする野外の食事会〕を楽しむのと同じくらい幸せだ」と書き換えている。これらのセリフが示唆するように、服装の選択はしばしば人格的特徴の代用品となる。しかしこのような言い方は、単なるスタイル以上に、目に見えて中立的な習慣として普通であることを義務づけている。派手であろうとカジュアルであろうと、快適であることは（これらの例の両方が宣言しているように）、ガチガチな頑固さを持たない人であることを示す。簡単に言えば、書き手の目標や欲望が相手を見劣りさせることがなく、適応力があり、魅力的であることを示すのである。

日常的に気楽な人物であると示すことを奨励するデートアドバイスは、しかし、ジェンダーに配慮した言外の意味を含んでいる。ウェッブの最初の洞察に戻ると、楽観的であることに加えて、プロフィールはむしろ狭く保守的な性別の線に従わなければならないのである。男性がデートしたくなる女性とは、セクシーで、付き合いやすく、自分の欲望に忠実だが、あまりにこだわらない女性である。こうした姿勢は、「女の子」という自己認識に集約され、自分をあまり真剣にとらえていないことを示す。「楽しい女の子になる！」（ウェッブの呪文の一つ）ために、ウェッブはユーザー名を「東京の女の子」に変更するが、日本に長期間滞在することになった彼女の一流のキャリアについては一切言及がない。ウェッブは、独身女性は自分の才能や野心を低く見せる必要があるという長年の信条に従うと同時に、ダイアン・ネグラがポストフェミニストの特徴として挙げるような、女の子らしいレトリックに沿って自分を位置づけている。[7]これらのパフォーマンスは、アンジェラ・マクロビーの言葉を借りれば、「完璧で安心できるほど女性的」であるが、野心的な女性たちが、自分の業績だけでなく願望をも偽る圧力に直面し続けていることを浮き彫りにもしている。ウェッブが自分自身について語る中で、女の子らしさ、カジュアルな性格、あるいは巧みな服装の選択が含まれているとは、最も興味深いが信じがたい。（著作で繰り返されるコードの一つは、実際彼女が着古したフード付きの黒いスウェットシャツで示されている）。しかし、ウェッブは高学歴で上昇志向の強い男性を惹きつけるために、これらの要素を見事にし、より普通で日常的であるように見せようとするのである。

女性の功績を最小化する戦術は、長い間デートアドバイスの定番であったが、このアドバイスの市場論理は、ある意味で性の政治に逆行する同じくらい驚くべきものである。自分を「平均的」「気楽」「隣の家の女の子的」として市場に出すことは、逆説的に、将来のデート相手を疎外したり威圧したりするリスクがないため、差別化として機能するのである。柔軟性を装いつつも、オンラインの出会い系サイトは、実際にはきわめて厳格に定義された人格のパフォーマンスを奨励している。このように、オンラインデートは、潜在的な買い手／結婚相手に自己を売り込むプロジェクトであり、そのために新しいメディア・テクノロジーを明確に利用している点で、私が本書で新しい結婚の時代精神として特徴づけているものを完全に言い表している。バネット＝ワイザーが詳述するように、「現代の高潔な自己にとって、個人の起業家精神は自己実現のための導管であり、オンライン空間はこの起業家精神を実現するための完璧な場である」。

つまり、自分を売り込むには理想の自分を表現する必要があるのだ。この言葉は、自分の最高の資質を実現することが唯一の存在理由となる、向上心に満ちたシステムにつきものの表現である。例えば「スワイプで一目惚れ」は、「オンライン上で最高の自分を表現する手助けをする」ことを約束している。同様に、ウェッブの言葉をもう一度引用すると、「私は自分が何者であるかを隠そうとしたり、誰かのふりをしたりしたくはなかった。私はただ、達人たちから学び、最高の自分をオンライン上で表現することが必要だった。可能な限り最高の自分を演出する」という宣伝文句は、自己を強化した者だけが望ましい結果を達成する権利があるとするネオリベの定式化ともみごとに一致している。このような戦略的操作がたまに裏目に出る考えの一例として、ウェッブのデジタル戦略コンサルタントという職業は、彼女が主張するような人物にとっては不可欠であるが、彼女がこの詳細を意図的にオンラインプロフィールから省いていることに表れている。彼女は、「真面目なプロフェッショナル」よりも「楽しい女の子」であることのほうが、より売り込みやすいと認識するようになったのである。このように彼女の本は、夫を見つけるよりも、自己の起業家としての進化を語る成長小説《ビルドゥングスロマン》であり、それによって彼女は、デートできる、ひいては結婚できるような宣伝やブランド化の方法を学んでいくよう述べている。アリソン・ハーンは、「ブランド化された自己とは、ネオリベ、柔軟な積み重ね、急進的な個人主義、壮大な宣伝主義といった言説の結節点に位置している」と指摘し、苦労して得た教訓のイデオロギー的意味をうまく要約している。こうした概念化は、イムレ・シーマンが「起業家精神の論理」と呼ぶものに呼応し、「秩序と支配の可能性を提供するだけでなく、人間の繁栄と自己形成について主張する」のである。

建設的な自己形成がすべての交際上の困難を解決するという長く語られ続けられている神話の、身体を蝕むような近視眼的な質は、ウェッブらの記述ではぼやかされている。なぜなら、彼女は最終的に夫を見つけ、結婚に満足していると公言しているからだ。

さらに興味深いのは、実際には構造的な問題があるにもかかわらず、結婚の目標を達成できない人々の足元に責任を押し付けるために、自己改善のレトリックが用いられることである。

アトランタにあるアフリカ系アメリカ人の独身女性を主に対象とした組織、「シングルの妻の会」の運営を例にとって考えてみよう。創設者のコエリエル・デュボースによると、講演、クラス、オンライン教授、コーチができるこのグループは、二〇一一年に「『質の高い男性を見つけ、健全な関係を築く準備ができるよう、デートシーンをうまく進める方法を考えたい』という個人のニーズから作られた（略）。私たちの使命は、独身女性が妻となる以前に、より良い女性になれるよう教育し、力を与えることだ」。デュボースは、不幸な独身アフリカ系アメリカ人女性は、単に妻になる準備に十分な努力をしていないだけという認識を持っている。そのため、結婚の見通しに関する話にネオリベ的な価値観の幻想が挿入され、この層にとって男性のパートナーを見つける確率が特に高くないことを明確に認める必要があったかもしれないのに、話をすり替えている。黒人女性の四二％が結婚しないことを告げられても、デュボースは、結婚の成功は個人の手に委ねられるという信念にほとんど狂信的なまでのこだわりを見せる。「『大変だ』というのではなく、どうしたらいいのかを決めなければならない。統計通りにならないために、自分自身を力づけるために、準備するために、何をしたらいいのか。そのためには何か努力をしなければならない。もし私が何か違うことを望むなら、何か違うことをしなければならない。それが、未婚の妻たちが理解していることなのだ」[8]。私はデュボースのこの言葉を、単に個人の努力ではどうにもならないほど、結婚に適したアフリカ系アメリカ人男性が遺憾ながら不足しているという、実際の人口統計学的現実を煙に巻く大変な努力として読む。このように、デュボースの言葉は、ローレン・バーラントが「残酷な楽観主義」と呼ぶものの広がりを思い起こさせるのである。バーラントは、「実現が不可能で空想にすぎず、また可能性がありすぎて有害であることが判明した、中途半端な可能性の条件に固執すること」と定義している。デュボースは、バーラントが「妥協した耐久性」と呼ぶもの、すなわち「忍耐の技術」を導入することよって、「後が、今の残酷さについての疑問を保留する」ことを明らかにしている。目標設定、自己分析、資産の最大化といったもの欲しそうな概念は、「独身妻」にコントロールするよう覚えさせ、そこで自分を調べるのに時間をかけることで、経済的保証を妨げてきた不自由な社会状況、すなわちアメリカの結婚生活の未来にとって主要な障害となっている不利な状況との対決を先送りしているのである。

オンラインデートの辞書にあるもう一つの驚きは、ブランド化された自己イメージが、ソウルメイト探しにうまく調和していることだ。だが、こうは思わないだろうか？　もしブランド化された自己が、ある意味マーケティング装置であることを認めるなら、本当のソウルメイトを引き寄せるという重荷を十分に背負うことができるのだろうか？　この不協和音の大きさは、人が考える「本当の自分」とある種「最高の自分」のレトリックが一致するようにしてあるため、それほど大きくはないようだ。「スワイプで一目惚れ」に登場するデート志願者たちは、この認識を裏付けている。日常まったくしないような服装や装飾を施されることも多いのに、参加者は変身した自分に本当の自分を発見したと思い込み、結果、力を得たと感じているという。さらに、フェイスブックやインスタグラムのようなデジタルシステムが、修正された自己表示を強調することに報いて、写真やちょっとした個人的な物語、考察、観察を共有することによって成り立つオンラインのコミュニケーション形態は、他のどの形態とも同様に機能的に見えるのである。むしろオンラインデートは、ソウルメイトのレトリックの、前もっての支配性を活性化させている。「宿命／ソウルメイトの信念論は、長い間メディアによって奨励されてきた」が、「オンライン出会い系サイトのソウルメイト関連の要求の普及は、この一般的な風潮を悪化させる可能性がある」とフィンケルらは報告している。例えば、二〇一一年一月に行なわれたマリスト大学の世論調査では、アメリカ人の七三％がソウルメイトの存在を信じており、この数字はわずか六ヶ月前の六六％から上昇している。ソウルメイトのレトリックが浸透しているもう一つの理由は、オンラインデートが、他の時代にはアクセスできなかった多くの選択肢を利用可能にしたことである。そしてそのことが、自分には選択する機会があり、可能な限り最良の選択をすることができるという認識につながっている。

バネット＝ワイザーが好意的に述べるように、デジタル領域で「自分自身に対して純粋であるためには、まず他者に純粋でなければならない」のだとすれば、自己とは認識行為によって構成されるということだ。したがって、オンラインでソウルメイトを見つけることは、おそらく他の手段で見つけるよりもさらに自然なことなのである。このプロセスを枠づけるもう一つの方法は、スティグ・ヒャルバードが想定している。彼は、「メディアは社交性を多くの制度的文脈における主たる相互作用の様式として描くため（略）認識自体が愛、尊敬、評価としてどのように行使されるかに影響を与えるようになる」。この指摘は、認識と社交性が恋愛関係の基盤になるということであり、オンラインデートがいかに現代の社会的、恋愛的要求に合致していることをあらためて強調するものである。

オンライン領域における利用制限と排他性

サイトのデザインと機能性のおかげで、オンラインデートの領域では、自己表示とユーザー内対話のパターンが確立されている。本節では、オンラインデートにおいて許容される行動の限界値を設定することで、その過程が価値観のヒエラルキーを設定することに加担し、アメリカの社会的文脈では結婚がますます排除的な地位を占める一因になっていることを論じる。オンラインデートは、ブランド化された最高の自己を前景化することを要求するのに加えて、経済学者のキャサリン・ハキームが「エロティック資本」と呼ぶものを優遇する。これは、「美しさ、セックスアピール、自己表示のスキル、社会性」の組み合わせで、日常生活の場面で人を魅力的とするものだ。エロティック資本とは、ハキームが言うところの「社会の他のメンバーに対する美的、視覚的、身体的、社会的、性的魅力の組み合わせ(9)」を意味する。女性向けに売りだされているほとんどのデートアドバイスは、エロティック資本を最大化するよう遠回しに指示しており、見栄えを良くし、社交的に見せ、魅力を高めるために視覚技術を利用することの重要性を強調している。写真と簡潔なキャッチフレーズを重視するオンラインデートは、光学を作動させる完璧な手段である。この説明はまた、「スワイプで一目惚れ」がテレビ的に非常にうまく機能する理由を説明するものでもある。具体的に言うと、変身番組は、視聴者に「見せる」という快楽を提供するのである。

視覚的に魅力的であることと洗練されたコミュニケーション能力は、オンラインデートの領域における構造的な論理の表明である。その結果、これらのトピックはオンラインデートのアドバイスでも大きな注目を集めている。エリカ・エティンは、プロフィールに掲載する写真の枚数（理想は三枚）について詳細に説明し、他人の写真が入らないように注意し、「何か面白いことをしている写真を一枚」載せるよう助言している。同様に、ローリー・デイヴィスは、章の大半を費やして、プロフィール写真の準備とポーズの取り方（「トリミングでクリックしやすくする」、「重要写真で着る色は赤がベスト」）と伝えている。同様に彼女は、ファーストコンタクトの取り方のカウンセリングに膨大な時間を費やし、挨拶から件名、署名に至るまで、あらゆるものの作成方法を丹念にアドバイスしている。

より抽象的なレベルでは、オンラインデートは、ユーザーが「価値観や信念を明確にすること（略）つまり、自分は何を求めているのか？　自分の好みや性格はどうなのか？　自分は冒険好きなのか、それとも安心感を求めているのか？」等を要請されることで、エヴァ・イローズが「人格の価値正当化」と呼ぶ作業を要求する。このようなコミュニケーションをとるには、自分の長所やスキルを理解するだけでなく、それを特殊化、もっと言えば極小化されたレベルで表現する方法を知ることが必要である。エティンによれば、デート志望者は「細部を掘り下げることで自分を際立たせ」、彼女が「空虚な形容詞の呪い」と呼ぶものを避けてこれを行なうと。オンラインプロフィールを設定する経験は自己認識を特権化し、自分のプロフィールを自己実現が確認できるような語彙で構成することを要求する。参加者は真正な自己を知り、その気づきを認識可能で反復的なイメージに変換し、鋭敏で非常に高度な感情的リテラシーを持つことが求められている。イローズが説明するようにオンラインデートでは、「感情のコントロール、自分の価値観と目標の明確化、計算技術の利用、感情が文脈に合うこと」が推奨されている。さらにイローズは、感情が道具化され、結果それは、「自己存在と社会性」の中心的な役割を果たすと主張する。彼女のテーマを検証するために、かつて私自身がオンラインデートのプロフィールで、「映像論教授、主役を求む」というキャッチコピーで登場した時のことを考えてみよう。

自分の性格が私の最良の特徴だと言ってはいけないだろうか。私はゆっくり時間をかけた夕食と中距離のランニングが好き（ただし、ジムではなく屋外！）。四〇人のクラスでディスカッションをするのも、友人とワインを飲むのも好きで、だから、人と一緒に居ることが好きなんだと思う。聞き上手だし。感じていることをすべて顔に出してしまうところがあり、それが必ずしも悪いことだとは思わないが、おそらく史上最悪のポーカープレイヤーだろう。

優れた作家のように確たる柔軟な部分はあるが、気取り屋というよりは、フレンドリーで楽観的、そして気立てが良いと言われることが多い。映画に関しては、ほとんど何でも見る。

昨年は、エジンバラでスコットランドの朝食を味わい、ブライスキャニオンで乗馬、メイン州で急流下り、セントトーマスでスノーケリング、マイアミでショッピング（最後の一つはスポーツのよう、ホントに）をした。

私の理想の男は、期待するすべてのもの（スマートで、面白く、冒険好きで、親切）を持つ人だが、そうでもない人も入る。（少なくとも一度は一九七〇年代のディスコの衣装で踊りに行くことを望む人、後で説明［訳注：夫アランがそれをしてくれたことが、謝辞にある］）。

このプロフィールには、感情のコントロール、価値観の明確化、自分とは何か、何を求めているかという規則的な仕様が、ネット上での自己表現の中心にあるという見方と不気味に一致する表現が見られる。私は自分の情緒的な適性を強調するために、話を聞く能力、人が好きであること、開放的であることを大げさにアピールしている。興味を明確にするために、運動と旅行好きを強調している。私が求めているものは、ありふれたもの（スマート、面白い、冒険好き）と希少なもの（ディスコの衣装）の両方である。しかし、ごまかしのなさを求めると同時に、人に見られる事柄をコントロールしようと真剣に取り組んでもいる。学者である私が気取り屋であるかもしれないという認識を和らげるために、私は「ほとんどどんな映画でも見る」と約束する。この告白は、私がかなりの経験を積んでいる分野で、パートナーが私を追い越す隙を作ることにもなる。実際、私は映像論の教授であるのに、映画を批評しないと約束することで、私なりの「女の子」っぽさを演出している。[10] また、「男性《マン》」の代わりに「男《ガイ》」という口語表現を使っている。全体として、このプロフィールは、自信に満ち溢れ、円満で、感情的にごまかしのない自己を提示することが必要であることを物語っている。

オンラインデートの利用者は、私のように、そのような自分を見せざるを得ないと感じているのだろう。なぜならそれは、カップルの資格を象徴するものだからだ。ブレンダ・ウェーバーが主張するように、リアリティ番組の変身希望者が、権力、自信、幸福といった特質を示す場合にのみ、完全な市民権を得られるのと同じように、オンラインデートサイトの共通語である感情的パフォーマンスもまた然りである。同様に、ビヴァリー・スケッグスが論じているように、感情的な能力が自己の内面のコントロールを意味するならば、「感情や感覚はその人の能力に関する価値声明となる」のである。この点で、私が知らず知らずのうちに、ウェッブの「向上心、前向き、楽観的な言葉を心がけよ」という助言に忠実に従ったことに注目すべきだろう。私も、明るい態度に包まれたプロフィールを書き、文中では「楽観的」「気立てがいい」という言葉を使った。ロザリンド・ギルは、ポジティブな感情を極度に強調すると、他のタイプの感情が入る余地が非常に少なくなると指摘している。「このレパートリーからは、パートナーを求めながら独身でいることに伴う孤独感、不安、傷などが排除されている」。

私のプロフィールも同じく多彩さを強調している。ジーンズとリトルブラックドレスの組み合わせは、大人数（「四〇人のクラス」）や少人数（「友人とワインを飲む」）の集まりに慣れていると表現する形になっている。さらに重要なことは、学者や作家としての仕事については何も言わず、専門的な言及はキャッチコピーと教師としての経験のみにとどめていることだ。私のプロフィールが示すように、このような表示によって、人はデート対象として読まれやすくなり、正当化される。このレトリックには、私もまた、(率直に言って)ジェンダー化・階層化された能力と同じく既述のような情緒の提示を示唆するものとなった。あるいは、イローズが書くように、「社会的・歴史的に位置づけられた幸福と福利の形態を達成する能力として理解される、感情レベルの安寧の階層が現存する」のである。出会い系サイトは、感情的なパフォーマンスが「デートできる」かどうかを決定する文化的時代精神に則って運用される。スケッグスが我々に思い起こさせるように、「コミュニケーションをとるという緩やかな命令は、単に労働の私有化ではなく、階層とジェンダーの再生産の一形態であり、親密な関係がいかに遂行されるべきかというブルジョアモデルを促進する」のである。

私が旅行について言及し、昨年行った場所のリストを作成したことは、経済的・情緒的なヒエラルキーが存続していることを強調するものでもある。このことは、アダム・アーヴィッドソンがMatch.comのユーザーは「自己発見」という「経験のモラル」を信奉しており、「他者に心を開いた親密なコミュニケーションや、活動的で経験豊かな生活行為を通じて、本当の自分に触れ、それを明らかにし、共有しようとする指向性」を持っていると明らかにしたことからも裏付けられる。情緒的な安寧の成功形態は、言語によって証言され、消費文化によって強化され、調達するために資源を必要とするタイプの人生経験(例えば、私が言及したタイプの旅行)を必要とするという事実は、オンラインデートの階層的な次元を総体的に強調するものである。アーヴィッドソンは、オンラインデートをする人が「豊かな経験を求め続ける人生」を共有する相手を求めることを指摘し、「これは階層的体質の問題かもしれない」と推測して、こうした区別を暫定的にほのめかしている。「おそらく、継続的な経験を通じて自己を拡大しようとするこうした探求がMatch.comの主なターゲットである『文化的に移動可能な』都市部の大学教育を受けた、シンボル的な層という特殊な階層の理想を構成しているのだろう」。私自身の経験も、確かにこれを裏付けている。

同様に、オンラインデートの規範もプロセスに適したユーザーとそうでない者がいるという考えのほうに従う。応募者が採用されるために持っていなければならない能力のリストを含む履歴書と同じように、オンライン出会い系サイトの利用者は、新しいメディア・プラットフォームで成功的行動の特徴である種類のスキルや適性（さらにはライフヒストリー）を強調することを暗黙のうちに奨励されている。eHarmonyは、この階級を明確に体系化しており、「多数の結婚回数、うつ病などの気分障害を抱えている可能性を示唆するとか、項目に回答するなど、アンケートで誤解を招いたり不正確な情報を提供したりしているとアルゴリズムによって識別された[11]」候補者を拒否している。品質管理はより微妙な方法で行なわれることもある。「クリックで一目惚れ」の中で著者のデイヴィスは、過去の恋愛について語りすぎたり、自分の人生について愚痴ったり、セックスや政治、宗教について話し合ったりしないよう読者に忠告している。また、「サイトで一目惚れ」では、「セックスとオンラインデートのプロフィールを一緒にしてはいけない」と、セックスについて話すことを控えるよう勧めている。こうしたアドバイスは、オンラインデート希望者がより広くアピールするために自己検閲の必要があるという注意を与えるのである。

またユーザーは個人から個人へだけでなく、市場やプラットフォームを越えて翻訳される用語で自分自身を識別するように指示されている。煽動的あるいは論争的な態度によって自分を特定することを避け、利用者は個性を発揮する方法として、嗜好、趣味、興味を使う[12]。デイヴィスは、政治的な議論をする代わりに、商品の嗜好を細分化するよう促している。「『寿司』より『スパイシーツナロール』、『ワークアウト』より『ラケットボール』を考えてみてください」。このアドバイスは、ソーシャルメディアの形態が、ユーザーに自分の好き嫌いをリストアップさせ、その人の個性を確立する方法として、聴いているもの、買っているもの、見ているもの、読んでいるものを絶え間なく分類することを推奨していることにも見合う。さらに、デート志願者に同様の情報を明らかにするよう促すために、デイヴィスはOk Cupidが収集した調査結果を参照し、「『ベジタリアン』『バンド』『大学院』など、このサイトがデータを持つ隙間的《ニッチ》な単語やフレーズはすべて、メッセージにポジティブな影響を与える」と明言している。この助言は、オンラインデートの経験や、女性のポピュラーカルチャーにおける表現にとって、商品文化が重要であることを強調するものである。この点は、「クリックで一目惚れ」に対するAmazon.comの視聴者の批評が顕著にでている。当該評者はこの本を「女性向け本」と揶揄し、「ハイヒールや特定の小物への言及が多すぎるし、街の声として登場する単純でさわやかでクールな女の子は、私の心に全然響かなかった」と苦言を呈している。「それに小物を使って商品紹介をする手法は不快。ある種の雰囲気を伝えようとしていることはわかるけど、私はただイライラさせられるだけだった」。ポストフェミニスト文化は、多くの女性が排除的であると認識する、定型的で狭く定義された限定要素に従って女らしさを教え込み、期待を抱かせる。こうした観察結果は、不況後の状況においてさえ、女性のポピュラーカルチャーが気まぐれな自信に満ちた色調に支配され、消費文化への言及に彩られ、安易な贅沢の標識を満載しているか、それらすべてが同じ程度の特権を持つ読者を想定していることを思い起こさせるものである。ポストフェミニズムは、「資本主義を自己形成のための手段とみなす」。この点は、著者のステファニー・ハーゼフスキーが、女性向け小説の学術的調査の中で、偶然ではないと述べている。アドバイス・マニュアルのような女性向けの形式で提示されるように、オンラインデートは、女性が消費文化の中にしっかり組み込まれて思考し、自分自身を提示することを促す、より大きな結びつきを持つ実践なのである。女性向け小説に見られるように、オンラインデートをする女性たちは、消費的な実践を通じて自らを認識し、嗜好文化の中でコミュニケーションをとるよう求められている。

また、ターゲットを絞った自己開示行為は、広告主にとってもかなり有益である。当然だが、オンライン出会い系サイトは、広告によって貴重な収入を得ている。ユーザーがオンライン・プロフィールで商品の趣味や嗜好を開示すればするほど、広告主はより多くの情報を引き出すことができる。Match.com がプロフィールの作成方法について顧客に与える助言を調査して、アーヴィッドソンは、Match.com が「質の高い独身者」を抱えているという印象を与えるように設計されており、そしてユーザーにとっても広告主にとっても必要な認識であると指摘している。このように、資本主義市場の要件は、誰がデート相手としてふさわしいかという点だけでなく、企業の利益にとって何が許容できる（使える）コンテンツであるかの限定要因を制限することによっても、ルールを決めているのである。

このようなコンテンツ規範は、オンラインデートの高度に階層的側面を示唆している。自分の好きなもの、趣味、興味についてある種堂々と書くことができるということは、ユーザーの社会的・文化的資本を証明することにもなるからだ。しかし、このような観察はこれまであまり注目されてこなかった。なるほど、階層とオンラインデートというテーマで、私が見た中で最も刺激的だったのは、「オンラインでの人々のパフォーマンスが、主観的で階層的なアイデンティティをどのように構築するか」を明らかにしようとした大学院生によって二〇一二年に書かれた研究である。ケイト・オーリジェンマが主張するように、「階層を構成する人口統計学的指標とその習慣依存の社会的嗜好の両方に関する情報を提供することを通じて、出会い系サイトのユーザーは、個人プロフィールと同時に、自分自身の階層アイデンティティを構築している」のである。オーリジェンマは、Ok Cupid に登録されている三六人の女性のオンラインデート・プロフィールを教育レベルに応じて区分し、言語分析を行なった。その結果、人々が自分の目標についてどのように話すか、自分の仕事やキャリアにどの程度満足しているか、生活における家族の役割、そして知性の重要性など、階層の指標となりうるいくつかの重要なテーマが示唆された。その結果、大学や大学院の学位を持っている人は、より確実で自信に満ちた口調で話すのに対し、学位を持たない人は、最終的な成功についてあまり確信していないと結論づけた。自分のキャリアについて話すとき、高卒者は「『努力する』『働く』などの動詞を使い、それ以外の人は『するだろう』『アップグレードし続ける』（アップグレードしようとするのではなく）というような、より確実な動詞を使う」。彼女は言語的な手がかりによって階級がコード化される方法を分析し、「より高い教育を受けた人々は、中流階級の規範を維持する学習をしている」と推測し、「彼女らの自信と確信は、これらの規範をうまく遵守することによって育まれた自尊心から生まれている」と想定している。オーリジェンマのデータは、教育と階層の断層に基づく興味深い区別を示唆しており、本書のきっかけとなった新しい結婚経済と一致する。「国民の階級格差は、婚姻関係とますます相関しており、文化的・経済的資本を持つ高学歴のアメリカ人は、同じ階層の人々を選ぶ傾向があるという現実が、この結果を確実なものにしている。このような階層的な行為や語彙は、実力主義や上昇志向のイデオロギーを強化し、しばしば隠された階級の傷となり、制度に基づく不平等をあいまいにし、特権を維持する人々に報いる自尊心というイデオロギーを永続させる」と結論付けている。

オンラインデートが重視する外見、社交性、自信は、ポストフェミニストの態度が起業家の論理といかに完全に融合しているかを明確にし、確実性、開放性、多才性を提示することが、デート市場に参加する資格を与えることを確認するものである。同様に、ポストフェミニストの考え方は、長い間競争の文化を強調するものと理解されてきたが、オンラインデートに関するアドバイスは、多くの市場と同様に、デート市場も飽和状態であることを理解した上で、常に地位を争う必要性を強調するためにこの土台を構築しているのである。自分の露出を最大化するために、オンラインデート志願者は少なくとも二つのデートサイトに同時に登録し（できれば三つ）、同時に複数の人とデートするべきだと専門家は主張している。レイチェル・グリーンウォルドが明言するように、「市場を拡大し、できるだけ多くの関連する消費者層をターゲットにすることで、製品が売れる可能性を常に高めたいのだ」。アドバイス本も同様に、出会いの成功は努力の量に正比例すると仮定している。『あなたのウェブを紡ぎなさい』の著者は、読者に「仕事であるかのようにデートをし」、「最初の一ヶ月は週に最低五通のメッセージを送る」よう指導している。他のよくあるアドバイスとしては、デート希望者は、自分のプロフィールが他の人の検索に残り続けるために、定期的に新しい写真をアップロードしたり、プロフィールの説明をいじったりすべきというものもある。こうした市場もまた、自分が望むようなアクセスや経験を得るための時間と資金がある人たちを対象にしており、そのプロセスを外部に委託することもできる。バーチャルデイト・アシスタントという会社は、一回のデートにつき一四七ドル、あるいは月々一二〇〇ドルの料金で、顧客が見込みのある相手を選び、デートの計画を立て、衣装選びの細部に至るまで支援する。こうした新しい現実が思い起こさせるように、オンラインデートは、高位の階層に属する人々に最も適しており、キャリアと時間にプレッシャーを感じている忙しい仕事人生を送る人々にも魅力的なようである。アーヴィッドソンの結論のように、「一般的なインターネット・デートのユーザー、特にMatch.com の会員は、情報経済の新しい労働者階級の上層部を構成する、都市部の大学教育を受けたカリスマ分析者に過度に偏っているようだ」。オンラインデートは、広告主が最も好むある種の都会的な女らしさに向けられ、それを構築するものであるように思われる。この女らしさとは、感情表現に関する厳しいガイドラインを課し、ソーシャルメディアに精通し、オンライン環境における効果的な自己提示に精通している利用者に報いるものである。ロマンティックな規範は、こうした合理化された現実に準拠して存在し、夫婦の座がビジネスとなったもう一つの方法を表している。

結論――結婚パニックと新たな希少性

二〇〇六年のアトランティック誌で、著者のローリー・ゴットリーブは、当時急成長していたもののまだ完全には主流でなかったオンラインデートの約束事とその現実を調査した。その記事の中で、彼女はeHarmonyの責任者であるニール・クラーク・ウォーレン博士と会ったときのことを語っている。彼女は、このサイトの徹底した四三六問の性格テスト〔訳注：主として性格異常者を見つけるテスト〕を受け、世界中に検索範囲を広げたにもかかわらず、なぜマッチングがゼロなのかと尋ねた。するとウォーレン博士はこう答えたのである。「あなたは優秀すぎるのだ。聡明すぎるし、思慮深すぎる。君のような才能がある人に一番必要なことは、我慢することである」。それからちょうど二年後、ゴットリーブは同じ雑誌に「彼と結婚しなさい！」という記事を書き、後に『この人と結婚しなさい――まあまあの男で手を打った件について』という本へと発展させる。どちらの記事でも、ゴットリーブは二〇代から三〇代前半の女性に早く結婚するよう率直に勧めており、「決めろ！」と書いている。「そう、情熱や激しい結びつきを気にする必要はない」。「いい人が見つかるかも」という気持ちで決断を先延ばしにしていると、四〇代で独身になる危険性が大きい。ゴットリーブは、完璧に適切であるにもかかわらず刺激的ではない恋人を捨てて、一人で子どもを産み、さらにシングルマザーとして夫を見つけようとする困難に直面したと述べた。

ゴットリーブがたどった軌跡は、市場経済における交際から、彼女が主張するように、市場がその要求に応えようとしないとき、自分の期待を下げる必要性への移行を物語っており、その点で本章に興味深い筋道を提供している。

ゴットリーブの助言は、時代を先取りした、非常に先見性のあるものだ。彼女の忠告は、女性のポピュラーカルチャーが独身女性に対して、手遅れになる前に結婚するよう絶え間なく諭すのと明らかに一致している。アンシア・テイラーの診断のように、「ポストフェミニズムのメディア文化の中で最も目立つ独身女性は、独身であることが願いではないことを証明している女性である[13]」。この願いは、結婚という義務の重要性と緊急性を強調するメディアによって奨励・育成されているのだ。時間が浪費できない量的なものであるという信念は、ダイアン・ネグラによって最も有効に定義されている。彼女は「ポストフェミニスト文化の特徴的な特性の一つは、さまざまなライフステージを『時間パニック』の限界基準の中で定義する能力である」と示唆している。ネグラが主張するように、女性にとって「時間は脅威と考えられて」おり、その理由の少なくない部分は、男性にはそれほど鋭く降りかかってこないものの、女性の選択肢を区切る生殖の要件にある。こうした不安（大雑把に言えば、「老いぼれる前に、どうやって男を見つけるか」）は、世界的な経済不況がもたらした関連圧力によって屈折し増幅された。不況は、すでに多くの不安要素を含んでいたレトリックに欠乏の概念を導入し、結婚に関心のある女性にとって、かつて結婚相手となるはずだった男性の地位が危うくなったことを浮き彫りにしている。女性のポピュラーカルチャーによれば、妻になりたがっている人たちの関心は、物質的に余裕のある男性を見つけなければならないことなのだ。

別のところで論じたように、不況の反応の一つは、経済的不安が広がった時期が、女性よりも男性に大きな打撃を与えたという見方であった。報道によれば、大学の学位取得や仕事の獲得において女性が男性を上回っていたことから、不公平は続くはずだと想定しているのだ。(14) 女性の新たな経済的優位が、都合はよいがまやかしの物語であることを示すかなりの証拠があるにもかかわらず、こうした話はポピュラーカルチャーを支配し続けてきた。(15) さらに男性の経済的没落は、異性愛という命題のレンズを通して語られてきた。簡単に言えば、男性の非・不完全雇用の広がりは、適切な夫を求める女性にとってどのような意味を持つのかというメディアの考察に拍車をかけた。こうした議論は、労働圏を家庭圏と絡め、結婚に対する理解を職業経済の変化と一致させる。職業経済と結婚経済の間のこうしたずれや重なりは本書の最初の前提であり、文化的想像力の中ではしばしば分離されているにもかかわらず、相互依存関係を確認する再調整になっているのである。

女性が経済的に優位に立つことで、かえって結婚生活の見通しが悪くなるのではないかという心配は、凝り固まったジェンダー典型を反映している。具体的には、男性は生まれながらにして女性よりも高収入であることが保証されているという長年の思い込みを再確認し、野心的で成功した女性は結婚や結婚生活を維持するのが難しくなるに違いないと想定しているのだ。例えば、二〇一三年のニューヨークタイムズ紙の記事「稼ぎ頭の妻と不安な夫たち」は、女性が経済領域で得た役得は、個人的には不利になる傾向があるという研究結果を報告している。この研究の著者は、「男性より収入の多い女性の割合が増えたことで、結婚率低下の約四分の一が説明できる」と推測している。なぜこの調査をしたかの理由は不明だが、記述では経済的に二次的な役割を担わなければならないことに対する男性の不快感が、結婚の未来に水を差しているのではないかと推測している。この新しいとされる状態を緩和し、管理する責任を女性が負わされている。この現実は、まさに私が本章で辿ってきた需要と供給の論理を明らかにするものである。

ここで、悩めるローリー・ゴットリーブに話を戻すと、彼女はこのような希少性に直面する女性たちの現実的な解決策を見出した点で、時代の先端を走っていたことになる。ゴットリーブの「女性は完璧を求め続けるのではなく、冷静になったほうがよい」という言葉は、世界的な不況の中で力強く浮上した「下方婚」についての会話を先取りしている。つまり、女性は収入や野心、職歴など、何らかの形で自分より劣る男性を受け入れることを考えるべきだというアドバイスである。もちろん、これらの解決策は今に限ったことではない。同様の助言は長い間、金銭的に余裕のない結婚経済に根づいており、特に有色人種のコミュニティで広まってきた。『結婚とは白人のためのものなのか?』という挑発的なタイトルの本が、この長年の現実的な払底を証明している。ラルフ・リチャード・バンクスは、黒人女性が同じレベルの学歴や経済的安定を持つ黒人男性を見つけることができないだけでなく（これらの人口統計学に相対する自分の立場に関係なく）、下方婚が大衆の反応であることを確認している。彼が主張するように、「黒人女性は、わが国の他のどの女性グループよりも、低学歴・低収入の男性と結婚することが多い[16]」のである。このような便宜供与は、女性向けの人気メディアでも日常的に説明されている。マリ・クレール誌（白人の読者が多い出版物）とエッセンス誌（黒人の読者が多い出版物）に見られる恋愛アドバイスの比較研究において、サンジャ・ジャジェシクは「結婚市場の現実は恋愛アドバイスで説明されており、エッセンス誌の記事のいくつかは経済的に成功していない男性との関係を受け入れるよう勧めているので、黒人女性は男女の恋愛関係の伝統的構造ではないものを受け入れ、結婚市場に対応するよう求められている」と指摘している。

二〇一一年、バンクスは「もし白人の男女の富が黒人のそれと同じように乖離したら、専門職に就いている白人女性は、今日専門職に就いている黒人女性と同じ課題に直面するかもしれない」と予見している。私がここで指摘する結婚パニックは、すべての男性の業績が低下したおかげで、有色人種の女性に要求される結婚のための計算が、すべての女性側に依ったという認識と大いに関係がある。もちろん、結婚経済におけるこうした変化は、かなり以前から裕福なコミュニティを除くあらゆる場所に蔓延していたが、ポピュラーカルチャーがこの払底を認識し始めるのは、それが上流階級に入り込んだときだけである。

パニック、希少性、こうした経済の変化に対応する必要性といった概念は、女性の結婚の未来に焦点化した報道を消費するのみという傾向があり、こうした報道は個人の体験談から、より広く受け入れられている人口統計学的研究にまで多岐にわたっている。ケイト・ボリックが二〇一一年一一月に発表したアトランティック誌のカバーストーリー「すべての独身女性たち」は、模範的に思い出深い自伝的記事を提供したのである。「え？　私が結婚するって？」と書かれた表紙には、着飾った三〇歳前後の白人女性が、自分の姿に重ねられた感情に、明らかに動揺している姿が描かれている。「今日の経済状況では、男性はバラバラになっている」（図像はボリックの姿に重ねられている）。ボリックが書いているように、「アメリカの女性たちは、伝統的に「結婚相手」とされてきた男性、つまり自分より高学歴で高収入の男性の数がこれほど極端に減っていることに直面したことはないのである。つまり、女性たちは今、新しい希少性とでもいうべきものと闘っているのである」。ボリックの観察は、男女間の教育水準と願望の格差が、結婚の将来に打撃を与えることを予測した話を再現したものであり、その予測は実現したように見える。二〇一四年のピューセンターの報告書「結婚しないアメリカ人の割合が過去最高」によると、「教育と婚姻状況の関連性における男女のパターンの変化が、未婚の男女間の教育のミスマッチに寄与している。現在、二五歳以上の未婚女性は、未婚男性よりも全体的に学歴が高い。これらの女性の三分の一は学士号かそれ以上の学位を取得しているが、二五歳以上の未婚男性の場合は、その割合は四分の一である」。この研究が示唆するように、高学歴の男性の層が薄くなり、その結果、異性愛者の女性が適切で平等なパートナーを欠いてしまうという問題のある状態が起きている。それにもかかわらず、女性が男性よりも高学歴である場合にのみ、このことが問題視されているのは注目に値する。このレトリックの多くに一貫しているのは、女性が男性より高学歴であるのはよくないという考え方だが、その逆が同様の苦悩を生み出すことはない。

これらの格差は、女性が説明し、計画を立てなければならない問題として登録され続けている。ボリックとゴットリーブの二人は、現在独身でいることの非を主張するかのように、ある時点で完璧に素敵な男性と結婚できたはずだと強調し、今では切ない思いでその強迫観念を思い出している。希少性を個人化する傾向を示すこれらの著者は、現在夫がいないことを、えり好みしすぎたこと、実現不可能な理想を持ち続けたことのせいにしているのである。興味深いことに彼女らは、配偶者がいないことを個人化し、単に結婚市場を理解し対応する努力が足りなかったと示唆する点で、シングルの妻の会の創設者であるコエリエル・デュボースが信奉する感情にも呼応している。ネオリベ的な個人責任論は、我々をスーザン・パットンのアドバイスに引き戻すことになる。これらの著者が主張するように、手遅れになるまで結婚を待つ女性は、結婚市場の縮小に直面する。このような現実を前にして、女性のポピュラーカルチャーは、結婚に至るまで自分の道を拓くように女性を促すのである。ポストフェミニスト体制は常に、手遅れになる前に適切な結婚相手を見つけることの重要性を女性に説明することを意図しているが、適格な男性が不足しているとされる時代には、この呼びかけはより一層複雑なものとなっている。このような状況は、ペアを組むために利用可能なすべての資源を集めなければならないという飢饉感の必要性を再確認させる。本章では、妻の座を得るための準備がいかに急がれるものであるかを概観した。結婚の希少性というレトリックは、女性たちに、妻志願者がますます厳しい条件の下で動くことを思い起こさせるのである。

第2章　もうすぐ妻に

感情の規制、結婚番組、現代の花嫁の苦境

二〇一〇年一一月、E！ネットワークはリアリティ・コンペ番組、花嫁ショーケース「ブライダル・プラスティ」（2010〜11）の放送を開始した。この番組は「勝者が手術される唯一の競技」という怪しげなキャッチフレーズを掲げていた。その言葉通り、各エピソードでは、結婚を控えた花嫁たちが、リストの中から簡単な整形手術を選び、ウェディングケーキのデコレーション、ブライダルブーケ作り、誓いの言葉の作成、ハネムーンの計画といった作業で競い合うという趣向だった。番組のクライマックスで、優勝者には本格的な整形手術と、憧れの結婚式がプレゼントされる。新郎は、妻の変容後の姿を結婚式まで一度も見ることがないままに。相乗効果を狙うリアリティ番組の典型的な手法で、手術は有名な整形外科医テリー・ダブローが担当した。彼はFoxの問題がらみのテレビ番組「スワン」（2004）で外科医チームを率いて物議を醸したせいで、視聴者にはおなじみの顔である。二〇一二年、ダブローは妻で女優志望のヘザー・ダブローとともに「オレンジ郡のリアル・ハウスワイフ」（2006〜）に出演するようになる。二〇一四年には自身がホストを務める「不手際な職人」という番組を立ち上げる。それは、「リアル・ハウスワイフ」でおなじみの整形外科医ポール・ナシフとともに、

失敗した整形手術を修復するという内容だった。

「ブライダル・プラスティ」は、変身・減量・結婚式という三つの要素を組み合わせ、女性に自己変革や自己完成の必要性を説くものだったが、高圧的で劇的すぎる展開が予想通り視聴者に多くの苦痛をもたらした(1)。とはいえ、この番組は、女性文化に長いこと染みわたった結婚式をテーマにしたリアリティ番組の自然な発展形であり、おそらくは論理的な終着点でもあったのだろう。番組は多くの人を不快にさせ、シーズン2を迎えることはなかったが、このジャンルの定番となった規則と罰則の考えが間違いなく重要だった。

前章で述べたように、二一世紀の結婚市場は、効率、品質管理、マーケット資産の最大化というプロセスに沿うものである。結婚式をテーマにしたリアリティ番組と同じく、正当化された労働としての実態の暴露、結婚式、そして最終的には結婚対象者としての適性を宣言するのだから、本章では、女性に肉体的・精神的作業を促す様子を検証したい。

「ブライダル・プラスティ」で紹介される肉体改造のような過酷さはまれだが、結婚式をテーマにしたリアリティ番組が要求する作業の形態は、花嫁の信頼性、正当性、好ましさと明確に結び付いている。さらに、これから述べるように、ブライダル文化が女性に求める態度や気質は、多くの点で現代の職場が求める技能や適性に酷似している。完璧な花嫁になるための条件を学び、最適な心構えを見出すことは、最終的に妻になるという仕事の適切な準備段階として存在するのである。

私の分析は、リアリティ番組とネオリベの関係についての代表的な研究を土台とし、それらの影響を受けている。ローリー・ウーレットとジェイムズ・ヘイが『リアリティ番組でより良い生活を』で論じるように、このジャンルは、良き市民、つまり家庭、家族、外見、健康、家計をより効果的かつ効率的に管理できるよう自己統治ができる対象を育てるものである。ウーレットとヘイが書くように、「民営化、個人の責任、消費者の選択が、自由資本主義的民主主義を統治する最善の方法として推進されている現在、リアリティ番組は、進取の気性に富む市民として自分自身を指揮し励ます方法を我々に示している」のである。リアリティ番組は、競争、勤勉、個人の責任といった原則を強調する市場論理に支えられているが、一方では年齢、人種、社会的・経済的地位といった、特定のグループに不利な要素を無視している。妻を志願する女性たちに関連することは、自己改革に取り組むための終わりなき応答が、ブライダル番組を組織し、情緒的かつ身体的な作業として概念化されていると私は主張したい。花嫁は、自分の感情をコントロールし、身体を管理し、気まぐれを律することができる責任ある市民であることを証明して初めて、妻としての適性が承認されるのである。ブライダル領域では、花嫁に特定の厳しい条件に対応できる企業的精神が植え付けられ、楽観性および他人とうまくやっていく意欲が求められる。また、「夫が欲しい」というだけでなく、「夫を得ることがふさわしい」ことを証明するために努力する決意も必要とされる。

本章では、交際希望者が適切な花嫁となる過程を分析するために、まずリアリティデート番組、特に「バチェラー」（２００２～）と「ミリオネア・マッチメーカー　おまかせ！　億万長者の結婚相談所」（２００８～１５）を検証する。これらの番組は、前章からの橋渡し役として機能し、オンラインデートが重視する効率、選択、手段を公に開示するものである。私が主張したいのは、「バチェラー」という番組は、独身女性が自分の誠実さ、本当の愛を信じる意志を立証し、さらには人工的な構成、演出されたシナリオ、偽りのレトリックがしみ込んでいるにもかかわらず、それが本物であるという言説を再生産する能力を示す感情の表出システムよって支えられていることである。「ミリオネア・マッチメーカー」も同様に、出演者の恋愛への適性を確定するために、教祖パティ・スタンガーの厳しい視線に服従するよう要求する。監視に耐え、監視の中で成長する能力があることは、交際希望者が真剣で、約束を果たす準備ができていることの保証として正当化される。

ここでは、いくつかの「悪い花嫁」番組に着目し、十分に自己規制をする能力がない花嫁が、どのような辱めを受けるかについて記録する。特に長寿番組「ブライドジラ（モンスター花嫁）」（2004〜13）は、登場する女性たちが結婚式や結婚にふさわしくないことを視聴者に思い知らせるのだ。番組は、彼女たちの行き過ぎた感情表出や不適切な振る舞い、友人や親戚への不適切行為などをあげつらい、花嫁が悪いボスであるという位置づけを視聴者に示すのだ。こうした番組は、排他的な文化ヒエラルキーを強化する傾向があり、階層や人種によって不利な立場にある花嫁に否定的な光を当てるものである。本章は、こうした好ましくない表現と、「ブライダル・ブートキャンプ」（2010）や「シェディング フォー ザ ウェディング」（2011）といったシリーズに見られる表現とは対照的で、これらの番組は、結婚の適性を宣言するために花嫁が行なう、肉体的にも精神的にも長い道のりを示している。本章では、花嫁になるための準備に費やされる労力をことさら賞賛し、それ以外を非難するような番組を調査する。最終的には、ポストフェミニスト的ネオリベな起業家精神が、ブライダル産業に影響を与え、花嫁になるプロセスを尊敬と資格を得るための作業に変えていることを論じ、メディア化された結婚式についての短い考察で締めくくろうと思う。要するに、結婚式は妻としてのブランド・アイデンティティを確立する役割を果たすのだ。

リアリティ・デート番組そして賞品としての夫

現代女性のポピュラーな想像力において、かつてのロマンティック・コメディに取って代わり、リアリティ・デート番組（および番組に登場する有名人たち）が、カップル誕生のプロセスに興味と興奮を与える最適な場となっている。アメリカのロマンティック・コメディは一九九〇年代に人気を博したが、二〇〇〇年代に入ると、古臭く典型的という印象を与えるようになり、男同士の友情《ブロマンス》を扱ったドラマに人気を奪われ[2]、二〇一〇年代初頭には、飽きられたジャンルとみなされるようになった。ハリウッド・レポーター誌は「ロマンティック・コメディよ、安らかに眠れ――なぜハリーは二〇一三年にサリーと出会わないのか」［訳注：1989年公開アメリカ映画 When Harry Met Sally。邦題『恋人たちの予感』］と題した記事で、映画市場がますますグローバル化し、会話よりもアクションや連続性が好まれ、市場価値のある若いスターが少なくなり、ロマンティック・コメディの「カワイイ出会い」の予測可能性に対する視聴者の飽きが、このジャンルに死の鐘を鳴らしたと論じた。それに関連して、ロマンティック・コメディは、現代におけるロマンティックの概念を構成するデータ駆動型の方式や、多くの交際希望者が実際に経験する技術的な要素に取り残されてしまったのである。

二〇一四年のアトランティック誌の記事で、再び『恋人たちの予感』に言及したメーガン・ガーバーの記事「ハリーがeHarmonyに出会ったとき」は、「恋愛が中心にしてきた軸（謎や不確かさや他者性へ導かれる感覚）が、デジタル機能の影響で、より現実的な方向に道を譲っている」と観察している。つまり「ビッグデータの約束事―『洞察力！』『知恵！』『関連性！』―が、人間関係にも入り込んできているのである」[3]。ガーバーは、こうした新しい現実を、ロマンティック・コメディの衰退と結びつけている。ただし実際には「ユー・ガット・メール」（1998）、「理想の恋人.com」（2005）「ミッドナイトキスをするまでに」（2007）、「恋とスフレと娘とわたし」（2007）、「男と女の不都合な真実」（2009）といった従来のロマンティック・コメディを含む多くの恋愛映画でも、オンライン恋愛は重要な役割を占めていることは指摘しておきたい。またオンライン恋愛は、「ユーロトリップ」（2004）や「セックス・ドライブ」（2008）といったティーン向けのコメディ映画の構成要素にもなっており、無数のテレビ番組でこの手法に関する言及が見られる[4]。ビッグデータとアルゴリズム機能が現代のデート環境を構成しているというガーバーの主張に関しては、前章で私が示した調査と合致する。

リアリティ・デート番組は、データに基づいた現実に同調し、緊張感、陰謀、不確実性をカップル成立のプロセスに再注入していると私は考えている。具体的にいうと、リアリティ番組では、選択の概念が復活し、オンライン・デートの魅力であり（ときには）危険性でもある選択肢多数の原則が強調されている。続く画面に、バスとかリムジンから降りたところにもっといい人がいるかもしれないという見通しが、常に目の前にぶらさげられることになるのだ。リアリティ番組も、ロマンティック・コメディを構成する楽しみと同様に、「そうなるか、ならないか」の先送りを可能にするが、どの候補が勝つのか、番組で成立したカップルが繋がりを維持できるのかがほとんどわからないため、ハードルがかなり高くなっている。ロマンティック・コメディと比較した場合、デート番組は、結婚という結果への関心が著しく低いように見えるかもしれない。それでも私は、デート番組は結婚のためのトレーニングだというこだわりを持ち続けたい。というのも、永続的な誓約という言葉は、競争を焦点化し、出場者の意図の中心にあることに変わりはないからである。本書が注目する競争の論理に沿えば、多くのリアリティ番組が、プロポーズを獲得すべき賞品として明確に位置づけていることも忘れてはならない。

デート番組のフォーマットは、もちろん、一九九〇年代半ばに始まった「リアルワールド」「サバイバー」「ビッグブラザー」の頃の新たな反復と考えられ、ユニークなものではない。「デート・ゲーム」（1965～73）、「ラブ・コネクション」（1983～95）、「スタッズ」（1991～93）、「ブラインド・デート」（1999～2006）といったデート番組は、出場者がデートの相手を選び、デートの詳細は再現ビデオを用いるか、あるいは実際のデート場面そのものを放映するものであった。二一世紀の最も人気のあるバージョンでは、デート番組は、長続きする関係につながることを意味する効率的なモデルを明確に反映している。通常、主役は一八～二五人の選択肢の中から、最終的な勝者を決定し、さまざまな形態で放送されている。センセーションを巻き起こした「億万長者と結婚したい人?」(2000)から始まり、「愛の味」(2006〜8)、「ロックな愛」(2007〜9)、「ティラ・テキーラと愛の杯」(2008〜9)他である。そして長寿番組となった「バチェラー」(2002〜)とその続編シリーズ番組「バチェロレッテ」(2003〜)は、これを書いている時点でそれぞれシーズン22と14の準備が進んでいる。(5)

デート番組が、出場者に結婚を意識させるという表向きのパフォーマンスにもかかわらず、そのイデオロギー的インパクトをどう読み取るかで、批評家の意見は分かれるところである。議論の焦点は、結婚を前提とした異性愛規範的なセクシュアリティを義務づけているのか、それともこうした規範をからかって、その不条理さを指摘するカーニバル的なパロディを提示しているのか、という点にある。(6) 私は以前「バチェラー」が、とりわけ女性にとって、結婚を希少だが非常に望ましい商品と見なす文化的感性に寄与していると主張したが、本書での関心は、当該シリーズが結婚を幻想の場として描いているということよりも、番組の形式が、競争と計算という現代の結婚の論理に準拠しているという認識である。コンテストの構造と、ドキュメンタリー形式のリアリティ番組が提供する覗き見的な快楽を混ぜ合わせることによって、デート番組は、視聴者がデート中の人々を見て、主役が特定の出場者を選別する理由を知り、それぞれの立場が決まる前に勝者と敗者が交流する姿を見ることができる。「バチェラー」シリーズ(「バチェラー」と「バチェロレッテ」がこのカテゴリーに含まれる)は、どんなにありえない結果であっても、結婚を原動力としているため、この論考において模範的な役割を担っている。

「バチェラー・バチェロレッテ」シリーズは、ありがたいことに、出場者の数が非常に多いため、交際相手の候補を互いに評価しあう必要性を強く打ち出している。選択行為はシリーズの物語構造に組み込まれている。なぜなら、主役が候補者の中から最有力候補を絞り込むプロセスが、この番組の最も基本的な構成原理を提供するからである。この精神は、社会学者ベック＝ゲルンスハイムの「選択的関係」という概念と一致する。この用語は、個人化した社会において家族関係の枠組みが個人の選択に依存していることを説明するために用いられている。「バチェラー」等のデート番組は、選択のプロセスがあらゆる場面で規制・訓練された仕事であるという概念を助長しつつ、恋愛パートナーシップを理解する唯一の適切な枠組みとしてこれを肯定している。オンライン・サイトのフィルターが利用者に一定の基準での検索を促し、それに基づいて候補者の望ましさを推定するために、この番組のプロデューサーは、長年司会を務めてきたクリス・ハリソンによって「冒険好きで結婚への準備万端」と見なされた二一歳から三五歳の女性たちを丹念に選別していく。「候補者の女性は、知的で野心的であるべきだ。そしてもちろん、魅力的でなければならない(7)」。当然のことだが、ハリソンのリストは、私が前章で詳述したようなエロティックな資質を持つ必要性にお墨付きを与え、これらの適性や態度が、結婚ヒエラルキーにおける女性の位置を決定的にすることになる（とはいえ、その確率は極めて低い。「バチェラー」のシーズン2と3では、二五のスポットをめぐって、一万一〇〇〇人の応募者が競ったと伝えられている）。さらに、この番組の出場者たちは、妻にふさわしい人物として自分を売り込む必要性をよく理解している、と言ってもあながち的外れではない。「バチェラー」シーズン13の出場者で、シーズンフィナーレで競争から外された後、自分の価値を熱心に訴えるモリー・

マラニーを観察してみると、彼女の訴えは、番組に残るために視聴者からの支援を求める「投げ売り」に似ていると「リアリティ番組に取っ捕まった感情」という研究の著者は指摘する。ちなみに、その時のバチェラーであったジェイソン・メスニックが、マラニーのライバルだった女性を選んだのは間違いだったと気づいた後に、彼とマラニーは結婚することになったのだが、これはおそらく偶然ではない。

「バチェラー」のような番組では、潜在するデート相手を選別する必要性が構造的な前提となっており、ミーシャ・カフカはこれを「リアル・ラブ番組」と呼んでいる。カフカは、番組の選択と選別性への投機を「進歩的差別のプロセス」と名付け、番組が「望ましい対象の多価値の世界を、恋愛の一夫一婦制に変える基本的手段」を反映するものだと想定している。「ロマンティックな選択は、こうしてリアル・ラブ番組の前提であり約束事として機能する。（中略）『選択』という約束事は差別行為を示唆し、『本物の愛』の探求において、主体性と感情という中心的価値観が動員されることになる」。彼女は続けて、「どうすれば自分が本当に恋をしているとわかるのか？　それは息もできないほど相手を好きになったからではなく、その人をあなたが選んだからなのだ」。いうならば、リアル・ラブ番組に登場する人々は、選り好みをする権利が与えられているのだ。彼女らは典型的に白人で、魅力的で、月並みに振る舞うことができる。しかし、選択のための選択をすることで、視聴者は、結婚を望む人が、利用可能な選択肢の中から苦労して選別し、その戦利品を得る権利を獲得したことを確信するのである。生産性の論理に貫かれた「バチェラー」のような番組は、出場者が意欲的に仕事に取り組んだおかげで、必然的にその報酬としての恋愛体験が得られることを例証している。ロマンティックな選択をすることの難しさと、それに付随する感情もまた、古典的なメロドラマ映画に倣った視覚的・聴覚的合図によって番組の中で強調される。映像は、主役が苦悩の表情を浮かべるクロースアップを多用し、音楽は決断の場に感情の起伏と緊張をもたらすように操作されている。

「難しい選択」という表現と、舞台装置を駆使して決断のジレンマを強調することは、「本物の愛」やただ一人のソウルメイトを信じつつ、たくさんの候補者と活発にデートするという、「バチェラー」シリーズの独特な感情表現の仕方を提示している。レイチェル・デュブロフスキーは、このシリーズに特化した研究書において、このプロセスの根底には、感情の開放と「そのリスクを取ること」があると指摘し、こうした論理がバチェラーやバチェロレッテたちに、さらには垂涎のバラ（次のラウンドに進むことが決まったという合図）を競う候補者たちにも適用されると指摘している。「番組の出場者は、愛を見つけることへの専心の証として、感情的に無防備になるリスクをいつでも取れると言う」とデュブロフスキーは観察している。オンライン・デートの相手が適切な感情表現をしなければならないように、「バチェラー」シリーズもまた、デュブロフスキーが「感情の節約における危険な両極端（感情を十分に見せないか、あるいは見せすぎるか）」と呼ぶものの間に位置する、限られた感情の範囲をあらかじめ規定しているのである。スーザン・オストロフ・ワイザーは、「バチェラー」における女性の見せ方と、そのタイプ分けに典型的に見られる考え方は、ヴィクトリア朝的であると主張する。なぜなら、この番組は、性的・感情的に身を投じる女性たちと、冷たく「セックスや感情表現を控える」女性たちとを、独身男性に対立させて見せるからだ。ワイザーの分類は、感情調節の必要性に関するデュブロフスキーの議論に、歴史的な側面を加えるものである。

デュブロフスキーによれば、この番組が重視するのは、出場者が「気分や感情の告白は多すぎず、早すぎず」「その過程をセラピー体験とみなすものの、自分を変えるほどではなく」「シリーズが進むにつれ自分自身を明らかにしつつも、新規でびっくりするほどのことではなく」「自分の選択によって力を得るが、自分の感情と、重要な決断をしてくれる男性には身をまかせる」ことであると言う。このリストを見ると、この番組が不適切な感情の表出が、個人の評価にマイナスの影響を与えかねない職場環境をいかに模倣しているかがわかるだろう。一つに、デートが感情の働きを伴うことはおそらく明白だ。この言葉は、社会学者アーリー・ホックシールドによる有名な造語で、労働者が雇用者の定めた規則や指針に従って、感情を管理することが求められる過程を表している。バチェラーやバチェロレッテを職場の上司と考えるのには無理があるように思うかもしれないが、この番組は、感情を適切に表現するための厳格な規則を教え込み、他の職業空間と同様に、婚前のデートの場でも、感情表出の調節が義務づけられていることを示唆している。感情表現のための構造化された限定要素は、確かに「感情表出の適切なコントロール」が職業上の成功の重要な決定要因である企業文化から借用していると言えるだろう。

このシリーズの集団性を考えると、出場者も同様に「感情の社会化」のプロセスに従うことになる。それによって彼女らは、互いの行動、反応、出来事に対する理解を模倣しあわなければならない。たとえば、ハウスメイトと仲良くできない出場者は悪者に仕立て上げられる。一方、冷静さを保ち、視聴者を自分に有利になるように動員できた者は、多くの報酬が得られる。というのも、シリーズが進むにつれ、プロデューサーは過去の出場者の中から将来のバチェラー・バチェロレッテを選ぶようになり、視聴者に人気のあった前シーズンの敗者を起用するようになったからである。このような続編シリーズ番組は、視聴者にブランドの認知度を高め、連続視聴を促し、競争相手といい勝負をした敗者には、報酬が与えられるのである。

「バチェラー」は、適切な感情表現のために、次のような表出を定式化している。すなわち、花嫁になることを望む者は、「希望」をもち、「感激」しやすく、花嫁になる「準備」ができていなければならない。それに関連して、「愛を信じ」、「心を分かち合う」心構えが必要である。このような未来志向の感性は、出場者が真実の愛の訪れを待ち、その対象を見つけることに常に楽観的であることから、このシリーズ特有の情熱的な一過性を明示している。このようにして彼女らは、女性が常に陽気であるように勧める一般的なデート・アドバイスの賢明さを、実践的に確証しているのである。実際、『あなたの分身に出会う――デートに最適な相手を見つけるための、まったくもって明るいガイドブック』という、実に陽気な恋愛マニュアルの著者は、「バチェラー」の出場者たちのとどまるところを知らない意欲主義を明確に賞賛して、このように評している。「オンエアされる女性たちは、良い意味で特別なものを持っている。彼女たちは、自分自身に対してだけでなく、自分が欲する独身男性や何百万人もの視聴者に対しても、『私は恋愛がしたい、本当の愛を見つけたい』と宣言するのだ。その姿に『頑張って！』

と応援したくなる」。「バチェラー」では、楽観主義に切なる可能性が重ねられる。花嫁候補は、「絶対に彼と恋に落ちる」「すごく恋がしたい」などと言う。恋愛に憧れ、その経験に対してオープンであることを公言することが、恋愛をする資格となるのだ。

また、この番組では、恋愛準備宣言の真偽を吟味し、細かく調整された感情の範囲を作り出し、出場者が相互に監視し合い、お決まりのフレーズである「気持ちが体験に追いついているかどうか」を確認する。出場者は、六週間で見知らぬ他人から配偶者候補になるまでの檄烈な感情のペースに従わなければならない。確かにこれは容赦ないスケジュールであり、職場での締め切りに追われるような状況と変わらない。バチェラー・バチェロレッテがしばしば葛藤を見せ、自分自身の感情をどれだけ把握できているのか不安を口にし、正しい選択をするための苦闘を言葉にするのに、驚くことはないだろう。初対面の相手と恋に落ちることができるのか、出場者たちは試行錯誤だが、その感覚は職業という番組の気質にもつながっている。この労苦は、土壇場で前代未聞の展開を見せた「バチェロレッテ」シーズン９（２０１３）で顕著になった。第一候補のブルックス・フォレスターは、勝者として彼が選ばれる可能性が高かったにもかかわらず、最終段階の旅行中にデジリー・ハートソックのもとを去ったのである。フォレスターは、司会のクリス・ハリソンに競争から降りた理由を打ち明け、「これが本当の愛と言えるのか、この人と本当に一緒にいたいと思えるのか」と自問したと話した。フォレスターのレトリックは、自分の覚悟のなさと、ハートソックを愛する可能性が薄いという感覚を巡って展開される。ハリソンは、「この人でないと確信している？」「この人と恋に落ちることはできる？」と問いかけ、恋愛ができないという確証が得られれば、候補者は失格となる。一方、彼がまだ希望を持ち、愛への可能性に開かれていれば、候補者として残ることができるのである。注目すべきは、機敏でオープンであることが重要な企業文化において評価される、順応性と柔軟性のある倫理観を、この番組が奨励している点だ。同時に、出場者の最も重要な義務として、感情の掘り起こしが強調されている。カップルとしての適性を測る真の尺度は、自分の感情をロマンスに向かわせ、ロマンスを強く望んでいるかどうかにかかっているのである。

恋愛感覚についての説明を迫られるプレッシャーに出場者が悩むこともある。しかし、「バチェラー」の参加者は、基本的に愛の定義を問われることはなく、ただ希望と覚悟と興奮を抱き続けることが求められる。その一方で、疑いの感情は結婚産業では無なのである。必要とされる感情の開放性は、結婚について適度に敬虔な言葉で話さなければならないという考えと密接に関係している。シリーズ後年に見られた一つの考えは、番組内で繰り返し使われている言葉に表れており、それは出場者が「この場にいることを真剣に考えているかどうか」である。(8)

リアリティ番組は、次第に普通のアメリカ人が名声を得る手段としての役割を果たすようになり、出場者は「バチェラー」に出る理由が誠実なものか、それとも(粗雑で許容できないほど)個人の露出を増やすためなのか、厳しくチェックされるようになった。出場者は、愛よりも名声を得るために番組に参加し、本当の自分を偽ろうとすると顰蹙を買う。この純粋性へのこだわりは、一般的なリアリティ番組の道徳的習慣や流儀に呼応する。ブレンダ・ウェーバーは、「人気のあるテレビ番組の語りは、虚偽に対する罰が厳しく、リアルで安定した自己の追求を声高に承認する」という評価を示す。

このような規範があるにもかかわらず、「バチェラー」の出場者の中には、番組への出演を契機に、恥ずかしげもなく、個人ブランドの宣伝や他人のための広報活動をするようになる人もいた。一例をインスタグラムへの投稿から挙げよう。ヤンイ・ルオとケイト・ブレンネンは、番組に特化したウェブサイト上で、「『バチェラー』のシーズン19と20に出演したベッカ・ティリーが、新しい機能に友達探しを加えたデートアプリ『バンブル』の広告で、シーズン20に出演したジョジョとの友情をアピールしている」と書き込んだ。明らかに、二人の女性はこのキャンペーンで報酬を受けている。しかし、バチェロレッテたちがする自己ブランド化の努力は、番組を取り巻く文化的な言説の中で一般には隠されており、Bravoの「リアル・ハウスワイフ」のように、リアリティ番組への出演を個人のブランド活動に利用する傾向は見られない。（だが、リアリティ番組への出演が個人的な宣伝の踏み台となり、ソーシャルメディアの推薦契約が元出場者の露出を拡大する手段となることが多くなるにつれ、この現実は変化していくだろう。たとえば、「バチェラー」シリーズとABCの「スターと踊る」の間には、あきらかに関係性が存在している）。しかし、バチェロレッテたちがカメラに映る唯一の動機は、真の愛を見つけることであると観客に納得させることが期待されている。

「バチェラー」は、バチェロレッテたちが安定した階層的地位を享受していることを視聴者に再認識させる。つまり、彼女たちはもともと中流階層に属しているため今まで愛に恵まれなかったこと以外の理由でこの番組を必要とすることはない（はずだ）と断言しているのである。

この排他的で特権的な気風は、VH1の「愛の味」や「ロックな愛」、MTVの「ティラ・テキーラと愛の杯」など、人種的により多様で、下層階層とみなされがちな出場者たちが出演するコピー番組によって一挙に浮き彫りにされることになった。これらの番組の出演者の多くは、メディアの露出から利益を得ようとするビジネスをやっており、リアリティ番組に出演する金銭的動機付けをむき出しにしている。最も有名なのは、「バチェラー」のフォーマットを模倣し、パブリック・エナミー［訳注：1990年代に人気のラップグループ］の元ラッパー、フレイヴァー・フラヴを主役に起用した「愛の味」である。この番組は主に「バチェラー」の「ゲットー」版とみなされている。レイチェル・デュブロフスキーとアントワン・ハーディによれば、ゲットーは明らかに黒人を意味するが、実際に登場した女性たちはさまざまな民族的・人種的背景を持っている。対照的に、二〇一七年にレイチェル・リンゼイが起用されるまで、ABCのバチェラーとバチェロレッテはすべて白人であった。多くの点で「バチェラー」の偽りの純粋さを風刺した「愛の味」は、奇想天外でグロテスクな趣向を嬉々として扱った。勝者にバラの花を贈る代わりに、フレイヴァー・フラヴは黄金製のグリルを贈った。放送されたシーズン2中に、女性出場者が嘔吐したり、自慰行為を描写したり、（ある出場者の場合は）床に排泄する様子が撮影されたりした。しかし、フレイヴァー・フラヴの愛情を競い合う女性たちの多くは、恥知らずな見せかけの背後に、実際にはかなり恵まれない境遇にいた。「この競争は、フレイヴァー・フラヴのハートを射止めるだけでなく、彼女たちの階層的地位を向上させるチャンスでもあるのだ」と、ジョン・クラシェフスキーは説明する。彼女たちは経済的に厳しい状況にあるため、競争に勝つことで得られる報酬は、愛情と同時に金銭でもあるのだ。「バチェラー」の「正しい理由」というレトリックのように、出場者たちはフレイヴァー・フラヴの富と、番組によって得られる足場が、彼女たちがそこにいる本当の理由なのかどうか、互いに監視し合うのである。「才能もなく訓練もほとんど受けていない女性たちが、エンターテインメントでキャリアをスタートさせるとか、さらにそれを発展させようとするキャスティングが繰り返されたことで、労働者階級や貧しい女性が自分たちの経済問題を管理するという総合的なネオリベの論理に貢献した」とクラシェフスキーは主張する。「愛の味」の出場者たちが切り抜けようとした経済的な苦境は、「バチェラー」の参加者が享受する安易な贅沢とは重要な点で異なっており、愛を得る権利、白人性、階層の高さの間に存在する隠された排除性を指し示している。

恋愛や愛情といった感情表出体験へのアクセス、白人の特権、物質的な豊かさは、「バチェラー」では自明の理である。異国情緒あふれる高級なロケーション、借り物の舞踏服、プライムタイムの授賞式さながらのドラマチックなローズセレモニーなど、この番組はスタイルも中身も、富と優位性を示す指標で彩られている。これらの特徴は愛がますます消費資本主義的経験の中に組み込まれているというイヴァ・イルーズの主張をも裏付ける。「バチェラー」は消費の乱痴気騒ぎともいうべき番組で、出場者はデザイナーブランドの衣装で身を包み、エキゾチックで息を呑むような場所（タイ、フィジー、バリ、ハワイ）で、冒険的な金のかかる遠出（ヘリコプターやプライベートヨットでの小旅行、立ち入り禁止の外国の地を一人で歩く）を体験する。ここでもまた、このシリーズの持続力と、率直に言って白人性が、結婚の必要条件における排他性に着目する本書の分析を物語っている。二〇一三年にニューヨーク・タイムズ紙に掲載された「バチェラー」シリーズの永続的な強さに関する報告では、番組の視聴率が好調であるだけでなく、このシリーズが富裕層の視聴者を魅了する能力をますます高めていることが証明されたと指摘する。「ABCは、この番組が、他のいくつかのリアリティ番組のように経済的に下層に位置するのではなく、経済的に余裕のある女性に特に人気が高いことを強調している。収入が一〇万ドル以上の家庭では、テレビ視聴の平均を三四％も上回っている」。スーザン・オストロフ・ワイザーが推察するように、視聴者はデート・ゲームで成功する方法を学ぶことに喜びを感じているのだろう。この番組をジェイン・オースティン〔訳注：18世紀イギリスの小説家〕の小説を読む体験と比較して、オストロフは、「バチェラー」が富と贅沢への道筋を示していると指摘する。「愛のためだけの結婚をしたが、愛と快適な、あるいは快適以上の以上の収入がある男性を愛し、かつ愛されるようになるオースティンのヒロインと同じく、『バチェラー』では、正しい人を『見つける』ことと、視聴者がイメージするアメリカン・ドリームに近いライフスタイルとが見合っているのだ」。オストロフ・ワイザーのアメリカン・ドリームの概念と一致するように、この番組が最も高級で排他的な経験を売り物にしていることは注目に値する。カップルは郊外での生活や複数の子どもを望むと公言してはいるものの、中産階級的この夢を達成するためのロードマップは、宝石で舗装されているようなものである。このように、「バチェラー」は豊かさを標準化し、「リアル・ハウスワイフ」などの特権的な視聴者を惹きつける別のライフスタイル番組とよく似た機能を果たしている。

「億万長者との出会い」で不適格な交際者を見破る

デートをテーマにしたリアリティ番組では、候補者が結婚の対象としてふさわしいことを示すために、さまざまな作業をしなければならないという考えが中心となっている。メディアは、候補者が目的を達成するための具体的なプランを提供する。本章の第二の焦点は、パティ・スタンガーの番組「ミリオネア・マッチメーカー」シリーズである。スタンガーは、無遠慮で独断的な結婚の導師《グルー》として知られ、彼女が運営する高級クラブ「億万長者クラブ」は、入会金が年間二万五〇〇〇ドルから一五万ドルであり、なおかつ最低一年間の契約が必要とされる。スタンガーは二〇〇八年からBravoネットワークで自身が主演する番組をスタートした。この番組は、同ネットワークの特徴である高級ライフスタイルと、圧倒的な経済力を持つ女性起業家を起用するというブランドイメージにぴったり当てはまる(9)。二〇一五年Bravoを離れ番組を終了した後、スタンガーはWe tvに移り、「ミリオンダラー・マッチメーカー」(2016〜)という似たようなシリーズを指揮している。

スタンガーは結婚のご意見番として多方面で活躍している。リンゼイ・ギギーはスタンガーについて、「億万長者クラブに加え、フェイスブックとツイッターで存在感を示し、自己啓発的なデート本、XMラジオの毎週聴取者参加番組、ヤフーの週刊ブログ、金持ちではない人向けのデートサイト(J dateの子会社で、ユダヤ系三世のマッチメーカーであるスタンガーの出自を微妙に強化している)などを主宰する」と述べている。スタンガーの自己啓発本『自分自身の仲人になる』

(二〇〇九)やビデオ『一年内に結婚』(二〇一一)も同様に、結婚ビジネスを公に行なう女性としての彼女の地位を確固たるものとしている。

スタンガー帝国を特徴づける豊かさと、相互宣伝の論理に則って、「ミリオネア・マッチメーカー」の撮影はロサンゼルスで行なわれ（シーズン4では「ニューヨークで恋のお手伝い」と題して東海岸にビジネスを移した）、他の「Bravo レブリティ」（しばしばこう呼ばれる）〔訳注：Bravo とセレブリティをかけている〕をコンサルタントやクライアントとして日常的に登場させた。スタンガーと彼女のクライアントは、高級住宅や高級クラブ、高級レストランを高級車で巡り、高価な装身具を身につけ、Bravo が強調する派手な消費に準拠した視覚的なスペクタクルを作り出す。各エピソードで、スタンガーは二人の独身男性（時折、独身女性も）に恋愛対象の見つけ方を伝授し、自己チェック、相手を選ぶプロセス、初期のデートの仕方、フォローアップの約束のとりつけ方を順序立てて説明する。

仲を取り持つユダヤ人の伝統をあからさまに踏襲したスタンガーのデート・アドバイスは、伝統的なジェンダー規範を臆面もなく補強する。彼女は女性に「髪は長くしたほうがいい」と勧め、次の二つのルールを繰り返す。「婚前セックスはダメ」「お酒は二杯まで」。（一夫一婦制は、スタンガーが指南する関係性の先の決定的な時間指標までは行かなければならない。彼女は頻繁に「一夫一婦制の後」という言葉を使い、クライアントが意識的にこの段階までは進まなければならないことを示す）。とはいえ、スタンガー式夫婦関係の規範は、彼女の「進化論的」な態度や「虐待的なまでのぞんざいな態度」と評されるスタイルをもってしても、本章で述べてきたネオリベ下の自己改善という特性と一致する。高価で排他的なサービスを特徴とする彼女のビジネスの前提は、大富豪が興味深く価値あるデート相手というだけでなく、スタンガー式の厳しい愛を受けるに値する存在だということである。彼らはしばしばスタンガーを激怒させるような行動をとるのだが、彼らの純資産が彼女のサービスを受けることを保障する。関連してクライアントはスタンガーの専門知識からすぐさま恩恵を受け、恋愛市場における自分の価値を瞬時に学ぶ。スタンガーは、次のようなナレーションで番組をはじめる。「愛。誰もがそれを望むけれど、誰もが得られるわけではない。そこで私の出番だ。さあ、私の億万長者たちを紹介しましょう！」。「外はジャングル」という態度と、億万長者たちの紹介を並列することで、金持ちはブティック並みのサービスに値するという考え（「誰もが望むが、誰もが得られるわけではない」）に即したアメリカ的な文化風土を再演出するのだ。金持ちはデートを外注できる、そしておそらく外注すべきだという前提が、一時間におよぶ物語の成り行きを構成する。各エピソードは、スタンガーがクライアントと顔を合わせ、彼らのためにデート候補者を選別し、出会いの場である合コンを企画するという、「バチェラー」でのイベントを思い起こさせる競争的な演出がなされる。そして、その後に続くデートの様子が撮影され、締めくくりとして、スタンガーが後追い報告をする。

特にこのシリーズを支えるヒエラルキー的な論理を示しているのが、スタンガーと番組スタッフが、恋愛相手の女性を審査する過程である。履歴書と顔写真を手に、一行は目の前に現れた女性を厳しく査定する。自称三〇歳の女性を前に、「あなた、本当の年齢は？」と問いつめ、候補者の美の欠点を細かく指摘し、服装、髪型、体型に細心の注意を払う。「何、その髪型？」

「服が気に食わない」。スタンガーは頻繁に、女らしさ資産を最大限に生かし、体型があらわになる服を着るように勧める。「バイバイするときの手の振りかたを工夫して」「もっとセクシーに見せて」などと言いながら。カジュアル・セックスを嫌うスタンガーが、それでいて女性には、高いレベルの性的魅力を求める。クライアントの思考回路を説明し、挑発的な服装をしたほうが良いと思われる女性に対しては、「服の下におばさんパンティを履いてるような女とはやりたくないのよ」との言葉を浴びせる。合コンに参加するには、よりセクシーな服を着るか、髪型や靴など何らかの外見上の修正を約束することが条件となる。また、シーズン3のエピソードでは、スタンガーが自身のメイクアップブランドを使って、女性全員に合コン前のメイクアップをプレゼントするという、巧みなクロスプロモーションが行なわれた。外見に関しては、階層的に不利に働くおそれがあるので、人種が判明する目印を消す。スタンガーのニュースプロフィールは、ヒッピー風の女性客に対して、乱れたカールの束を整え、髪をまっすぐにするよう要求するところから始まる。これは、高級感や洗練された身分を示すスタイルが好まれるという、スタンガーの提案だ。

スタンガーの審査を特徴づける選択と改善のテクニックは、メイクアップ番組で日常的に行なわれている女性の身体の査定をそのまま再現している。カメラはしばしば垂直方向に動き、候補者の靴から始まって、ゆっくりと身体を上っていく。厳しい視線は、それによって明らかになった欠点への容赦ないコメントと結びつけられる。ブレンダ・ウェーバーは、変身リアリティ番組のイデオロギー的な機微を扱った本の中で、特に「どんな服を着てはダメか」という番組について述べている。「身体を帳簿とみなすことは、ある意味で、客観的に身体の外側で見る立場を言い立てる欲望を前提とした実用戦略だが、それはまた、視線の奥にある人種的な身体が、市場価値で評価される人身売買経済を想起させる」。スタンガーも同様の評価をしており、志願者の立ち姿や服装、キャリアや興味についての質問にどう答えるかで、市場評価を行なうのである。候補者は、年齢が高すぎるとか、背が高すぎるとか、もっと具体的に言えば、目の前の独身男性に対して間違った興味や野心を持っている等、即座にフィードバックを受ける。スタンガーは素早く確実な判断を下すが、これはオンライン・デートのフォーマットで奨励される、候補者の市場価値を評価し、素早く決断し、別の候補者に移るような、迅速な行動と一致する。合コンに参加する資格があるはずなのに、意図的に参加資格を失うような行動をとる女性に対してスタンガーは、特に怒りをあらわにする。クライアントと相性がよさそうな三〇代の女性が、五〇歳の男性との交際を断ると、スタンガーは「だからあんたはいつまでも独身なのよ！」と怒鳴りつける。スタンガーの罵詈雑言は、彼女が選考プロセスに対して抱く熾烈で実利至上の考え方を示している。厳格な規則体系に従おうとしない女性たちにスタンガーは怒りをつのらせ、柔軟な倫理観に適応しないことに心底いら立つのだ。適切な候補者を連れて来なかったとして、採用担当者をこきおろすこともある。番組進行は、明るい適応能力というものが潜在的なデート相手としての譲れない資格であり、（第1章で述べたように）デートの場だけでなく、二一世紀の職場で成功するための最適な心構えを示す感性であることを浮き彫りにする。女性たちのバリエーションは、髪の色や身長など、外見的な属性としてあらわれる。スタンガーは、「もっと金髪が必要なのよ。ブルネットしかいないじゃない」と、特定の定数を満たす必要性をあからさまに認める。合コンに送りだす女性たちの注意深く調整されたアイデンティティの小宇宙は、それゆえ、気質は同様でも見せ方のバリエーションに依存するのである。

また、合コン候補者の仕事上の成功（もしくは失敗）は、階層化された出会い系市場が報いるスキルや適性を示す指標となる。スタンガーは日常的に女性たちにフルタイムで働いているかどうかを尋ね、前もっての野心とのギャップを批評する。「あなたはメイクアップアーティストだけど、他に何かやりたいことがあるの？」このような質問は、特定の職業を優遇しているように見えるかもしれないが、ここで問題になるのは、目標達成に向けて女性が必要なことを進んで行なっているかどうかということだ。スタンガーはフルタイムで働いていない人を侮辱することもあるが、大学を卒業したばかりで、ファミリーレストランのウェイトレスをしているという女性には、彼女が就ける唯一の仕事であることを認め、カメラの前で、多くのアメリカ人が直面する経済的なプレッシャーに同情的な演説をする。（このウェイトレスはその後、彼女の仕事を無遠慮に侮辱する大富豪のデート相手に選ばれるが、二人は恋愛関係には至らなかった）。完璧なネオリベラル用語で言えば、スタンガーは、デートの領域に勤勉さを求め、仕事上の成功がその前触れとなるような属性を求めている。このような決意はスタンガーの聖杯である。なぜなら彼女は特に、女性は職業生活と同じく交際にも努力を惜しんではならないと考えているからである。大富豪のクライアントよりもずっと年若な女性を合コンに招待する理由を、スタンガーはこのように説明する。「ジェニファーには仕事を成し遂げるための意欲と気概があるし、ジャスティンが彼女に夢中になるのは分かっている」。「仕事を成し遂げる」という特別な目的を持ってスタンガーが女性を選んでいるという指摘は、この番組とスタンガーのブランド・アイデンティティが依拠する仕事人としての気概を完璧に物語っている。それはまた、排他的な結婚観の基盤となるヒエラルキー理解についても、驚くほど明確な説明根拠を与えている。なぜなら、十分に働かないことは、失敗した人を責める正当な理由になるからだ。

ネオリベ的な精神は、この研究が焦点化している結婚の時代精神を反映しており、スタンガーが出版したデート本の中にもそれが強く表れている。スタンガーは、著書『自分自身の仲人になる』の中で、「億万長者クラブ」の「デートの十戒」を一般女性向けに作り直したことを明かしている。「汝、電話を速やかに返すべし」「汝、デートの約束を守るべし」「汝、魅力的になるべし」「汝、心からの関心と感謝を表すべし」など、これらの戒律の多くは、結婚相手を見つけるプロセスに完全に身を捧げる必要性を読者に喚起する。これらのマントラは単にマナーの良さを表しているに過ぎない。しかし、スタンガーは一貫して、誓約を求めることと、それを確保するために努力することが、競争の激しい市場で最も重要な資質であると主張しているのである。当然と言えば当然だが、その本の巻頭には次のような一文がある。「私はこの本を世界中の独身女性に捧げる。この本で最も伝えたいこと、それは、あなたが欲しささえすれば、彼はすぐそこにいる、ということだ」。自給自足と勤勉の美辞麗句は、自立に依存するアメリカの実力主義を想起させるが、スタンガーのレトリックはことごとく金の力に基づいている。それにもかかわらず、彼女の巧妙さは、自信、自業自得、意欲を強調するネオリベ的な手法によって隠蔽されている。

不均等な社会構成は非明示的であるが、公正で正当化されるという見解に基づき、クライアントの大富豪にふさわしい女性を見つけること（あるいは階層的な美の理想に適合させること）は、スタンガーの作品においてむしろ男性に何かを教える方法として巧妙に位置づけられる。この点で、彼女の助言は、女性を吟味し侮辱することで（そして、その性差を最もよく表すと彼女が考える者だけを選ぶことで）、男性顧客の優越主義的傾向を和らげようとする、魅力的な疑似フェミニズムの様相を呈している。予想通り、スタンガーのクライアントの多くは、金によって女性とかなり表面的な関わり方をしてきた男性である。その結果スタンガーは、クライアントがデートに対応できるように心理的な修正を試みる。男性クライアントの多くに、ある種の警鐘を鳴らす必要性である。物質主義的すぎる、間違ったタイプの女性を追いかけている、過去は不誠実だった、表現力が豊かすぎる、過度に支配的、または関わり恐怖症である、等だ。女性を性の対象としてしか重要視しない映画プロデューサー、ケヴィンとの仕事を進んで引き受けたことについて、「私がケヴィンのような難しいクライアントを引き受けるのは、私の姉妹たちを助けるため。世界と女性種族を助けるために。ハンサムでお金もあるけど、中身はぐちゃぐちゃ。誰かが調整してあげないといけないのよ」。より良いケヴィンに値する女性という考え方は、金持ちには良い人間になる権利があるが、資源のない人は見放されるという風潮にぴったりである。

クライアントのために（あるいはすべての女性のために）、スタンガーは日常的に催眠術師、心理療法士、ライフコーチといった人たちの力を借りる。富裕層向けの骨抜きにされたセラピー命令がデートの準備を形成し、クライアントが救いようのない存在として病的に扱われることはほとんどない。その代わりスタンガーが勧めるセラピーは、男性をリラックスさせ、愛の可能性に開かれた存在に変身させるというものである。スタンガーの典型的な診断は、たとえば次のようなものである。「彼は肉体的なことにこだわっていて、女性を感情面で知ることができない」とか、「ブラッドリーは安っぽく、ナルシストぎりぎりで、自分のことばかり考えている」。デートができるようになるためには、間違いを正し、癒しのプロセスを開始し、関わり恐怖症の根源に迫ろうとする意志が必要である。同様にスタンガーも、手ごわな愛、というか、時代の気風を見せて、その上でクライアントを見極め、その人が何を必要としているかを断固として代言するのだ。スタンガーの淡々とした感性、自信、判断の信頼性は疑われることがないし、富裕層の男たちが、セラピーをする必要があるという仮定もしかりだ。

スタンガーの番組は、表向きは結婚番組ではなくデート番組であるが、両者が横滑りすることは明らかである。実際、スタンガーの顧客の多くは、結婚や生殖の準備ができていると公言している。前述した進化論的な考え方からすると、スタンガーの大きな目標は、ふさわしい交際相手だけでなく、ふさわしい配偶者や親を作り出すことだと言えるかもしれない。この番組が異性愛規範のパラダイムに傾倒していることは、おそらくスタンガーがレズビアンの相談に乗ったことが唯一無二であるというエピソードに顕著に表れており、彼女は依頼人を盛大にもてなす（「初めてレズビアンを組み合わせた！」）。スタンガーは、このブッチ系のレズビアンには「やわらかい面もある」というフレーズを繰り返すことに加えて、彼女の別のクライアントであるシェフKが子どもを欲しがっているという仮説をまぜこぜにする。このエピソードに登場するシェフKと別の大富豪（白人）は、「白いフェンス」〔訳注：典型的な子どもがいる家庭の比喩〕を探していると繰り返し言及される。この欲求は、表向きには審査過程の重要な質問であって、候補者（女性）が子を持つ準備が整っているということに直結しているのではないだろうか？　スタンガーは、レズビアンのカップルに男性の異性愛者的特性を植え付ける以外に、女性と女性をマッチングさせる基準や枠組みを持っていないようである。つまり、すぐにでも家族を持ちたいという願望は、シェフKではなく、この大富豪の願望である。女性を惹きつける他の特性についての見識がないため、スタンガーは、レズビアンの願望を一律に異性愛者のマトリックスに押し込め、生殖の未来についての限定パターンをデフォルトとしているのである。スタンガーの過剰とも言える「白いフェンス」の考えは、彼女のブランドが、ほとんどのタイプの人たちが優生学的に結婚や生殖に見合うかという動機づけの考えを示している。

全体的に、「ミリオネア・マッチメーカー」では、快活で責任感の強い交際相手が求められる。スタンガーの基準を満たすには、柔軟に対応し、外見を整え、長期的な交際に必要とされる心理的作業を怠らない意志を示さなければならない。スタンガーが提示する結婚市場は、選択、エンパワーメント、自己責任に支えられており、彼女は、（「バチェラー」の言葉を借りれば）恋愛への準備を拒んだり、スタンガーがふさわしいと判断した相手と関係を築くことに失敗したりすると、男女を問わず責任を厳しく追及する。このプロセスで重要なのは、やはりスタンガーの主張である。彼女のクライアントは、求める愛のために労をいとわず、それを見つける態勢を整えるために、自分の容姿や性格を修正する方法について彼女の厳格なアドバイスに従わなければならないのだ（独裁者的な彼女の口調は、嘲笑的でせっかちだ。スタンガーは皮肉にも、彼女が要求する柔軟な志願者のアンチテーゼになっている）。スタンガーの独断的で不屈な姿勢は、それにもかかわらず、出たとこ勝負の出会い系市場に見合ったものであることを意味している。そして何より、デートは真剣勝負の場であることを私たちに教えている。

悪しき花嫁のテーマ――ブライドジラ現象の起源とその実践

スタンガーのアドバイスやマントラは、もっと広範囲の人々にも到達が可能だ。これから検証するが、順応性、明るさ、または自己抑制に失敗すると、今度はメディア機構の懲罰メカニズムにさらされることになる。特に、「ブライドジラ」と呼ばれるものに顕著だが、こうした言説は、自分の感情や行動を適切に管理できない妻志願者を辱めるものである。「ブライドジラ」という言葉は一九九〇年代半ばによく知られるようになり、「ブライド（花嫁）」と「ゴジラ」を組み合わせた辛辣な言葉である。幅広い言葉の定義が可能だが、ブライドジラは次にあげるような、花嫁の見苦しい性質を示す。たとえば、結婚式の詳細についてあれこれ細かく管理する、サービス業専門家を不当に扱う、家族や友人を自分の利益のために利用する、怒って泣きわめき、恩知らずな行動をとる、完璧を求め頑固に主張する、過度な物質主義者傾向を示す（特に結婚式費用に関して極端に走る)、新郎の献身と忠誠心を試す、侮辱と思われることに過剰反応する、等々(もちろんこれだけに限らない)。全体として、このような不行跡のリストは、花嫁の自己規制の欠如と、欲望と感情を適切に抑制する失敗が中核にある。一方で、花嫁は穏やかで、優雅で、なにより女性的であるべきだという信念が誇示されるので、他人を犠牲にしてまで自己に過度に投資することが非難に値することを示唆している。(ブライドジラに対して人々が抱いた感情の一例は、ローラ・レヴィン著『ブライドジラを殺せ』(二〇一二)と題したミステリー小説に顕著である。この小説では、問題のある花嫁をあっさり処分し、殺人事件を解決する任務を、好感の持てる主人公ジェイン・オースティン〔訳注：Jaine Austen のスペルに注意。イギリスの小説家 Jane Austen にかけている〕に課している。

ブライドジラが初めてアメリカのテレビに登場したのは、二〇〇三年に放送された八部構成のケーブルテレビ用ドキュメンタリー番組「マンハッタンの花嫁たち」である。一時間のスペシャル番組に編集された「ブライドジラ」は、Fox ネットワークに登場して視聴者を喜ばせるとともに、その自覚がないブライドジラたちを困惑させた。その後、女性向けの番組を専門に扱う We tv に取り上げられ、「ブライドジラ」は一〇年近く、同局が最も頼りにしている人気番組の一つであった。シーズン1は裕福な花嫁が中心だったが、後年はそれほど高尚でない祝宴に焦点をあわせて番組を再構成した。シーズン2からシーズン10までは、社会経済的、民族的により多様なキャストが起用され、後期には経済的、文化的に余裕のない花嫁が取り上げられることが多くなった。このシリーズでは、あらゆる民族的背景を持つ女性を起用しているが、番組が下層階層の境遇に惹きつけられているのは、人種的な想像力とも結びついているようだ。

要するに、番組が多様化するにつれて、よりセンセーショナルな内容に変化したということである。ブライドジラたちの感情的・身体的な爆発、怠惰、怒りの表出、甘ったれた物質主義的な行動、権利の誇示、結婚式にかかわるあらゆる状況を支配しようとする試みは、シリーズ放映中一貫していた。

「ブライドジラ」が賞賛ではなく軽蔑の対象であることは、このシリーズの最も基本的な前提であり、「ブライドジラ」を嘲笑的に皮肉る女性ナレーターによってそれが強調される。ナレーターはしつこくブライドジラの性格の欠点を指摘し（「甘やかされ、命令口調のブライドジラに話を戻そう」）、彼女の行動の不適切さを強調し（「彼女は連続殺人犯の社会性を備えた一〇代の恐怖だ」）、最終的に花嫁が視聴者からの視線には値しないと判断するのである。この冷ややかで批判的な口調は、視聴者にブライドジラを面白おかしく、皮肉たっぷりに扱うことの重要性を教えてくれる。この感性は（他のところでも論じたように）ポストフェミニストの女性ポピュラーカルチャーを特徴づけている。(10) この物言いは、「ブライドジラ」の非道な振る舞いを番組が認識していることを視聴者に保証し、「ブライドジラ」が当然の報いを受けるかもしれないという可能性をちらつかせるとともに（「彼女があまりに強く迫るとゲーム終了かも？」）、彼女の交際の長期的な安定性を疑問視する（「誰が屈辱にまみれたい？」）。もちろん、結婚式はほぼ必ず行なわれる。この事実もまた、花嫁のいじめっ子ぶりに起因している。「ブライドジラ」の一連のストーリーには、結婚式そのものが登場するが、多くの場合花嫁衣裳を着たままでもブライドジラは暴れ続ける。エリカ・エングストロムが指摘するように、結婚式の直前や直後の不平不満がこれらのエピソードを特徴づけており、ブライドジラがいかに要求の多い人物であるかがよくわかる。事実に反するとたびたび反論されながらも、このような一連のエピソードは、花嫁の暴走が結婚式のストレスに起因するというよりも、花嫁の性格的な欠陥によるものであることを番組は裏付ける。

前述の番組「愛の味」のように、「ブライドジラ」も容易に、わざとらしく見えることは特筆すべき点だろう。このありえることと、デートや結婚式のリアリティ番組が大げさになりがちであることを関連づけて考えたい。リアリティ番組の誇張された性質として、将来のデート相手や花嫁のために、これまで以上にとんでもない企てに頼る傾向があげられる。このように考えると、「ブライドジラ」は、ブライドジラ（といったん決めつけられると、それに従うことが奨励される）がとるべき一連のパターン化された行動をあらかじめ限定していると言えるかもしれない。この見方は、描写の純粋な懲罰的効果を緩和し、ブライドジラは自分の行動が積極的に監視され、欠点が強調されていることをある程度自覚していることを示唆するものである。だが、難しいのは、「ブライドジラ」がカメラに向かって演技をし、ジョークを完璧に演じているという相当に皮肉なテクストとしてこの番組を解釈し、より大きな社会的・文化的な意味合いならびに、視聴者がブライドジラを階層的な色眼鏡で見るように積極的に奨励されているという事実を説明することである。

重要なのは、「ブライドジラ」の階層的・人種的政治性が、一〇年間のシリーズを通してますます問題化してきたことである。出演者が中流階層、あるいは下層階層に移行するにつれ、女性の行動はますます大げさになり、かんしゃくや叫び声、さらには肉体的な暴力が伴うようになった。「ブライドジラ」のあからさまな虐待行為の限界を押し広げるこの傾向は、結婚式の経済的ストレスが目に見えて負担になっている花嫁を放映することと相関している。多くの「ブライドジラ」は経済的に余裕がないことを示すがごとく、黒人女性のティファニは、招待客のためにダーティー・ライス〔訳注：米国南部のケイジャン料理〕を作るのにかかる費用を母親に相談する。ティファニは、さまざまな節約案（米を箱ではなく袋で買う、サラダはやめる、フードスタンプ〔訳注：貧困層への食料キップ〕を使って購入する、レシピから肉を除く）を決めた後、招待客に食事を与えないという考え（「選択肢がない予算なので、お客の選択肢も削除しなければならなかった」）で歓待しようとする。キャサリン・モリッシーは、このような困難な状況について、「ブライドジラは、女性が結婚式の日に再現することを期待される女性美のイメージと、現実の身体と経済状況がこの要求にもたらす限界との間の緊張を演じている」と推察している。モリッシーは、「ブライドジラ」が業者に吐く暴言を、特に消費文化の失望を越えた不満の表明と読み、経済的現実が「多くの女性が女らしい理想を手に入れる可能性を阻んでいる」と繰り返し述べている。モリッシーが主張するように、ブライドジラの怒りの多くは、自分が抱く「結婚式のイメージ」を実現できないことから生じているのだから、この番組は経済的な障害をいかに明確に表現しているかを読み取る説得力と共感力に富んでいる。

たとえば、「ブライドジラ」と「赤ッ首野郎との結婚」（２００８～１１）に登場する女性たちは対照的で、後者のカップルは自分たちの低俗な身分を受け入れ、それを誇示さえしているのだ。泥穴での披露宴、ホットドッグの早食い競争、チーズだけのケーキ、迷彩服姿の新郎新婦、ビール缶だけで作った飾り。赤ッ首野郎〔訳注：アメリカ南部の白人労働者低所得層〕の花嫁たちが、いわば冗談のように自分たちの低俗性を受け入れているとすれば、ブライドジラたちは、高級な結婚式に参加したいという願望を捨てられず、それに関連した女性的な理想を捨てられないでいるように見える。ブライドジラは、そのような装いに抵抗する赤ッ首野郎の花嫁たちとはかけ離れ、高級ブライダル・ブティックのクラインフェルド店で花嫁がドレスを買う「ドレスにイエス」（2007〜）や、ウェディングプランナーを扱った「ところで誰の結婚式なの？」（2003〜10）等の高級な体験ができるウェディング番組を望みながらも、そこからは除外されている。赤ッ首野郎の花嫁たちが結婚文化の茶番を完全に受け入れ、ある意味で神話を手放し、神話が喚起する象徴力の強さを無効にしている一方、ブライドジラはそれに過度に投資し、その過程で自らのイメージを制御できなくなっている。

ブライドジラをスケープゴートとして読むことは、経済的余裕のなさが感情コントロールのやりそこないであることを強調する番組の核心があるところを明らかにするものでもある。番組は上流階級の礼儀作法に重きを置き、ブライドジラがマナー違反していることを示唆する。たとえば、花嫁が自分の名誉のために行なわれるはずの行事（結婚式そのものも含む）に遅刻することが番組で頻繁に放送されるのは印象的である。ブライドジラが自己中心的な性格のために他人に迷惑をかけることは、こうした描写がますます階層に沿うことと符合している。つまり上流階級の体制では、それが必ず現実的ではないにせよ、自分のことより他人のことを思いやることが推奨されるのである。それゆえ、ブライドジラがそのような見せかけを拒否したり、できなかったりすることで、この祝福された地位から外れてしまうのだ。もし、グウェンドリン・オードリー・フォスターが主張するように、結婚式が「人生における階層を超えたイベント」であるとすれば、「ブライドジラ」に登場する花嫁たちは、困難な課題に上手く対応できていない人たちであることが示唆されている。たとえそれが彼女たちのせいではなく、経済的・個人的に限られた手段しか手にしていない結果であったとしても。

ブライドジラたちは、他人と仲良くすることや相手の立場を考えることの意味について、さまざまな形で教育を受けていないことが明白だ。しかし番組の一貫したテーマは、花嫁が悪いボスであり、夫となる人や彼女のために働いてくれる友人や専門家のニーズや要望には無頓着だということである。たとえば、特別な日を演出するために雇われた専門家が、式を妨害していると花嫁が憤慨するシーンがたびたび登場する。典型的には、たとえば、花嫁が「食べていない」「寝ていない」「頼んだ商品やサービスが希望や仕様に合っていない」と宣言し、花嫁となる試行に迫るシーンの数々だ。最も多いのは、ドレス、ヘアスタイル、花、ケーキなど、結婚式の美的センスにかかわるもので、花嫁たちが土壇場になって気が変わったことや、サービスの実行時間を見誤ったなどの責任を認めない。ある花嫁は、別の種類のケーキを注文したにもかかわらず、「チョコレートケーキが食べたい！」と子どもっぽく駄々をこねる。この点で、結婚式はブライドジラが壊れる元凶であり、彼女がかかえるストレスは、思い通りに動かない他人の失策によって増幅するのだ。当然ながら、カメラワークは苦悩する専門家に同情的で、制御不能のブライドジラに礼儀正しく接することを強いられるクロースアップが特徴的である。

番組では通常、新郎新婦のなれそめを語るコーナーや、結婚式のプランを二人で決めるシーンが挿入される。新婦は、新郎が妥当と考えるよりも高価な物やサービスを要求することが多い。また、新婦は新郎に対して、約束を守らない、協力的でない、自分の役割を果たさない、新婦のストレスを理解しない等、コミュニケーションの取り方を些細なことでもねちねちと非難する。新郎を試すことも多く、外見を変える、普段と違う服装をする、彼女がふさわしくないと判断した友人との付き合いをやめる等、新郎に不当な要求を呑ませ、忠誠心と献身を証明させる。ブライドジラは、結婚式を中止する、口を利かない、大喧嘩をするといった脅しで、要求に従わない新郎には仕返しをするのだ。

友人や家族も同様で、特にブライドジラの結婚パーティーに参加する不運な女性たちがそれにあてはまる。ブライドジラが怒りの大部分をぶつけるのは、こうした女性たちであるように思われる。これは、We tv の主な視聴者が女性であり、視聴者がブライドジラの友人たちの役を演じる可能性が高いという事実を物語っているのだろう。番組の脚本は、視聴者が手に負えない花嫁にどう反応するかを想像するとか、花嫁の暴挙にすでに耐えた経験に立ち返るきっかけを与えてくれる。あるブライドジラが花嫁介添人について「彼女はもっと『奥様がお望みならなんでも』みたいな態度をとるべきよ」と語るように、ブライドジラはしばしばあからさまに結婚式に参加する人たちを強制的に召使のように振る舞わせようとするし、満足な結婚式を挙げるためには、介添人には人格がないことを期待しているといっても過言ではない。グロリアという花嫁は、病気でドレスの試着に欠席した介添人を叱りつける。同様にメイリーは、結婚式当日のパーティーでどのように鞭をふるうかについて言及する。「土曜日の朝一〇時になったら、あなたたちは私のものよ」。前出のティファニが言うように、「死なない限り、彼女たちはそこにいる必要があるのよ」。暴君のような花嫁は、まるで下っ端を指揮するかのように、異論を許さない上下関係で参列者を管理する。「みんな髪をアップにして、化粧も同じにする。嫌でも我慢するしかないのよ」とメイリーは言う。このようなやりとりは、ブライドジラの柔軟性のなさを証明し、ネオリベ的秩序の中でなら成功者を受け入れるだろうポピュリスト的な建前に違反しているとして、花嫁に罪をきせているのだ。二一世紀に成功する経営者になるには、絶対的な権力を否定する意志が必要である。したがって、ブライドジラの大きな違反の一つは、地位の乱用と自己認識の欠如である。悪いボスであることを自ら証明することは、おそらく悪い友人であることよりももっとひどい違反行為であり、ブライドジラは、互恵関係を大切にする素振りさえ見せないことで罪を犯しているように描かれるのだ。

ブライドジラは、女性の身体や外見を詮索する監視文化を介添人に対して再認識させる。典型的なストーリーは、花嫁が介添人にダイエットをさせようとすることである。「介添人が太ってるくらいなら、全然いないほうがマシ。女の子全員の体重を測るために体重計を買ったわ」と主張するブライドジラもいる。この要求の際立った特徴は、結婚式のために体重を減らすことは「花嫁」にとって頻繁に要求されることで、次節で言及するように、この要求は結婚したばかりの妻が十分に働ける意欲を掻き立てるために役に立つのだ。ブライドジラは、自分への詮索を避けて、ミソジニー的でしばしばサディスティックな視線を介添人に向けるが、それはむしろ、自分に当然に伴う責任を拒否していることを暗示している。また、あたかも騎士道精神の発露であるがごとく、自分の代わりに他の女性を差し出すという衝撃的な傾向を示すことがある。リアリティ番組に出演し、ストーリー上は一般に尊敬され（視聴者は必ずしもそうではないが）、金が支払われている減量プログラムやイメージ改善の専門家とは異なり、ブライドジラが危険で身勝手な助言をする見かけ倒しの権威を持っていることは、番組の不調和な特徴の一つある。たとえばアンジェラの介添人は、たった二日後に迫った結婚式にきつすぎる衣裳を着ろと要求する花嫁に応えようと、何も食べずに倒れてしまう。番組がブライドジラに対する悪意を動員するのは、彼女がリアリティ番組の階層的秩序に対する自分の役割を間違って理解しているからであり、番組自体は、彼女が当然受けるべき罰だとも思わせるのである。この罰は、介添人がブライドジラに献身しないという形を取ることもある。花婿が本当にこのような抜け目のない女と結婚するのかという疑念に加えて、ブライドジラが介添人とのいざこざの結果、介添人が結婚式にわざと出席しないのではないか、という疑問が視聴者に湧き上がるのだ。

ブライドジラが他の女性との友情を断絶させることの象徴的な意味は、結婚式がより一般的な文化的絆の代名詞として位置づけられていることに起因している。エリザベス・フリーマンが論じているように、「結婚式は、男女のカップルを『超えた』（時には男女のカップルと結びつい た）所属感の条件のエンブレムとして機能しているように思われる。すなわち、間違いのない性別、拡大家族、民族や宗教的区割り、国家、あるいは特定の隙間市場などのごとくである」。

広く言えば、ブライドジラは帰属システムから排除され、結婚式という共同体を侵害し、悪しき市民として行動していることを証明しているのである。この市民権の侵害は、ブライドジラの結婚への適性に疑問を投げかけるだけでなく、彼女の人間性に対するより広い照会事項を提供しているように思われる。

ちなみに、花嫁の価値、もっと言えば結婚生活の長さを問うという命題は、今や番組の未来像として機能している。二〇一三年、We tv は一〇年続いた大作を打ち切ったあとすぐに、結婚生活が破綻寸前の過去のブライドジラが出演する続編番組「ブライダル・ブートキャンプ」(2013〜)を放送した。夫婦は二週間のセラピーを受け、その後結婚生活を続けるかどうかを決める。夫婦関係の悪化は夫と妻が平等に責任を負うものだが、ブライドジラは、そう指定されることで、このような構造的な枠組みを提供したのである。

結婚労働の一つ、減量

本章でこれまで論じてきたのは、デートや結婚式をテーマにした番組では、花嫁がその言葉にふさわしい振る舞いをする必要があることを熱心に示し、そうでない花嫁を強引に貶めるということである。「ムキムキ花嫁」(2003)、「太った花嫁」(2008〜10)、「ブライダル・ブートキャンプ」(2010)、「ブライダル・プラスティ」(2010)、「結婚式のために痩せよう」(2011)などの番組は、この倫理観が体型にどう反映され、結婚への適性を体型、サイズ、外見と結びつけていることを示すものである。「バチェラー」が愛を見つけることと不屈の精神という情緒を結びつけているように、これらの番組は、「スタイルの良さ」を維持することが結婚に値するという概念に基づいた、忍耐というネオリベ的モデルを採用している。この観察を、結婚が市民権の主張を再確認する場として存在するという考えと合わせて、ティアラ・スーカンは、「太った花嫁」が「スリムな女性の体を、社会的な健康や結婚生活の長さと関連づけながら、異性愛規範に則った女らしさの概念を明白かつ堂々と強化する点で際立っている」と主張している。

花嫁減量番組は、多くの点でより一般的なメイク番組や減量の教義と一致している。これらの番組は典型的に、結婚式に不適切な体型の花嫁を取り上げ、どの花嫁（場合によっては祭壇上のカップル両方）がお披露目までに最も痩せられるかを競う場面が前面に押し出されている。「結婚式までに痩せる」「ブライダル・ブートキャンプ」「ブライダル・プラスティ」では、花嫁たちはあからさまに夢の結婚式を競う——「ブライダル・プラスティ」で落胆させ、破棄させたいセリフは「結婚式をやればいいけど、完璧にはならないよ」だ。ブライダル産業の典型的な提出勘定書は、身体改造の根拠となり（「太った花嫁」は痩せることの動機づけとしてウェディング・ドレスを使用する）、加えて等身大の花婿人形と走ったり一五フィートのケーキの中で格闘したりといった、出場者が挑戦に直面する番組を構成するテーマを与えている。また、結婚式のイメージも、減量という目的の上に接ぎ木されるのが一般的である。たとえば「ブライダル・ブートキャンプ」の出場者は、能書きをあしらった招待状を受け取り、「結婚の使命」に参加し、夢の生け花や休暇用旅行などの賞品をめぐって競争し、「試着室」と呼ばれる場所で行なわれる体重測定に参加するよう求められる。(11) 確かに、結婚式文化の神話化された側面を小道具にすることは、概念としての完璧な結婚式に対するある種の不遜さを示唆している。その証拠に、「ブライダル・ブートキャンプ」の第一話は、ドレスと戦闘ブーツを身につけた花嫁たちのシーンから始まる。彼女たちは屋外の障害物コースを走り、ドレスを泥だらけに汚して台無しにしてしまう。花嫁の象徴が嘲笑されているにもかかわらず、花嫁たちはドレスに合わせて厳粛かつ真剣に語る。栄養士からこれまでの食習慣を批判され、時には疲労困憊して病気になるほどまでに自分の肉体的限界に挑戦する。

花嫁になる人々は、身体の完璧さ(と、費用をすべて出してくれる結婚式という目の前にぶら下がった報酬)を求めて努力するため、リアリティ番組の厳格な命令を告げる統律的構成に身を委ねることになる。同様に、ウェディング・ドレスが似合わない、あるいは結婚式の日に思い通りの姿にならない、という恐怖は、多くの花嫁が自ら進んで受ける屈辱を正当化する。たとえば、「太った花嫁」では、花嫁たちは記録された食事日記をもとに、食習慣を文字どおりに表現した「恥のバージンロード」を歩かされる。あるエピソードでは、栄養士が極端なカロリーや脂肪の数量を説明する間、花嫁は自分がテイクアウトした食事の一ヶ月分を表す揚げ物が山盛りに積み上げられたテーブルを目の前にすることになる。別の花嫁は、栄養士が花嫁の一ヶ月の摂取量と称して、大量のクッキーを作るところを見ることになる。毎日の食卓を月単位、あるいは年単位に拡大することで、食卓の描写は視覚的な反動を促し、望ましいものを嫌悪すべきものに変えてしまうのだ。とはいえ、こうした企ては、チェックのきかない食事に対する合理的かつ有用な反応として読むことができる。キャサリン・センダーは、「他人の目を通して自分の欠点を見る」というプロセスが「変容可能な自己反省」につながる場合、視聴者は、恥を「社会的に有用」だと感じる傾向があると結論づけている。これらの知見は、栄養士やトレーナーが参加者の減量目標を達成するために協力する「太った花嫁」の戦術が、花嫁を助け、文字通りにも比喩的にも、健康な妻になるという彼女の望みをかなえる正当な戦略として読み取れることを示唆している。

ほとんど例外なく、ブライダル減量番組は、減量セラピーが花嫁に与える身体的負担を、価値があると説明している。ほぼすべての減量番組に共通する倫理観は、脂肪が道徳的な失敗を示すというものだ。「最大の敗者」（２００４〜１６）のような、脂肪と太った体は、高潔ぶった努力によって根絶するべき敵であるとする重々しいトーンに倣って、ブライダル減量番組は、減量達成に励むことが花嫁としての適性や正当性を証明するのだと、花嫁や視聴者に断言することによって運営されている。また、他人よりも自分のほうがふさわしいという考え方も、多くのブライダル番組の競争原理として現れている。「結婚式のために痩せよう」の最終話近くに、結果三位に終わったアリソンは、彼女の婚約者デヴィッドにこう尋ねる。「これに勝てば、どれだけストレスが軽減されるかあなたにわかる?」。アリソンの発言は、結婚式の費用をすべて負担してくれるという約束が、健康な体を手に入れることと同じくらい、モチベーションを高めてくれるという点で、「ブライドジラ」の項で述べたような出場者の金銭感覚や経済的な不安定さを裏付ける。アリソンはまた、自分とパートナーは、彼女が主なライバルとみなすカップルよりも値打ちがあると宣言している。その相棒の男性の評価を、「彼が本物かどうか本当にわからないから、それが彼を好きではない理由」とアリソンは言う。ここでも、サラ・バネット＝ワイザーがその名を冠した研究で述べるように、「本物であること」というネオリベ的な強制は、美徳を前もって求めるのである。この判断の主な根拠は、それぞれの出場者がどれだけ努力したかということであり、その指標は（正当かどうかは別として）彼らが減量した値と結びつけられている。

結婚式のためのダイエット番組には、努力を正当化するような文言がちりばめられている。「必要なことは何でもする」というような発言は、花嫁の減量という課題に対する揺るぎない決意を示すとともに、構造化されたマントラとなる。「ブライダル・ブートキャンプ」の出場者の一人は、「私は夢の結婚式を挙げたいのよ。一八〇％、減量のワークアウトをしてる。決して諦めないわ」。またトレーナーは、花嫁候補がトレーナーの言う厳しい愛というブランドに従えば、ダイエットを達成できる約束の地に連れて行ってくれる使者として、尊敬の念を持たれる。「もし二人のどちらかが夢の結婚式を望むなら、今まで以上に私の言うとおりにしなければならないだろう」と言うトレーナーもいる。このような要求は、減量達成のために出場者が懸命に努力する気持ちに沿って心地よく並置され、センダーが言うように、この気持ちが視聴者の賛同を誘発するのである。視聴者は、「本当の自分の内面」を表現しているように見える候補者を支持し応援する傾向があり、その「証拠というのは、彼女たちの感情表現に見られる」とセンダーは結論づけている。花嫁は純粋に自分の内面と外面を完璧にしたいと望んでいるようで、候補者は「強く」「タフに」なることを学んだと言い、しばしば「私はいまや完全に違った人格になった」と宣言する。この変化は、花嫁の働きという考えに明確に依存している。なぜなら、多くのブライダル番組の隠されたテクストは、花嫁は働くことを学ばなければならないというもので、これは働き者を妻にふさわしい人物として位置づけるというブライダル番組の大きな関心に関連する指示だからだ。このようにブライダル文化と減量文化が結びついたことで、絶え間ない労働の物語が強化され、結婚式の準備が人前で行なわれる一種の仕事であると認識されるようになる。エリカ・エングストロムが説明するように、「Fit tv の『ムキムキ花嫁』という番組では、女性たちは通常の仕事と私生活に加えて、別の『シフト』を担っている。最初のシフトは仕事、もう一つは体力作りとジム通い、そして三つ目は結婚式の準備に費やされる。労働と仕事を増やすという概念は、すべての『ムキムキ花嫁』のエピソードの冒頭でナレーターによって言及され、視聴者に『この花嫁たちはマッチョになるだけでなく、ビッグな結婚式を計画しなければならない』と念を押される」。それに関連して、ナレーターは結婚式の計画を、花嫁がすでに忙しい生活の中に組み込まなければならない「雑用」だと表現している。この用語は、一見家庭的な仕事（家事）を公共空間に移し、公共的な労働行為に変換しているため、本書の包括的な前提を再び想起させるものである。

花嫁の努力は公知の事実であり、監視という言説的文脈の中で行なわれるよう意図されている。これは、上位二人の出場者が一ヶ月間自宅に帰って減量を続けることを最終課題とするという、「ブライダル・ブートキャンプ」の最終ラウンドと同じような様態である。このような構造によって、花嫁（ひいては妻）としての振る舞いは、継続的な自己改善のモデルに依拠しているという理解が植えつけられる。このような期待は、標準化された業績評価に従って、以前の努力を凌駕し、より多くの成果を上げることを期待される、あらゆる職業的環境に見られるものと同様である。また、「太った花嫁」では、花嫁が継続的に成果を上げるための習慣や行動を示さなければならないという前提が強調されており、花嫁が一年に約四キロ半から六キロ太った場合の自分のデジタル画像を直視するコーナーが設けられている。これは、結婚しても体型維持の努力を続けなければならないことを具体的に示すものだ。ティアラ・スーカンは、これらの写真を見た出場者たちの反発を前にして、彼女たちの動機は「太ることは社会契約の違反になるという不安」であると推測している。スーカンの発言は、結婚できる女性であること、そしてその結婚に値する女性であり続けなければならないという、女性が直面する多面的なプレッシャーの存在に気づかせてくれる。この文脈では、体重を減らし、それを維持できることが、結婚という心理的な挑戦に立ち向かう覚悟を示し、ポピュラーカルチャーが身体の鍛錬と感情のコントロールをいかに結びつけているかを示唆しているのである。

結論——文化行事としての結婚式特集

ある「ブライダル・ブートキャンプ」のフィナーレで、優勝者は涙ながらにこう宣言した。「このドレスは、番組を通して私が歩んできた道のりのシンボルです。二〇キログラム減量前の私には、あのドレスは着こなせなかったでしょう」と。このコメントから、結婚式は女性が最高の自分を披露する場であり、もうすぐ手にする妻としてのアイデンティティを祝う場であることがよくわかる。本章の文脈で考えると、結婚式は、妻志願者が自分の目標のために経験した感情的、身体的、心理的労働の頂点にある栄冠（時には文字通り）を手にする場である。

ブライダル商品の広告を掲載する儲けの出る場としてのテレビネットワークの役割に加えて、リアリティ番組の結婚式は、臆面もなく理想化・神話化された言葉で人々に訴えかける。花嫁は「人生で最も幸せな日」と涙を流し、飾りの花やケーキ、テーブルセッティングは美的センスがきらめく。そして必ずといっていいほどの過剰な消費がなされる。本章の主題は、妻志願者たちの経済的困窮（あるいは欠乏）であるが、リアリティ番組での結婚式は、多くの場合、番組と多数のスポンサーによって資金が調達されるため、イベントの値段が不明瞭になりがちである。結婚式は文字どおり賞品であり、番組の命令に従って、最も快く個人的な習慣や欲望を変革した女性たちに授けられるものである。花嫁の個人主義と、リアリティ番組への服従との間の相互作用は、定められたひな形の中から選択する限りにおいて、妻としてのブランドの集大成として実を結ぶ。花嫁は自ら式の色調を選ぶことができ、有名なスタイリスト、デザイナー、ヘアメイク、ケータリング、結婚式プランナーのサービスを受けることができるが、どのリアリティ番組の結婚式も限界値は一様に同じである。デート番組に関連したリアリティ結婚式は、テレビ番組というジャンル自体が規定する視覚的な合図に沿って催される。結婚式は豪華でカラフルでなければならず、極端に女性的な美意識に訴える盛大なものでなければならない。

だが、その例外が、派手な印象を与えがちなブライドジラの結婚式だ。ブライドジラ結婚式には、他の結婚式の特徴である荘厳さや努力による達成感がまったくない。この二項対立を理解するには、リアリティ番組における変容が階層関係によって構成され、ある集団と別の集団の基準が対立を生み出すというビヴァリー・スケッグスとヘレン・ウッドの観察を思い起こせばよいだろう。尊敬に値する、意欲的な女性は、一般に、粗野あるいは過剰とみなされる女性と対立し、労働者階級の参加者は、主として改造が必須となる。さらに、「家庭内労働や感情の働きは、悪い主体が変容するためのメカニズムになる」。ブライドジラは、自らの結婚式であっても、変容を必要とする主体として登録され続けるのだ。

一方、「バチェラー」や「ブライダル・ブートキャンプ」のような番組で紹介される結婚式は、目標を達成した報酬として、妻になる権利を獲得した女性を祝福するものである。本章で詳述したように、彼女たちは、番組で命じられた情動の規定値に合わせて、妻になる準備の基礎となる希望に満ちた心構え、準備、努力する意志を表明した。「ブランドがやってくる」研究の著者たちは、「結婚式のメディアは、自己変革の必要性を強調し、そのための積極的な競争を促すブランドマネジメント文化によって形成されている」と饒舌に論じている。「この変革の言説は、はっきりと視覚化され、新しい完璧な自己を実現するという願望と結びついている」。

ロマンスの達成それ自体には繋がれていないリアリティ番組の結婚式は、花嫁の努力に正当に報いる視聴者からの注目と上品な言葉を独り占めする機会を与えてくれる。身体的にも感情的にもしっかりコントロールされていることは、結婚式の祝宴で頂点に達する成果であり、そこでは彼女の身体と自己の存在が非常によく見える形で示され、花嫁としての地位が、盛大な祝宴に値するものとして正当化される。

スケッグスによれば、「変容に焦点を合わせることで、リアリティ番組は、過失と失敗に基づく交配の新しいモデルを提供し、『正しい』異性愛者、ジェンダー化・階層化された関係への期待を生み出し、視聴者が自らの経験を通じて同様の被影響下にある状況を認識できるようにする」と言う。本章で調査したように、デート番組やブライダル番組は、花嫁がどう振舞わなければならないかという特定の観念を植え付けるだけでなく、確立された議定書に従うことのリスクと報酬を確認する場でもある。定められた目標を達成するために十分に努力した者は、自分たちがより優れた人間であることを示し、豪華な贅沢を合法的に手にできることを確証するのである。次章では、既婚女性がどのように妻としてのアイデンティティを主張し始めるのか、特に二一世紀のアメリカで専業主婦がどのように、またなぜ皮肉にも念願の存在となったのかについて調査を始めることにしよう。

第3章　主婦の復活

アイコンの仕事復帰

一九九七年に「ロザンヌ」が終了して以来、プライムタイムのテレビ番組から比較的、姿を消していた主婦が、復讐のために戻ってきたのである。（シャロン・シャープ）

二〇一二年七月、フォーブス誌は「働く女性の苦境は専業主婦のせい？」というタイトルの記事を掲載した。いいかげんなタイトルにもかかわらず、記事が扱った研究の内容は深刻だ。「結婚の構造および職場におけるジェンダー革命への抵抗」と題された研究報告書によると、専業主婦の妻を持つ男性権力者は、女性社員や女性リーダーを否定的に捉え、「有能な女性社員の昇進の機会をより頻繁に阻害する」のだそうだ。この記事は、職場に横行する性差別としか言いようのない行為に必要な注意を喚起するだけでなく、主婦と働く女性を対立させるという、さも新発見であるかのようでその実ありふれた行為に加担している。例によって扇動的な言い方をもってして、この記事のタイトルは、そのような問題意識を露呈する権力者たちを非難する代わりに、専業主婦と働く女性を対立させ、あたかも一方の試練を他方のせいにすることができると示唆している。このような研究の著者の一人は、「ママ戦争」には参加したくないと明確に表明したが、記事の著者はそれにはまったくおかまいなしだ。記事では専業主婦を、「ヨガマット持ち帰りの主婦」と繰り返し呼び、ＡＢＣのドラマ「デスパレートな妻たち」の生意気そうな妻たちの写真が記事の横を飾っている。

本章はこのフォーブス誌の記事から始めたい。それは、複雑なパワーの動態を女性同士の争いに還元しようとする文化的傾向を適切に表現しているからである。それに関連して重要なことは、二一世紀のアメリカのメディアにおいて、主婦がいかに都合のよい藁人形になっているかを思い知らされることである。ここで検証するように、専業主婦は大衆の意識の中で名高い歴史を持っており、その可視性は一九五〇年代から本格的に始まった。とはいえ、本章は、主婦が一九五〇年代とは異なる形で大衆の意識に再び登場し、それは二一世紀において女性的とみなされるものすべての代理という認識によって支えられている。本章では、公的労働としての妻業を焦点にしながら、逆説的に、現代アメリカにおいて最も注目されている妻業の形態として、専業主婦を挙げる。専業主婦が公の場で労働者として再登場することは、本来歴史的に家庭外で有給の仕事を持たない者であり、その意味するところは家庭領域に限定されていることから考えると、なんとも奇妙なことである。本章ではそのような考えに疑問を投げかけ、主婦は常に私的な存在であると同時に、メディア化された（それゆえ公的な）存在であったことを提示する。さらに、主婦は誰のために（そして誰の代わりに）労働してきたのかという疑問が、彼女の象徴性を長い間制約してきた。私はまず、一九五〇年代の主婦に関する古典的なテキストと話題を再検証し、主婦のイメージが、仕事、労働、専門性の問題を常に説明し、かつ語られてきたことを示すことから始めたい。

私の分析と議論の中心となるのは、ABCの「デスパレートな妻たち」（二〇〇四～一二）である。このシリーズは、「主婦」という言葉の新しい概念を生み出した。主婦はもはや家庭の外で有給の仕事に就いていない女性ではなくなった。この新しい秩序において、主婦は、現代のポピュラーカルチャーの中で、きわめて狭い女らしさの先入観を表わす代名詞となっている。具体的には、主婦はすべての女性の代名詞として存在し、複雑なジェンダー力学をポピュラーカルチャーの中で最小化・縮小化する手段を提供している。女性の問題を結婚と再生産に限定し、「仕事」と「生活」の間に想定される緊張に絶え間ない注意を払い、先に述べた働く女性と専業主婦（母親）間の緊張関係に執着することによって、女性メディア文化は、これらの問題が現代の女らしさの全体を構成しているのだと示唆するのである。したがって二一世紀における主婦は、アイデンティティというよりも、アメリカのメディアが最も重要視する女らしさの側面を女性に知らしめるための便利な機会となっているのだ。

本書は職業としての妻の台頭を記録するものだが、妻の職業化が主婦の姿に依存していることをも論証する。この点を最も決定的に論じるのは、本章の結論であるBravoの「リアル・ハウスワイフ」シリーズに関する節で、生産性とブランド化の論理を焦点化し、主婦のアイデンティティを文字通り就業者に変えたと主張する。二〇〇六年に放送が始まった「オレンジ郡のリアル・ハウスワイフ」は、「デスパレートな妻たち」というフィクションが軽く揶揄する、現実の女性たちの特権的な存在の舞台裏を紹介する内容としてつつましくスタートしたが、女性たちがまさに名声のために妻になるというリアリティ番組の爆発的な普及を促す契機となった。女性たちは、ショッピング、友人との外食、ロマンスのやり取り、パーティーへの参加、レジャーやセルフケアなど、いわゆる女らしい経験や感動、活動を収益化してゆく。ここでは、こうしたテレビ番組が前景化する労働の形態を探り、主婦が依然として急成長中のビジネスチャンスであることを認識した上で、主婦という呼称が、妻という職業を有償労働に変える上で矛盾しながらも役立っていることを論じたい。

主婦――その歴史と文脈

本書はメディア表現における妻の研究であるから、主婦が現実の人物であると同時に、理論的な構築物であることを再認識しておく必要があるだろう。主婦は、神話化された女らしさの模範として、家事や夫や子どもへの献身的な奉仕を正当化する存在として、この上なく利用されてきたのである。しかし、専業主婦は極めて関係的な存在であり、家族とのつながりによって定義され、他の女性との比較が奨励される。ポピュラーカルチャーは、女性が自分の価値を理想化された主婦の価値と比較することを奨励するので、完璧な主婦像はその基準を満たすことができない人への叱責として成り立つのである。

主婦イメージの中心は、その虚構性にある。メディアが作り上げた構築物として、にこやかなエプロン姿の女性として存在する傾向である。また主婦は一九五〇年代のテレビ番組での表象と強く結びついている。ステファニー・クーンツは、『我々は、決してそうではなかった』（The

Way We Never（決して）Were)」〔訳注：1973年公開、バーブラ・ストライザンドとロバート・レッドフォード主演の米映画 The Way We Were 邦題『追憶』を否定している〕という適切なタイトルの歴史論の中で、「私たちが抱く最も強力な伝統的家族のイメージは、一九五〇年代のコメディ番組がよく再放送されるので、今でも私たちの家庭に届けられているイメージに由来する」と書いている。イメージとしての主婦は、現実の社会学的な変化、特に一九五〇年代の家族生活の再編成に根ざしたものであった。クーンツは、「一九世紀の中流階層の女性は、家事を喜んで使用人に任せたが、一九五〇年代の女性は、いかなる階層でも、手間のかかる手作りを実践し、何でも自分でやらないと罪悪感に苛まされた」と論じている。実際に、一九五〇年代の女性が家事に費やした時間は、調理済みの食品や省力化された家電の登場にもかかわらず、それ以前の時代よりも増加した。家庭に縛られ、夫や子どもを育てることが第一の目的だと信じ込まされた現実の主婦たちは、時に自己破壊的な方法で不満を表現した。退屈、孤独、絶望感から、アルコールや薬物（多くは精神安定剤）を服用するようになった。レディーズ・ホーム・ジャーナル、マッコールズ、レッドブック誌を参照しながら、クーンツは、「一九六〇年までに、主要なニュース雑誌が、アメリカの主婦の感情を表すために、罠に落ちたという言葉を使っていた」と述べている。[1]

初期のフェミニストたちは多くの小冊子で、落ち着きがなく、満たされない主婦たちを、象徴的な監禁状態から自らを解放しようと試みた。最も有名なのはもちろんベティ・フリダーンの『新しい女性の創造』（三浦富美子訳　大和書房、1965）である。これは、フリダーンが一九五七年にスミス大学の元クラスメート（そのほとんどが専業主婦になった）と行なった一連のインタビューから生まれた著作で、「名前のない問題」に必要な注意を喚起した。フリダーンの排他的な見解や白人中産階層の女性しか焦点化していないことに対しては、当然ながら多くの批判がなされてきた。フリダーンの限定された視点は、女性の問題は家庭内の立場にのみ起因しており、専門職に就くことによって解決されるという、著者の強固でやや近視眼的な主張にも影響を与えていることは否定できない。「専業主婦であるという条件そのものが、いかに女性の中に虚無感、非存在感、無の感覚を生み出すかを理解することが急務である」とフリダーンは主張する。女性の不安を利用し、虚像を売りつけるものとして、フリダーンは女性誌や広告業界を非難するのだが、この点に関して、主婦は常に実際の女性の生活を正確に表現するのと同等かそれ以上に、メディアが作り出したものであるという私の指摘にも直結している。

フリダーンの主婦への関わりは、実在の主婦とメディア上の主婦の両方で行なわれた。現実の主婦へのインタビューに加え、「それが与えている害に対する心理的な用語はないかもしれない」と認めながらも、その顕在性が現実の女性に実質的な害をもたらすメディアの象徴としての主婦に疑問を投げかけたのである。「女性が自分の心情を否定するようなイメージに従って生きようとするとどうなるのか」とフリダーンは考えた。イメージが使う力に対するフリダーンの警戒心は、主婦というカテゴリーが、メディア化された言葉で認識され、理解されなければならないことを思い起こさせる。フリダーンが呼ぶ「幸せな主婦のヒロイン」の効力と闘うことは、彼女を取り巻く神話を問い直し、解体することを意味していた。(2)

現実の女性としての主婦と、メディアの構築物としての主婦が双子であることは、ここでの議論の中心である。次節では「デスパレートな妻たち」のユーモアが、この横滑りを意図的に利用していることを指摘する。完璧な主婦像が現実の女性に与える影響は、主婦の象徴的な力と同様に、長い間フェミニズム・メディア研究者たちの中心的な議題だ。メディア化された人物であると同時にターゲットとなる視聴者でもある主婦の存在は、アメリカのテレビの歴史と密接に関係している。初期のテレビ番組から、お決まりの登場人物であった主婦は、最も明確に定義され、容易に時間枠化できる視聴者でもあった。テレビ業界は、現実の主婦の増加と歩調を合わせて生まれた。一九四八年から一九五五年にかけて、アメリカのほぼ三分の二の家庭にテレビが設置された。それは、リン・スピーゲルが「新しい郊外家族の理想」と呼ぶ時期に相当する。第二次世界大戦後の家族生活の再建を強調し、「消費資本主義の素晴らしさへの新たな信仰」を感じさせる国民的ムードが漂っていた。主婦はこの視座の中心に位置し、主婦が家庭生活の模範としての役割を果たすことで、多くの点で再建が約束されたのである。

この立場は主婦にとってプレッシャーでもあった。なぜなら、女性は充実した結婚生活や立派な母性の具現化と考えられた完璧な家庭の外観を、なんにしても実現しなければならなかったからである。ヘレン・ウッド、ベヴァリー・スケッグス、ナンシー・トゥミムは共同研究の中で以下のように説明する。「女性の心理的・社会的成功の場としての家庭生活の喜びは努力すべき理想とされた。女性（しばしば母親）の失敗の細部に重点を置くことで、常に努力し、助言を得て、将来のために更新される必要のある一連の実践とパフォーマンスとして、つまり必要な労働として、家庭生活が再編されたのである」。この論は、労働が主婦の中心的な組織のカテゴリーであることを正しく強調しており、本章でもこの点に主眼を置きたい。常に努力する主婦は憧れであり、常に失敗し続ける主婦は戒めでもあるのだ。

この矛盾した二重拘束状態は、ニーナ・C・リーブマンの一九五〇年代のテレビと映画に関する研究において、有益な形で分類されている。リーブマンはその中で、主婦の専門性の問題を取り上げている。メディア表象が主婦業や母性を「キャリアのような」地位に持ち上げている証拠を見出し、「キャリア主義の欲望を最小化して罰するか、家庭的活動を明確に賞賛するかの二段構えの戦略であり、どちらもキャリア主義を女性の呪いとする一方、家庭性を救いにするよう機能させている」との見方を示している。一九五〇年代から六〇年代にかけての女性向け雑誌の記事には、テレビ番組で演じられる妻や母親像をもとに、主婦として成功するためのアドバイスが掲載されていた。リーブマンは、一九六一年に「テレビガイド」に掲載された「バーバラ・ビリングズリーから主婦へのアドバイス――役割に適した服装を」という記事を挙げる。この記事は、「ビーバーちゃん」［訳注：1957〜63年に放映されたアメリカの人気ホームドラマ］に出演するスター（彼女自身、現実の女性労働者であることに留意されたい）が、主婦たちに向けて、どんなに忙しくてもおしゃれをするようアドバイスする内容だ。この例は、本章で指摘する横滑りを完璧に言い表している。テレビの有名人がコメディ番組の象徴として、実際の女性に身のこなし方をアドバイスするのである。

専業主婦は無力の絶大な象徴として存在する。この役割は国家の神話にとって象徴的に重要な価値を持っていたが、実際の女性の行動はしばしば批判され、否定された。女性が持っていたわずかな力は、消費文化に対して生じたものである。家庭用品やサービスの主な購入者である主婦は、家計への責任を負っており、メーカーや広告主は、消費者嗜好にアピールすることの重要性を認識していた。しかし、専業主婦は自分の収入がほとんどないため、裁量的でしかなかった。「主婦の経済的価値は、中心的であると同時に周縁的であった。主婦は家庭内に位置し、生産手段の外で労働の価値を構成しているという点で周縁的であった。とはいえ、家庭の主婦としての機能が、産業の基礎となる消費者製品のデザインやマーケティングの対象となったという点で、主婦は経済の中心でもあった」と、メアリー・ベス・ハラロヴィッチは繰り返し述べている。歴史家のエレイン・タイラー・メイは、家族のために支出する能力をより肯定的にとらえ、「消費者としての女性の役割は、アメリカの産業を支え、国内の男性労働者の雇用を維持するために、経済的に重要であることは言うまでもない」と書いている。

職業としての消費——これも現代に通じる考え方だが——は、女性を「専門家」「経営者」「幹部」と位置づける言説を反映しており、家庭をビジネスの現場や工場としてとらえるものである。「少なくとも一八〇〇年代半ばから、家庭生活のアドバイザーは、合理的な家事と効率に根ざした家庭生活のモデルを提唱してきた」とエリザベス・ネイサンソンは振り返る。同様に、ステイシー・ギリスとジョアン・ホローズが『フェミニズム、家庭、ポピュラーカルチャー』の序文で述べているように、一九二〇年代の文化において、中流階層の女性は、家庭を作り、管理する責任者としての位置づけがますます顕著になった。合理化されたシステムや技術が家庭内の成果を向上させるように見えるため、こうした役割にはプロフェッショナリズムの誘惑がつきまとう。「主婦は、ビジネス、科学、医学の知識を用いて、効率的かつ合理的に家庭を運営する女性、家庭の問題を科学技術的に解決することを約束する新しい消費財を賢く利用する女性として創造された」と、ギリスとホローズは述べている。ここでもまた、時間節約と合理性という大衆の理想に同調して、社会が主婦を国民経済の車輪に油を差す役割を果たす消費者として歓迎したことに注目すべきだろう。主婦は家庭を再構築し、近代化する責任を負うことを奨励され、家庭空間の設計者としての役割を担ったのである。

アメリカ社会が女性を労働者かつ消費者と呼びかけるようになると、テレビは女性に家庭の管理者としての役割にふさわしい消費の仕方を教える責任を負うようになった。主婦の仕事、あるいは本書が提示する妻の仕事という問題を検討するには、主婦義務の基礎として消費を確認することが必要であり、こうした教訓を伝える上でテレビが果たした歴史的役割を検討する必要がある。マーシャ・キャシディは、「一日女王」（1956〜64）、「一攫千金」（1951〜58）、「真実なのか結果なのか」（1952、1956〜65）といった視聴者参加型の番組が、教育的な機能を果たすことを指摘する。キャシディは、在宅労働者を昼間の注意深い視聴に参加する「積極的な参加者」と呼び、「世紀末に百貨店がそうであったように、テレビスタジオ劇場は、商業化された目標を追求するために女性の公的な可視を承認し、一方で、女性たちの生き生きとしたコミュニティが家庭空間に毎日発信され、在宅交流や同好会の可能性と組み合わさって、買い物に先立ちコマーシャルに細心の注意を払うことが正当化された」ことを明らかにした。アンバー・ワッツも同様に、視聴者参加型番組を適切な消費主義の訓練の場として位置づけている。人気のあった「一日女王」を調査したワッツは、この番組が、安定した生活を送ることと、郊外の家にあふれる商品との間に、不可避のつながりを作り出したと考える。この番組は家庭用品が、不況を食い止め、改善するための必需品だとして位置づけていた。「正しい商品を所有すれば、危機も回復の労力も回避できる。そしてすべての女性が、正しい商品を所有する資格がある」と主張しているようだった。（略）すべての女性は、問題を解決するためであれ、家族の将来の安全を確保するためであれ、同じ消費財を持つに値すると感じることができたのだ。したがって、これらの番組は、中産階層のライフスタイルの利点と、安定した商品やサービスを持つこととを同一視することで、消費の幻想を助長した。本章の終盤で述べるように、今日のリアリティ番組の主婦たちは、その責任を見事に引き受けているのである。また、主婦の消費者としての地位も、人種的・階層的地位と切り離して考えるべきではない。「ママの思い出」（１９４９～５７）、「ゴールドバーグ一家」（１９４９～５６）、「ハネムーンの人たち」（１９５２～６７年まで断続的に放送）といった初期の主婦向けシチュエーション・コメディでは、人種や階層の多様性が表現されていたが、その後白人中産階層のモデルが、「一九五〇年代には多くの社会学的証拠とは逆に、大多数のアメリカ人の集合的アイデンティティとして認識されるようになった」とアンドレア・プレスは主張する。この独善的な気風が、今日に至るまでこの像を支えている。メアリー・ベス・ハラロヴィッチは、一九五〇年代のテレビに関する研究で、「労働者階級はこのような言説や消費の社会経済から疎外されており、マイノリティは不在である」[3]ことを看破している。白人中産階級の主婦という図式が促進する人種的、民族的、階級的排除が、メディアにおける主婦像につきまとっていたにもかかわらず、同様の排除的実践が優勢であるポストフェミニスト時代に、このような主婦像を、復権させるにふさわしいものにしている。このように考えると、主婦性と正常性の言説との関係は、いっそう厄介なものになる。主婦の象徴性が、普通の女性としての立ち位置と結びついているとすれば、主婦を白人として理解することは、この属性があまりに顕著で同時に不穏な側面として機能するからである。

原型的な白人の主婦は、女らしさの適切な教義を守り、フェミニストや働く女性にとっての他者として存在する。フェミニストの研究者は、主婦との一体化を求めながらも、同時に主婦から自分を切り離し、主婦を見捨てられた、あるいは虚構の他者として位置づけている、とシャーロット・ブランズドンは論じている。この分断はおそらく、専業主婦とキャリアウーマンとの間のきっぱりとした分離を促し、家庭外で働くことが専業主婦のジレンマを解決すると信じたフリダーンまでさかのぼることができるだろう。「第二波フェミニズムの初期の著作では、有給労働は女性の経済的自立への道筋以上の意味をもっていた。それはしばしば、女性を家庭生活の過酷さと単調さから解放し、十分な人間であることの意味の地平を広げるものとして構成されていた」とロザリンド・ギルは説明する。[4] しかし、ベル・フックス（著名な黒人のフェミニスト論者）が重要な指摘をしているように、労働への奨励はそれ自体人種的な屈折を伴うものである。「白人の女性解放論者の人種主義と階級主義は、女性にとっての解放の力として労働を論じるときに最も明白であった。そのような議論では、性差別的抑圧の犠牲者として描かれるのは常に中産階級の『主婦』であり、アメリカ経済によって最も搾取されている貧しい黒人や非黒人の女性ではなかった」[5]。落ちぶれた白人主婦のイメージは、階級や人種によって不利な立場に置かれた女性の労働を象徴的に抹殺することに依拠しているのである。同様に、解放の一形態として働くことを奨励するフェミニストには、白人中産階級の枠外にある女性たちの労働についての、複雑で微妙な差異に関する理解が欠けていることが多い。

白人中産階級の主婦には利点があることには目を向けず、フェミニズムの言説において専業主婦は、成長できないことに苦しみ、満たされない家庭生活に閉じこもる存在として描かれがちであった。この言説の中では、有給労働の領域に入ることであたかも自己実現が果たされると証明されるかのように、専業主婦は否認し拒絶しなければならない存在として映るのである。これから述べるように、専業主婦と働く女性という二分法は、それぞれの立場を誤って単純化するものであり、現代のメディア論はこの間違った帰属の仕方を複雑化し、問題化する。これらの論は、主婦が従事する仕事には複数の方法があることを指摘し、主婦という言葉が、私的な労働行為だけでなく公的な労働行為をも示唆するように、言葉の枠組みを変えている。

「デスパレートな妻たち」の復古

フェミニズム・メディア研究者は、ポストフェミニズムの教義を特徴づける考え方の例として、二〇〇〇年に出版されたコスモポリタン誌の「新しく主婦になりたい女たちに出会って」という記事をしばしば引き合いに出す。記事で紹介された二〇代の女性たちは、仕事を辞め、家庭的な生活を楽しみ、専業主婦の役割を引き受けたいと公言しているのだが、このような態度は、フェミニストが闘ってきた職業上の利益に対する拒否反応を示していると考えられる。具体的に言うと、彼女たちの見解は「新しい伝統主義」と呼ばれるポストフェミニズムの系統と一致している。この系統は、昔ながらの女性の姿勢や役割を尊び、「フェミニズムが破壊したとされる理想としての、フェミニズム以前の過去への郷愁」に訴えかけるものである。エルズペス・プロビンが説明するように、「新しい伝統主義は家庭『自然の選択』――もちろん選択の余地がないという意味――を誇示する。新しい伝統主義が、家庭を愛と充足の根本的で不変の場として自然化するなら、ポストフェミニズムの言説は、その選択の再定義を軸として展開される」。

ポストフェミニストの考え方は、専業主婦を活性化された新しい魅力的なアイコンとして位置づけることが多く、それはダイアン・ネグラが「おしゃれな専業主婦」と呼ぶものを助長する理解となる。「この理想化された女らしさのカテゴリーは、裕福な（通常は白人の）専業主婦の引きこもり主義を称賛する。つまり、家庭内でのみ可能とされる本質的な女らしさとのつながりを求めて、有給労働や公共圏から大きく離れることを主婦たちは選ぶのだ」とネグラは説く。時代錯誤的な専業主婦の復活はフェミニストたちを悩ませた。というのも、このような専業主婦の姿が、本質主義的な理想の受容を予感させたからだ。もし「専業主婦が、フェミニズムによって、フェミニストではないものとして構築されている」[6]のだとすれば、二一世紀初頭の文化シーンにおける専業主婦たちの復活は、多くの進歩的女性たちから苛立ちをもって迎えられたであろう。[7]本節では専業主婦の再活性化が妻の文化的軌跡の転換点であることを論じる。

二〇〇四年、「デスパレートな妻たち」というテレビシリーズの大ヒットによって、主婦の文化的存在感が再び高まった。ウィステリア通りに住む女性たちの生活に焦点化したこの番組は、制作者のマーク・チェリーによれば、「郊外のジャングル」に住む女性の苦境を浮き彫りにすることを狙ったものである。一見したところこの番組は、登場する女性たちを、共感と軽蔑の入り混じった複雑な思いで判断するのだ。郊外に住む四人の女性が、親しい友人の自殺の謎を解くと同時に、結婚と母親業に奮闘するという試みは、フリダーンが四〇数年前に強調したのと同じテーマを呼び起こすものでもあった。機能不全の結婚、期待はずれの性生活、家庭の退屈、女性コミュニティでの競争、子育ての課題などがこの番組の主題であった。「デスパレートな妻たち」の典型的なあらすじは次のとおりで、その表現には、フリダーンが解明したかった苦悩との親和性が見て取れる。「郊外の裕福なウィステリア通りの生垣に閉じ込められた五人の女性主人公たちは、不倫、孤独、妨げられた野心、性的機能不全、薬物依存のもやの中で、人生と結婚を経験する。ガブリエルは一〇代の庭師と浮気をする。ブリーは完璧主義で家族を恐怖に陥れる。スーザンは男を取り合ううちに、ふしだらなイーディーの家に火をつける。高収入のキャリアから足を洗ったものの、主婦としてのペースがつかめないリネットは、子どもたちの「ADD〔訳注：注意欠陥障害〕の薬を盗む」とある。この番組が、こうした機能障害とそれに苦しむ女性たちに同情的なアプローチを取ったことは、その原流になる物語のごとく広く流布された。制作者のマーク・チェリーは、二〇〇一年にテキサス州で五人の子どもを自宅の浴槽で溺死させた母親、アンドレア・イェイツのニュースを聞いて、自分の母親と話し合ったおかげでこの構想にたどり着いたと話している。この事件の後、チェリーの母親は、自分自身も三人の幼い子どもたちを一人で世話しなければならず、無力感や絶望感に悩まされたことを告白した。この事実を聞いて愕然としたチェリーは、「母がそういう思いをしたのなら、女性なら誰でもそういう思いをしたことがあるはずだ。これは書かなければいけないと思った」[8]と述べた。この番組を賞賛する人々の多くは、こうした静かな絶望を番組の中心に据えていることを評価する。ジェシカ・シーゲルは、「『新しい女性の創造』による母性と郊外暮らしの至福神話を串刺にし、皮肉さを増長した」としてその衝動を褒め称える。[9]皮肉なことに、人気ホームドラマ「ビーバーちゃん」(1957~63)と同じ路地で撮影された「デスパレートな妻たち」は、完璧な外見の裏に潜む厳しい現実を描き出すという衝動に満ちていた。[10]

確かに、「デスパレートな妻たち」に登場する女性たちは、歴史的に女性が直面してきた屈辱に苦しんでいる。番組は、愛、結婚、友情についてやり取りをする女性たちを、笑いとドラマの両面で取り上げる、これまでのテレビ番組の豊かな伝統に沿っている。「デスパレートな妻たち」の監督を務める前に人気ドラマ「ゴールデン・ガールズ」(1985~92)の製作総指揮と脚本を務めたチェリーは、「メアリー・タイラー・ムーア、ルシル・ボール、マーロ・トーマス、ボー・アーサーが出演するシリーズに憧れて育った」と語っている。「ある意味で(略)『デスパレートな妻たち』は、彼女らの娘たちなのだ」。批評家は、「デスパレートな妻たち」と「奥様は魔女」(1964~72)、「かわいい魔女ジニー」(1965~70)、「ダラス」(1978~91)、「ダイナスティ」(1981~89)、「三〇代」(1987~91)、「既婚で・・子持ち」

（1987〜97）、そして「ロザンヌ」（1988〜97）を比較した。しかし、「デスパレートな妻たち」に最も近いのは、むしろ「セックス・アンド・ザ・シティ」（1998〜2004）である。二〇〇四年に同シリーズが終了すると、女性向け番組に空白が生まれ、「デスパレートな妻たち」がそれを埋めるべく登場した。(11) 友情とセクシュアリティに的を絞った点が似ているため、「デスパレートな妻たち」を「『セックス・アンド・ザ・シティ』の登場人物たちが大人になって、郊外に引っ越してきた」のだという評者もいる。

この系譜を真剣に受け止めるならば、「デスパレートな妻たち」は、女らしさの働きに対する感覚を先の番組と共有している。確かに、誇張された大げさな描写ではあるが、（中産階級の女性にとって主婦業が規範であり期待であった）退屈な一九五〇年代を振り返り、家庭の理想が現代まで続いていることをこの番組は証明しているのである。「デスパレートな妻たち」は、女性が自分自身や他人に嘘をついてでも、家族的なアイデンティティに満足するよう演じる必要があることを認識し、こうした演技に拍車をかける強制的な期待を理解していたのである。たとえば、パイロット版には、映画「ステップフォード・ワイフ」（1975年［訳注：日本では劇場未公開、DVDのみのタイトル］の試金石となる場面を模倣したシーンがある。この映画のエンディングでは、カメラが食料品店を横切り、ロングドレスと帽子を身に着けた穏やかな女性たち（すべてロボット）が通路をふわふわと歩いていくのである。「デスパレートな妻たち」は、同じショットから始まり、リネット（フェリシティ・ハフマン演）が騒がしい子どもたちに囲まれながら、不在の夫からの電話を要求しているところに収まる。ばったり出会った元同僚から「仕事を辞めなければ、経営者になってたはずなのに」と言われ、「家庭生活はどう？　母親であることが好きなんでしょう？」と問われたリネットは、不満と不安を隠し、作り笑いを浮かべて、「今まで最高の仕事よ」と答えるのだ（その間、彼女の制御不能の息子たちは、無防備な買い物客を大混乱に陥れる）。彼女を襲ったフラッシュバックが描き出したのは、退職の決定は最初の子の妊娠が判明した超音波検査の最中に、夫の命令によってもたらされた場面だ。「子どもにとって母親は専業主婦のほうがいいんだよ。そのほうがストレスも少ないし」[12]と夫は言い放つ。乱暴で行儀の悪い子どもたちや、リネットを襲う執拗な悲嘆は、彼女を傷つけるばかりでなく、本質主義的な女性のアイデンティティを押しつける考えなしの観念が、神話化された役割を実際に生きたこともない人たちによって、いかに言説として再生産されるかを示している。

「デスパレートな妻たち」の主人公たちは、結婚、母性、性的関係といった家庭内の領域を、押しつけられた台本通りに機能させようと努力する中で、紛れもなく妻としての労働に従事しているのである。その労働は、自分自身の主体性を表現するというよりも、むしろ雑用として捉えられている。主婦の典型であるブリー（マーシャ・クロス演）でさえ、三時間かけて作ったオッソブーコ（子牛の肉をトマトソースで煮込んだ料理）とバジルのピューレを息子たちがまったく喜ばないことを知り、苛立ちをあらわにする。子どもたちに喜んでもらえることを期待していたのに、「ポークとビーンズの缶詰で十分」と言われてしまうのだ。ブリーがしばしば言及するように「完璧な主婦というイメージの裏側で必要とされる実際の仕事、徒労、努力について、初期の作品ではほとんど理解されていない」と、アナ・マリー・バウティスタは発言している。

家事のたいへんさがわかってもらえないことに関して、ブリーは、フロイトの母親が「さぞや苦労していたに違いない」と嘆き、精神分析学の父を非難する。「母親がどれだけ一生懸命働いていたか、自分のために何をしてくれたか、いつも見ていたくせに、お礼を言おうなんて思ったこと、無いに決まってるわ」（フリダーンも同様に、フロイトが女性の生き方を完全に誤解していると非難している）。「デスパレートな妻たち」は、妻の労働を可視化することで、家はいつでも清潔で、子どもたちの欠点は、おそるべき反抗ではなく、魅力的な弱さを示すものだという、一九五〇年代のシチュエーション・コメディに反撃の狼煙を上げたのである。

この番組は、先達番組の完璧な模範を、真剣かつコメディタッチで取り上げる。同時に、二一世紀にも非現実的な理想が存在していることを明らかにしている。リネットの感情の幅は、子どもたちの前では、イライラから涙までそれほど広くはない。一方、ガブリエル（エヴァ・ロンゴリア演）は、家庭的な生活を鼻にかけながらも、その行動はパロディ的である。本来は仕事中であるはずの庭師と浮気をしていることを隠すために自分で芝刈りをし、夫に「私がどれだけ退屈しているかわかる？　あと一歩で、やっと家事を始めるくらい」とジョークを飛ばす。重要なのは、ガブリエルが唯一の非白人キャストであることだ。彼女の反論は、理想化された白人女らしさの覇権に挑戦し、押し付けられた伝統的女らしさの厳しさをはねのける。番組は彼女の乱暴さや一般的に浅薄な態度を問題視し、自己中心的であるとコード化しているのだが、それに対して、このキャラクターが人種差別的な表現で描かれていると非難する声もある。ガブリエルは、シリーズの後半、特に母親になってからは態度が軟化する。とはいえこの番組では、「女性が自然に家庭的な領域に向くと描かれてはおらず、領域分離イデオロギーの前提に挑戦している」ことは事実である、とバウティスタは指摘する。「いまでは、家事や母性は身につけるべきスキルや能力として描かれることが多くなった。つまり、家庭的であることや母であることは、多くの点でまだ理想化されているかもしれないが、その理想を実現するために必要な努力もまた露呈されているのだ」と述べている。

「デスパレートな妻たち」が女らしさの働きに焦点化していることを真剣に受け止め、番組のわざとらしさと皮肉なトーンのせいで、女性が直面する多くの深刻な問題を軽んじているという指摘を否定するつもりはない。「デスパレートな妻たち」が呼び起こしたフリダーンの主婦像は、白人のエロティシズムを強調した映像、つまりグラマー、痩身で魅力的なスターたちの起用、そして時折見られるおどけた調子など、いくつかの要因で弱められた。粗筋の誇張された性質は、逆に、番組で曖昧なままにされた問題を真剣に受け止めることを困難にしている。例えば、ブリーが家庭内の理想を実現するためにどこまでやるかを描く一方で、カップケーキ作りに気を取られすぎて、家族の実際の願望や問題には十分に気を配れていないことを揶揄するような内容になっている（「ブリーは完璧な妻であり、母親であると誰もが思っていた、彼女の家族以外は」と、メアリー・アリスが全知全能のナレーションで言い放つ）。別のところで論じたように、特に「デスパレートな妻たち」に関して言えば、ポストフェミニズム時代のメディア文化の多くは、皮肉なまでに冷淡な色調を特徴としており、この感性は、女性の苦悩を冷めた距離から取り上げる戦略と一致している。ポストフェミニズム時代の商品は、女性の揚げ足とりやナルシシズムを、皮肉という覆いの下で売り戻している。この罪は、多くのフェミニストが、少なくとも外見上は自分たちの苦境に同情的であるはずの「デスパレートな妻たち」に抱いた不快感を説明するのに役立っている。

とはいえ、この番組が文化的空間に貢献したのは、フェミニスト的な傾向よりも、「主婦」という言葉を活性化し再定義したことにあると私は言いたい。多くの女性が家庭の外で働く必要性を痛感していた時代に、専業主婦の妻や母親を前面に出すという時代遅れの前提でシリーズを構成したことが、「デスパレートな妻たち」の保守的な衝動を裏付けたと考える人もいるだろう。その「世界観は、中産階級の両親が揃った家庭が夫の収入だけで楽に生活できた時代、女性のアイデンティティは主に結婚相手と育児によって決定され、夫は育児や家事といった厄介なことに悩まされることはなかった時代に遡る」とジェニファー・ポズナーは批判する。ジェンダーの分断を描くという行為は、ある人々にとっては、この取り決めを是認するものと受け取られた。シャロン・シャープが主張するように、「『デスパレートな妻たち』は、家庭の中が女性の領域であるという想定を提示している」のだ。

それにもかかわらず、この番組は、女性が家庭に対して主要な責任を負い、家庭の中にいるのが最善であるという概念を繰り返し問題化する。これは、メロドラマ的なプロットと、ジャネット・マッケイブが呼ぶ「豪華なイメージの極めて人工的な性質」によってもたらされている。先に述べたように、この番組の登場人物のうち、伝統的な主婦の模範となる者はほとんどおらず（ブリーは例外だが、彼女自身かなり問題を抱えている）、またその役割をなんなくこなしている者はいない。ガブリエルが表明する家庭的なものに対する軽蔑は、リネットの姿を通して描かれるおぞましさに匹敵する。乱れた髪、寝ぐせのついた外見、手に負えない子どもたちに対するかろうじて抑えられた敵意は、彼女の絶望を裏付ける。離婚したシングルマザーのスーザン（テリー・ハッチャー演）は、児童書のイラストレーターとして在宅勤務をしているが、恋愛に悩み、家事の腕前も女性としての気品も持ち合わせていない。ブリーは家事を効率良くこなし、完璧なマナーを身につけ、美的センスを発揮するが、完璧な主婦であるはずの彼女でさえ、家族が家庭生活に喜びを感じていないことを思い知らされて傷つくのだ。夫のレックスは、彼女が完璧で冷えた存在になってしまったことを嘆き、離婚を切り出す。「洗剤のCMみたいな生活は、もううんざりなんだ」。彼のセリフは、メディアにおける主婦像が、彼の妻の性格や行動に影響を及ぼしていることを意識しているという示唆である。同様に、このセリフは、主婦というアイコンが主にメディアの構築物であり、厄介な作為として存在していることを番組がよく認識していることを裏付けてもいる。完璧な主婦の理想を実現すれば、グロテスクな戯画のようになる。ブリーはこのようなプレッシャーに耐えるため、アルコールに頼るようになる「デスパレートな妻たち」は、家庭円満というメディアのイメージの根底にある、偽りの約束、偽善、そして不幸を暴いたのである。

完璧な主婦像の不正確さや、現実の女性を威圧する傾向を認識することは、フリダーン以後の時代には古臭く不要な介入のように思えるが、二〇〇〇年代初頭の文化的言説は、家庭性、とりわけ母性を神話化する傾向があった。「デスパレートな妻たち」は、マーサ・スチュワート〔訳

注：実業家でテレビ・パーソナリティ。ブリーはしばしばこの人物と比較される〕のように、女性に技法としての母性という役割を作り上げるよう奨励する文化的文脈の中で登場したのである。スーザン・J・ダグラスとメレディス・W・マイケルズの二〇〇四年の著書『母親神話――母性の理想化とそれがいかにすべての女性を蝕んできたか』によると、彼女らが「新しい母親主義」と呼ぶ考え方のせいで、女性は完璧な母性を求めるよう強い圧力を感じている。「この膨大な量のアウトプットとターゲット・マーケティングのために、母親はかつてないほど良い母親というメディアの創造物にさらされるようになった」。さらに、新しい母親主義は、女性が記録的な数で労働力として参入した時期に出現し、家庭では溺愛と自己犠牲、職場では成果主義に準じるという、ダグラスとマイケルズが「矛盾した強力な文化の潮流」と呼ぶものの間に女性の心理を引きずり込んだ。「デスパレートな妻たち」は、蔓延する完璧な母性という理想に反駁するものであり、新しい母親主義というカルトを積極的に批判した最初のシリーズの一つであると、ニール・リチャードソンは論じている(13)。

「デスパレートな妻たち」は、こうした懲罰的な文化的規範に反論するだけでなく、主婦という言葉を一般的な言葉として再循環させ、再定義したのである。私はこの呼称が、家庭内外の女性の労働を視野に入れたすべての女性についての言説を、文化ウォッチャーの間に定着させたのだと言いたい。「この番組が登場するまで、主婦という言葉はほとんど蔑称だった」と、オーストラリアのジャーナリスト、ローズマリー・ニールは述べている。「華やかさ、陰謀、そして男性に立ち向かう女性たちによって、危険なまでに機能不全に陥ったこの界隈は、何世代もの女性のために、主婦という言葉を取り戻したのだ」。かつて主婦は蔑称として存在していたが、番組がこの呼称を近代化し、華やかに変えるのに役立ったとニールは示唆している。私自身もこれと関連した見解を持っている。「デスパレートな妻たち」が文化の前衛に位置することで、番組が植え付けた横滑りが広く可視化されるようになり、主婦がポピュラーカルチャーに関する一連の議論の代替物となったのだ。主婦が文化的な舞台に再登場したことで、長年にわたるメディアでの話題が再活性化し、「ママ戦争」のための便利な発見がもたらされた。なぜなら、外で働く女性と家の内で働く女性の区別は、ポピュラーカルチャーが女性の生活における最も喫緊の懸念として取り上げる傾向があるからだ。

番組がこうした議論の機会と場を提供したことは、「デスパレートな妻たち」をめぐる評判の多くが、暗黙のうちに、主婦という概念と働く女性とのシャドーボクシングを中心に据えていたという事実からも確認された。USAトゥデイ紙の寄稿者であるアン・オルデンバークは、番組についての記事の中で、主婦という言葉の問題は、家の内と外で働く女性の双方を、同じように不快にさせることだと論じている。家にいる女性は、「『ただの主婦』、つまり専業主婦であり、家政を切り盛りする存在であり、母親である、という意味合いを好まない」と彼女は書く。「しかし、働く女性も同様に気がかりな感情を抱いている。というのも、主婦は彼女らが選ばなかった選択であるからだ。『主婦』という言葉は、五〇年代や六〇年代に比べて、今日、より多くの両義的な感情を呼び起こす」。しかし、専業主婦と働く女性という区分は、現実の世界においてジェンダーがどのように機能するかという還元的な理解を示している。マイケルズとダグラスは、このような分類に対する反論の概略を述べ、「母親を、働く母親と専業主婦という、互いに排他的な二つのカテゴリーに置くことによって、両者は決して相まみえることはない」と述べている。「言うまでもなく、両者は互いを毛嫌いしていると言われているが、現実には、何百万人もの母親がこの二つのカテゴリーの間を行き来し、各々が異なる時期にどちらか一方あるいは他方になり、『ママ戦争』が示唆する鉄壁の役割とは似ても似つかない仕事と子育ての実践のモザイク模様を作り出している」。にもかかわらず、専業主婦の言説はこのような議論にうってつけで、この用語が憂慮をつくりだす理由の一つであると私は考えている。主婦について語ることは、こうした両極端の立場を喚起し、メディアが描く女性が二元論に陥っていることを改めて確認させるのである。

働く女性と専業主婦を簡単に区別しているように見える「デスパレートな妻たち」だが、よく見ると、番組のタイトルとは裏腹に、より複雑な仕方で描かれていることがわかる。ポストフェミニズムの文脈で主婦について書いたステファニー・ゲンズは、「フェミニズムと主婦業、主体性と被害者化、仕事と家庭生活という明確な亀裂に沿っていては、もはや概念化できないポストフェミニズム時代の女性性と家庭性の課題とパラドックス」を主題にするような世界観を論じている。同様にゲンズは、「主婦をフェミニストから、母親をキャリアウーマンから、家事を有給労働から区別する安全な二元論的秩序」に回帰する「分析的誘惑」に抵抗する必要性を指摘する。「デスパレートな妻たち」は、「専業主婦」をすべての女性の代名詞として使い、労働や生殖に関するアイデンティティに基づいて女性を区別しない限りにおいて、ゲンズが奨励するような横滑りを実現する。重要なのは、この番組の主要登場人物のすべてに子どもがいるわけではなく、結婚していない人もいれば、家の外で働いている（あるいは働くようになった）人もいることだ。しかし、この用語は、すべての女性を家庭内との関係で位置づける。たとえ女性が専業主婦と働く女性という二元論から逃れることができたとしても、結婚や生殖に関するアイデンティティを人間性の理解の最前線に置く概念化からは、そう簡単に逃れられないのである。そして、こうしたアイデンティティは、後述するように、ブランド経済における女性の市場価値を画定する。

「デスパレートな妻たち」に関する優れた論考の中で、ジャネット・マッケイブは、この番組が「現代の女らしさを定義するパラドックスと不確実性に表象的な様態を割り当てた」ことを評価している。メディア像としての主婦は、パラドックスと不確実性を体現している主婦はアイコンというよりも、二一世紀におけるあらゆる女性的なものの空虚な記号なのだ。「デスパレートな妻たち」は、女性の絶望に対する決定的な解決策を提示するためではなく、むしろ女性的アイデンティティの不可欠な要素としての位置づけを考察するために、主婦の人物像に疑問を投げかけ、皮肉ったのである。そうすることで、このシリーズは独自の時代精神を打ち立てた。主婦は、ある種の中・上流階級の（典型的には白人の）女らしさの代名詞となり、メディアはまさに他を事実上排除して、この類に注目したのである。女性の生活に関する議論において、主婦が引き合いに出される傾向があるという事実は、主婦が表象上の独占者であることを裏付けている。このように、主婦が文化的な最前線に戻ってきたことは、メディア・アイコンとしての彼女の役割を想起させる皮肉ですらあると同時に、婚姻の有無、性アイデンティティ、職業にかかわらず、伝統的に女性的な関心やこだわりが、アメリカ女性の生活を引き続き構成していることを認める、いわゆる診断的な意味合いもあった。また、次節で述べるように、妻らしさ、女らしさを主婦業という名目で演じることは、名声と経済的利益を得る近道となり、これらの役割が直ちに収益化されるようになったのである。

「本物」の主婦たちの出現

二〇〇六年に発表された「オレンジ郡のリアル・ハウスワイフ」のプレスリリースに、次のような示唆に富む一節があった。「本物の『デスパレートな妻たち』の日々のドラマをリアルに描いたシリーズ」だと。二〇一二年に「デスパレートな妻たち」の最終シーズンを祝うために掲載されたピープル誌の見開きページで、Bravo のプロデューサー、アンディ・コーエンは、Bravo の大作がＡＢＣのシリーズに大いに影響を受けていることを認め、二つの番組の関連性について言及した。「当時私たちはカリフォルニア州コト・デ・カザに住む女性たちを主人公にした番組を制作中だった。当初は『ゲートの内側』というタイトルだったが、『デスパレートな妻たち』が盛り上がってきて、待てよ、この女性たちは本物の主婦なんだ、と気づいたんだ。この番組は、『デスパレートな妻たち』に対してだけでなく、現代の主婦とは何かという考えに基づいていたというわけだ。確かに、『オレンジ郡のリアル・ハウスワイフ』のクレジット画像で、妻たちがオレンジを手に持っているのは『デスパレートな妻たち』のリンゴを持った女性たちの広告キャンペーンを意識したものだ」。幸運な偶然というよりも、「オレンジ郡のリアル・ハウスワイフ」の展開は、主婦の一般社会における知名度上昇を利用しようとするBravoの意欲を証明するものである。この文章を書いている時点で、九つの「リアル・ハウスワイフ」番組と複数の続編シリーズ番組を制作している同ネットワークは、この認識のおかげでかなりの利益をあげている。コーエンの言葉は、このリアリティ・シリーズがフィクション化した前作の視覚的な結節点であることを示唆してはいるが、より重要なのは「リアル・ハウスワイフ」シリーズが主婦という言葉を再生させ、複雑化していることである。コーエンは「現代の主婦とは何か」という考えに言及しているが、実際には現代の女性全般のことを指している。というのも、最初のシリーズ「オレンジ郡のリアル・ハウスワイフ」には、未婚の主要キャスト（ジョー・デ・ラ・ロサ）が出演していたのである。

「オレンジ郡のリアル・ハウスワイフ」が規定した用語によれば、主婦は結婚している必要も母親である必要もなく、それよりむしろ、裕福で行為遂行的な女らしさを発揮する傾向にある。番組は伝統的な主婦業の概念を真っ向から否定している。主婦たちは家庭内で労働することはほとんどなく、他人を雇って、むしろ美的な儀礼や、買い物、外食、衣服、髪型、化粧、ファッション、宝飾品など、セルフケアの規範に従事し、甘やかされた消費とレジャーの行為に興じている。カリーナ・チョカノが「主婦の再ブランド化」と題した記事に書いているように、「Bravoの『リアル・ハウスワイフ』たちは、ショッピング、身だしなみのお手入れ、ランチ、ゴシップ、諍いで日々を過ごしている。彼女たちがやらないのは、もちろん、家事だ」。主婦たちは、グループでの会話や、番組にちりばめられた自己語りの場面で、人生における出来事をドラマチックに、しばしば扇情的に表現し、延々と自己開示し続けるのである。この番組は、ここの前半で述べた「家庭内労働者としての主婦」の理想像とは大きくかけ離れている。そのかわり、Bravo の主婦たちは、せいぜい家庭との補助的な関係を示すにすぎない。家庭の中では、主婦はランチや夜の外出の準備をしたり、ヘルパーに指示を出したり、他の主婦が参加するグループの集まりを主催したりするが、子どもや夫の世話、料理、掃除はしない。チョカノはこれを「混乱し、矛盾した、新主婦の行動」と呼び、「料理ができず」「セックスに興味がなく」「親としての忍耐力がないことを誇示する」傾向を指摘している。

主婦にとって、家族は最も重要な情愛の絆であると思われるが、実際にはママ友のほうが優先されることが多い。主婦たちの間で日常的に交わされる険悪なやり取りは、シリーズ後半になるほど顕著になる。ドラマの緊張感を高めるために、主婦たちの関係は明らかに偽装されている。主婦たちの夫や恋人、あるいはパートナーにしろ、脇役か二番手に回ることが多い。一二年にわたる放送期間中に多くの結婚が解消されたため、番組に出てくる破綻に罵倒が投げつけられることもある。本書で考察するように、主婦は主婦性を商品化するが同時に、それによって商品化されるようになっていく。なぜなら主婦の仕事は、高級ライフスタイル番組を専門とするネットワークによって定義された、専門家の女性だからである。

この番組が最初に思いついた、主婦の現実を明らかにするドキュメンタリードラマの精神のはずなのに、「リアル・ハウスワイフ」はすぐにスターたちの出世作として知られるようになった。二〇〇九年にホワイトハウスの公式晩餐会に乱入した、上昇志向のミシェールとタレク・サラヒ夫妻は、その後短命に終わった「ワシントンDCのリアルな主婦たち」(2010)に出演したが、この番組がこれまでに露出を求める者に、さらなる露出でいかに報いてきたかの最もばかげた例として知られている。ちなみに、ミシェールとタレクは後に離婚し、ミシェールはロックバンド、ジャーニーのギタリスト、ニール・ショーンと結婚し、二〇一三年にそれが有料放送されたが、この出来事は、妻という存在が商業的な出来事として機能していることを如実に物語るものであった。実際多くの女性にとって、「リアル・ハウスワイフ」に出演することは、新しいキャリアをスタートさせることに等しかった。彼女たちの出演は、もともと裕福なライフスタイルを、利益と露出のために利用しようとする衝動を物語っている。

にもかかわらず、この軌跡は深い皮肉に満ちている。実際、このドラマに登場する女性のうち、伝統的な主婦らしい人はほとんどおらず、むしろ主婦に扮することによって、主婦らしくなくなっている。ラモーナ・シンガーの例を挙げよう。彼女は夫と一緒に宝石店を経営していたが、プロデューサーから「ニューヨークのリアル・ハウスワイフ」への出演を持ちかけられた。ハリウッド・リポーター誌によると、彼女は当初返事を渋っていたが、「あなたのビジネスにとって良い足場となる」と誘われて出演を決意した。別の報道は、同じように、「ニュージャージーのリアル・ハウスワイフ」(2009〜)に出演したテレサ・ガイディスは、番組出演によって苦しい家計を維持するのに十分な資金がもたらされたと評価する。無責任な浪費が続き、破産を申請し、夫とともに詐欺で起訴された後、ガイディスは家族の主な稼ぎ手となり、「リアル・

ハウスワイフ」のギャラ、二冊の料理本の印税、イン・タッチ・ウィークリーなどのゴシップ誌の表紙をかざること（一回二万ドルの収入があるとされる）を資金源にするようになった。

主婦業が公的な専門職であるという矛盾した概念を裏付けるさらなる証拠が、二〇一一年に専業主婦のペギー・タナスの口から語られた。彼女は産後うつに苦しんでおり、その苦しみの一因は専業主婦という立場にあると言及している。彼女は「オレンジ郡のリアル・ハウスワイフ」に出演することで、何か別のことができるようになると信じていた。実際、Bravoに出演する主婦たちは、多くの場合、家庭外で有給の専門的な仕事をしたい女性たちであり、主婦というキャスティングが有給労働への移行を可能にする、と。ビバリーヒルズの主婦、カミーユ・グラマーの参加も、この論理に沿ったものだ。二〇一〇年に出演を始めたのは、今は亡き元夫のケルシーが、「自分探しのために出演したらどうか」と勧めたのがきっかけだった。しかしこの助言は、実は彼の計略であり、不倫関係や新しい妻を追い求める一方で、彼女の注意をそらすための行動だったことがやがて明らかになる。

女性が主婦になるのは、キャリアを（再）スタートさせるためという考えに沿って、このシリーズは、二〇一五年頃から状況コメディ、ホームメロドラマ、夜の連続ドラマに出演するC級、D級リストの男性俳優を起用し、上演の機会を広げようとした。それは、一九八〇年代のスター、キム・フィールズとリサ・リンナがそれぞれ「アトランタのリアル・ハウスワイフ」（２００８〜）と「ビバリーヒルズの本物の主婦たち」（２０１０〜）に加わったことや、ホームメロドラマの大御所アイリーン・デヴィッドソンが「ビバリーヒルズのリアル・ハウスワイフ」に起用されていることに表れている。「シリーズの成功は、元セレブやセレブの妻たちが名声を得る新たなチャンスを与えるか、でなければ過去のキャリアに新たな注目を得る」と、マルティナ・ボールドウィンは論じる。要するに、女性は仕事を持つために専業主婦になり、それによって、フェミニストが専門性化の特典として喧伝した自尊心と自立の獲得という付随的な利点が十分に得られるのである。

主婦の職業化についての私の議論は、この番組が新しい職業的機会をもたらす女性たちにも当てはまる。例えば、「アトランタのリアル・ハウスワイフ」の出演者であるネネ・リークスは、その人気を本格的なテレビキャリアに結びつけた。「アトランタのリアル・ハウスワイフ」に番組開始時から二〇一五年まで出演したほか、続編シリーズ番組「ネネを夢見て――結婚式」（2013）の主役を務めた。Bravoの親会社であるNBCに引き続き、リークスは「有名人の見習い」（2008〜）と「ザ・ニュー・ノーマル」（2012〜13）に出演した後、Foxの「グリー」（2009〜15）とABCの「スターたちとダンス」（2005〜）にレギュラー出演するようになった。さらに、ブロードウェイで上演された「シンデレラ」で悪の継母を演じ、自身のプロダクション会社を設立し、アパレルブランドも立ち上げた。これらの役はすべて、ある意味でリークスの主婦としての性向を参照している。ボールドウィンは、「彼女のTシャツラインは、『Bloop』［訳注：不快な雑音］、『Girl Bye!』［訳注：さようなら、女の子］、『Bye Wig!』［訳注：かつらよ、さようなら］といった彼女の決まり文句をもとに、彼女の個性を表現している」との所見を示す。「彼女が出演した脚本付テレビシリーズ（「ザ・ニュー・ノーマル」、「グリー」）でも、彼女のキャラクターはＴＲＨ（リアル・ハウスワイフ）での彼女の性向に酷似している。生意気で鈍感、無神経」。

　主婦として登場することは、より儲かる可能性のある、知名度の高い機会への入り口である。この見方は、おそらく最も商業的に成功した主婦、ベセニー・フランケル（「ニューヨークのリアル・ハウスワイフ」（２００８〜）の元・現キャスト）によって説明されるであろう。ダイアン・ネグラと私が別のところで論じたように、フランケルは、ポストフェミニズム時代のライフサイクルの各段階で、耳目を集めるようにして生きることでキャリアを築いた。その各段階を収益化したことは、二一世紀の女性メディア文化を特徴づける自己ブランド化と起業の新しい論理を語っている。[14]ここでは、フランケルが妻として象徴的な地位にあることに注目し、また本書が全体を通して言ってきた新進の努力の典型例としてフランケルが機能しているという目的に沿い、当時の議論の一部を再現したいと思う。フランケルは、まるでチック・リット小説のページから飛び出したかのように、ウィットに富み、物怖じしない。自然食品のシェフとして公的な生活を始め、料理コンテスト番組「見習いの修業――マーサ・ステュアート」（２００５）に出演したが、優勝は逃した。当時未婚だった彼女が「ニューヨークのリアル・ハウスワイフ」に出演したのは、プロの計略によるものだったと言う。その頃フランケルは『自然に痩せる』という料理本を執筆中だったが、約一〇年後に番組出演の経緯について、「テレビに出るのはそんなに簡単なことじゃないし、本を出す足場として使えると思った」と語った。「私はビジネスのためだけにこの番組に出演した」と彼女は明言している。確かにこれは歴史修正者と言えるかもしれない。というのも、二〇一五年にこの記事が世に出る前、フランケルはリアリティ・

テレビに出演する動機について、これほど率直には語らなかったし、突然手のひらを返したというわけでもなかった。いずれにしろ、初めて公の場に登場して以来、フランケルは臆することなく私生活を仕事上の踏み台として利用してきた。

フランケルは、「ニューヨークのリアル・ハウスワイフ」に独身で出演し、真剣な付き合いを望んでいた当時の恋人と一緒に、彼女の代表的ブランドである「スキニーガール・マルガリータ」の販売を開始した。フランケルの私生活と妻になるための努力は、キャスティングの条件と完全に合致していた。彼女は積極的に妻の座をめざすと同時に、自分もその一員である裕福な人口動態に適合する製品を売り込んでいたからだ。フランケル自身が独身貴族であったので、イメージに敏感な女性に向けた低カロリーのアルコール飲料という商品開発の味は、彼女のキャラクター設定にぴったりであった。つまり、フランケルは、スキニーガールというブランドを創り、また自分自身がスキニーガールであった。この循環回路《フィードバック・ループ》は、彼女のブランド・アイデンティティに、個人の感情や階層的位置を見事にリンクさせた。フランケルは、自分の製品とライフスタイルを継ぎ目なく結びつけたのである。二〇一一年、フランケルはスキニーガールのカクテル製造権をビーム・サントリー社〔訳注：バーボンウイスキー、ジム・ビームの親会社〕に一億ドルで売却したが、スキニーガールという名称の使用と販売促進は継続された。この偉業により、彼女はフォーブス誌の表紙を飾った。今日、スキニーガールの名称は、低カロリーのアルコール飲料、クレンジング用品、ノンアルコール飲料、多岐にわたる食品（栄養バー、チョコレート、ポップコーン、チップス、サラダドレッシング）、コーヒー、紅茶、炭酸飲料、甘味料、スキンローション、シェイプウェア、オンラインのパーソナルトレーニング、ワークアウト用品などに付けられている。ニューヨーカー誌の紹介記事によると、二〇一五年までにスキニーガールのラベルは百以上の製品に付けられており、「スキニーガールで財布が膨らむ」と題した二〇一六年の記事でフォーブス誌は、フランケルのライセンス契約がいかに見事に彼女の収益に貢献しているかを再び図表化している。

フランケルの続編シリーズ番組「ベセニーは結婚する？」（２０１０）と「ベセニー、末永く幸せに」（２０１１～１２）は、彼女が妻という存在を商品化していることを裏付けている。番組のナレーション通り、フランケルはジェイソン・ホッピーという別の男性と出会い、三九歳で予期せぬ妊娠をし、すぐに結婚した。スキニーガールが築いた帝国のとおり、フランケルの結婚、キャリア、母親業をしゃにむにこなす姿、つまりメディア化された現代の女らしさの波乱万丈を、番組は描写していく。「ベセニーのリアリティ番組でもっとも驚くべきことは、おそらく、長年にわたって確立されてきた主婦の定型と枠をそのまま永続させたことである」とエマ・リーバーは主張する。しかし、家庭的な領域へのリップサービスにもかかわらず、フランケルの努力は、常にその対価として報酬を受け取る職業的な努力と重なっている。ジュリー・ウィルソンは「ショーの内容において、スキニーガール関連のシナリオは、確かに宣伝的な車輪となり、真実だと感じられ、フランケルのスター性人格へのステップとなっている……女性として、日々の苦闘をだれもがしているように」と言う。表象のレベルで公私の境界線を消し去り、フランケルの「実生活」全体が彼女自身の自己ブランド化のための文脈となっているのである。フランケルが陣痛中に病室にカメラを入れたときのように、最も個人的で私的な（そして仕事とは無関係な）場面でさえ、妻業のプロ化を彼女が喜んで受け入れていることを物語っている。

フランケルがメディア・アイコンとして成功したのは、二一世紀初頭の隙間産業戦略を遵守していたことが一因であり、彼女の生涯的な節目は、いかなる局面でもブランド化の必要条件と連動していたという事実がその例証である。フランケルは、『エンゲージメント101』（結婚前）、『ピアレンティング　アンド　ピープル』、『セルフ』（娘の出産後）、『セルフ』（結婚と母親業を両立中）、『ピープル　アンド　レッドブック』（離婚訴訟中）が各誌の表紙を飾った。彼女は離婚後に自己啓発本『私は失敗したけれど、あなたがそうならないために』（２０１５）を執筆し、結婚の失敗を収益化する方法を見つけたとさえ言われている。(15) フランケルの結婚願望と失敗もまた、結婚は依然として富裕層にとって関心が高く、恩恵があるという本書の主張に沿っている。簡単に言えば、彼女の物語は、裕福で白人で専門職に就く女性にとっての規範的な人生の進行を忠実になぞっており、そのことで彼女は多大な報酬を得ている。フランケルが自分の人生を商品化しようとすることで、彼女の名声が高まり、「都会の独身女性」「結婚している働く母親」「離婚した専門家」など、多くの特徴的なタイプとして表象的な機能を果たしたことは否定しようがないだろう。本書がまもなく出版されようという時の二〇一七年、フランケルは自己啓発の導師であるトニー・ロビンスとツアーを行ない、「究極の富と成功サミット」の特別講演者として登壇した。フランケルはその中で唯一の女性であった。富の増加と自己実現に焦点を合わせたセミナーが、「主婦」の専門知識に頼るというのは、なんとも皮肉であるが、まったくふさわしくもある。

フランケルは今日、明らかに完璧なビジネスウーマンとみなされているが、彼女が長く名声を保っていられるのは、女性化したメディア文化を彩る自己不信と自己肯定の容赦ないサイクルをすすんで演じたことに起因しており、そのパフォーマンスが視聴者からの共感度を高め続けていることを忘れてはならない。カヴィタ・イロナ・ネイヤーはフランケルのファンによる二つのオンライン・フォーラムに寄せられたコメントを調査した。コメントは、フランケルが主演した「ベセニーは結婚する？」と「ベセニー、末永く幸せに」に関するもので、ネイヤーがいうフランケルの「ブランド化した自己への変身」、すなわちネイヤーがジム・ビームの取引と結びついた彼女自身の変化に言及するのだ。フランケルに対する視聴者の反応や認識はさまざまだが、彼女の強力な支持者は、仕事や家庭での苦労をすすんで視聴者と分かち合うフランケルの姿に（ネイヤーは「ブランド大使」と呼んでいる）、感情的に親近感を覚えるという感想を述べている。ネイヤーは、「フランケルのブランド化された自己の正当性は、リアリティ番組での彼女の感情労働によってさらに楽しめるものとなり、観客はこのパフォーマンスを彼女が与えた『贈り物』として認識する」と書いている。ネイヤーによれば、視聴者はフランケルのブランドを現在進行形とみなし、彼女の信憑性と弱さを認めようとする姿勢に共感する。

フランケルのような主婦たちは、明らかに感情の働きを操作している。ジャックリン・アーシーは、彼女が「感情の商業化」と呼ぶものに焦点化し、「過剰な感情の発露を演じることで、番組に出演する主婦たちは、操作されたペルソナやブランド商品を販売するための足場として、説得力のある物語を構築している」と指摘する。アーシーは、フランケルのブランド企業と彼女の感情的な生活の間の相乗効果を正しく位置づけ、フランケルが感情の商業化を展開する達人であることを看破した上で、たとえリアルな感情の表出で体面を損ねたとしても、それを承知で大げさに振る舞う彼女の意図に注目している。アーシーの所見とここでの議論をあわせて鑑みると、フランケルの働きが、女性化されたもの認知‐登記《レジスター》として行なわれていることが明確になる。たとえそれがスキニーガールのプロモーション出演の際など、公的な領域・空間で頻繁に起きるにもかかわらず。フランケルは、一九五〇年代の主婦のように、私生活について悩み、友人と争い、自信喪失の発作を経験し、育児に頭を悩ませる。しかしこのような感情投資は、フランケルにブランドイメージの構築という経済的な報酬をもたらす。さらにフランケルは、視聴者が彼女を信頼し、その結果彼女のビジネスを支援するような感情表現が可能だということを証明している。アーシーが指摘するように、「ニューヨークのリアル・ハウスワイフ」シーズン2の再結成スペシャルで、視聴者は、他の出演主婦たちが粗野で計略的な方法で商品を売り込むことを非難するのだ。フランケルがこのような批判を受けることがなかったのは、ベンチャー企業であるスキニーガールが、フランケルの実際の人格と思われるものと密接に一致しているためである。

　結婚生活が破綻し、トーク番組の司会者として短期間活躍した後、二〇一五年にフランケルは「ニューヨークのリアル・ハウスワイフ」のキャストに復帰し、シングルマザーとしてのプレッシャーについてオープンに語った。フランケルはまた、リアリティ・テレビへの出演が精緻に制作された労働の例だと積極的に発言している。二〇一五年夏に放送され「トゥデイ」でのインタビューで、フランケルは、Bravo の番組にはリアルさがないことを証言し「番組はコメディで、むしろ風刺に近い」カメラの前で説得力があり面白く見えるように努力していたことを認めた。彼女は、ニューヨーカー誌の紹介記事でも同様のコメントを残し、自らを市場売買人と称している。「私は人とコミュニケーションを取る方法を知っているし、それこそが本当のマーケティングだと思う」と。フランケルが専業主婦を自認し、「ニューヨークのリアル・ハウスワイフ」のキャストに復帰したことは、明らかにある種の策略によるものであろう。というのも、フランケルが実際に妻であったときには一度も番組に出演せず、復帰したのは離婚後のことなのだ。ここでもまた、主婦という言葉が空虚な記号であることが明らかになった。それは、フランケルが、現代における女らしさの狭窄さを演じようとする異性愛者の女性であることを示すだけのものなのだ。

フランケルが私生活のあらゆる部分をさらけ出そうとする傾向は、リアリティ・テレビを象徴する強制的な情報開示と透明性の新しい体制の存在を示している。アリソン・ハーンはこれを「存在の貨幣化」と呼んでいる。この分野は供給過剰だが、それでもフランケルは、女性の自己実現の問題に関心を寄せるネオリベ的な風潮の中で、彼女の恋愛、母性、仕事の軌跡が優れたネタとなり、主婦業を専門化したことで手堅く報われた人物として際立っている。繰り返すが、フランケルが実際に妻であった期間は劇的に短かったにもかかわらず、フランケルの物語は妻であることを背景に展開された。この現実は、主婦という呼称の大きな傘の下には、伝統的に女性化したあらゆる出来事、緊張、交渉があるとする私の議論に直接結びつくものである。さらに、このような文化的環境の中で、仕事と家庭との葛藤、愛を見つけ維持するための探求、専門家としての成功へのプレッシャーは、アメリカ女性の生活を織りなす構造として機能しているのである。

フランケルの名声獲得軌跡の、第二の、しかし極めて重要な遺産《レガシー》は、主婦の公的地位が、妻という職業を収益性の高い事業へと転換させるアクセス、権利、正当性を与えていることを彼女が示したことである。具体的には、消費者、購買者、家庭の設計者としての主婦の歴史が、二一世紀には、贅沢で、高級で、洗練された品々の供給者としての役割に変換されている。フランケルは「リアル・ハウスワイフ」出演中にブランドを立ち上げた中で最も成功した専門家だが、フランケル以降の主婦たちもほぼ全員、商品開発と市場開発に挑戦している（Bravo は、主婦が任務中に開発した商品権利の一部をネットワークに提供することを義務づけているが、フランケルは賢明にもその契約を拒否した）。ハフィントン・ポスト誌の記事によると、二〇一二年には Bravo に出た主婦たちの四二％が自分の商品系やブランドを持っており、この割合はその後数年で確実に増えている。これらの商品系は、衣類、化粧品、靴、ハンドバッグ、香水、美容製品、アドバイス本（特にダイエットとエクササイズの分野）、回想録、料理本、ワインと酒類、食品、バケーションサイト、ワークアウト用アクセサリーなど、多岐にわたっている。多様ではあるものの、これらの商品は、裕福な女性が楽しむであろう活動や外見を、購入者が高級な生活の空想にふけることを可能にする市場性のある商品と結びつき、向上心のある女らしさの概念に何らかの形で結びつけられていることに変わりはない。ジューン・ディーリーは、「番組開始時に参加者が公表できる事業を持っていなかったとしても、やがてはほとんどが持つようになる」と明言している。「したがって、番組が描く裕福なライフスタイルは、部分的には番組が作り出しているのである。参加者の中には、撮影用の小道具（衣服、化粧品、アルコール飲料）を他人に売ることで、自分の生活スタイルを維持している」。主婦は女性としての地位を商品化し、女らしさを売り物にしている。しかも、メディア化された一九五〇年代の主婦のように、模範的あるいはアイコン女性として登場することで、その権利を得ているのである。

Bravo の主婦現象は、希有な文化的出来事であるように見えるが、これは妻業の文化的軌跡における、より強力な傾向を表しているという見解でもって本章を締めくくりたい。チョカノが述べているように、Bravo の主婦たちは、「主婦性をまったくもって結婚という枠外に存在させている」だけでなく、「主婦の役割を職業に変え、ライフスタイルをブランド化し、そのようなライフスタイルに思想的に反対し、機能的に切り離されている世代に売り込んでいる」と。このように、主婦は平凡であると同時に非凡でもあり、主婦業は憧れであると同時に要警戒でもある。女らしさに関連する高級品の供給者として、主婦たちは、生産者と消費者としての地位の間のすでに曖昧な線をますます攪乱させる。テレビで放映される主婦たちは、消費されるイメージを作り出すと同時に、表向きは彼女たちのライフスタイルに近似し模倣できるような商品にその名を連ねている。同時に、主婦は完全な消費者でもある。具体的には、ブランドものの服や高価なアクセサリー、派手な車、豪華な家、贅沢な食事、高級な休暇、さらには美容整形手術などである。

主婦が生産者と消費者の境界を攪乱することは、現代思想やフェミニズム思想の中心である主婦と働く女性との殴り合いを明確にする上でも有益である。二〇一〇年のことだが、元アラスカ州知事で副大統領候補のサラ・ペイリンが自らを「主婦」と呼んだことがあった。これは、計算高い女性の専門性、そしてフェミニストという言葉が暗に示す魅力的ではないイメージを払拭するために、母性と家庭性を強調した動きだと私は解釈した。しかし、これまでフェミニズムにおいて専業主婦が「他者」だったとすれば、今日彼女は、自分の興味、感情、家族、友人関係をいかにして利益につなげるかを考え出す、向上心を持った普通の女性に過ぎない。主婦の軌跡でことさら印象的なのは、女性化したメディア文化が主婦の残照で満ち満ちていることである。この変遷は、女性らしさの専門化、ネオリベの到達点、そしてよく指摘されるように、現在の後期資本主義の局面では、市場経済に巻き込まれていない存在領域を見つけることが困難であることを物語っている。このように、企業論理から免除された、あるいはその外側にあるとされた主婦の地位が、現代のメディアに登場する最も裕福で職業的に成功した女性の一部が主婦であるという現実に道を譲るのは当然である。このような偶発性は現在の風潮に沿っているが、この軌跡の、過度に決定論的でジェンダー的な性質を認識することは依然として重要である。専業主婦は、キャリアを持つことで得られるはずの解放感を実感しているかもしれないが、それは、市場に居場所を確保した女性化されたアイデンティティのうわべだけの専門化に過ぎない。女性性を徹底的に専門化することは、複雑な人間を妻に変えることであり、それはおそらく、かつて伝統的な主婦であることがそう考えられていたのと同じくらい窮屈で、情緒的に危険な移行なのである。

第4章　良き妻たち

公的不倫と国策としての配偶者関係

何ヶ月も四六時中彼と一緒にいて、彼の一番根本的なところを見逃していたんだね。ピーター・フローリックはナンバーワンではないよ。国内的にも。彼女こそが一番だ。(「グッド・ワイフ」で、ピーターの妻アリシア・フローリックのほうが優れている理由を説明するイーライ・ゴールド)

私は、政治的な未来のために自分の政治的な計画を立てないといけない。私には非常に明るい政治的未来がある。夫のためにキャリアを捨て、流産を経験し、ファーストレディ時代に晩婚で出産する素敵な弁護士……。まさにそれよ。それが未来の大統領の姿なのよ。なんという第二幕。そしてアメリカは、第二幕が大好きなのよ。(「スキャンダル」で、政治的な野望を思い描くメリー・グラントのセリフ)

現職の大統領が、執務室でインターンからオーラルセックスを受けるという薄気味の悪い映像にアメリカの観客が興奮し、そのスキャンダルを知っても離婚しなかった野心家の妻に大方が憤慨してから二〇余年。政治家の妻という不遇の人物像が国民意識の中に大きく浮かび上がってきている。二一世紀に入ってから、現代の政治家をめぐる不倫スキャンダルが不気味なまでに頻発したおかげで、アメリカのメディアには、モニカ・ルインスキーの悪名高い青いドレスが象徴的な証拠となるアイテムが再びあふれた。中でもカルロス・デンジャー（別名アンソニー・ウィーナー下院議員）の下着姿のツイートは有名である。不祥事を起こした政治家の名前はもうすっかりおなじみだが（ジョン・エドワーズ、ラリー・クレイグ、ジェームズ・マクグリーヴィー、クリストファー・リー、アーノルド・シュワルツェネッガー、エリオット・スピッツァー、マーク・サンフォード、デヴィッド・ペトレイアス、アンソニー・ウィーナー）、それに対する妻たちの数もさらに増えて（ヒラリー・クリントン、エリザベス・エドワーズ、ジェニー・サンフォード、シルダ・ウォール・スピッツァー、マリア・シュライヴァー、フーマ・アベディン等）、政治家の妻たちがスポットライトを浴び始め、そのことによって、一般に考えられている被害者意識が誤用であり、単純化されすぎていることが明らかになった。[1] このようなパラダイム・シフトは、二一世紀の政治と大衆文化において、結婚が驚くほど道具化された機能を果たしていることを明らかにするものである。

政治家の妻に向けられた注目は、公人として良い結婚をすることには無数の利点があり、そうでない場合には（それ自体以上に）危険があることを思い起こさせる。それはいまだ男性中心の政治の場において、自分たちの生活や選挙運動、そして子どもたちを支えるというイメージを、妻が維持する役割を担っているということである。現在のように性的な論争が勃発する以前、不倫に関するメディア報道は、危険を冒してまで自分の腕力や暴力性を主張する男性の必要性等、権力者の逸脱した性癖についての異常な興奮状態のこだま部屋《エコー・チェンバー》現象に陥るのが普通であった。不品行な男性政治家の話は、「悪い夫」が「良い妻」を傷つけるという二項対立的な見方に我々を誘うが、この単純な図式は、道徳と美徳の門番とされる女性の権限を奪う傾向がある。今日、多くの不当な扱いを受けた妻たちが抵抗しているのは、まさにこうした善意でありながら最終的には有害な神話なのである。

本章で論じるように、不当な扱いを受けた政治家の妻は、ポスト・クリントン時代にはまったく異なる種類の人物像として捉え直されている。彼女には独自の野心と目標があり、示唆される被害者意識は、彼女の立場の複雑さや計算高さを捉えてはいない。結婚を、夫と同様に妻にも多くの利益をもたらす可視化された労働行為として前景化することで、政治家の妻は、実践とメディア上の表象の両面において、女性の業績と専門性のためのプラットフォームとしての結婚について語る空間を切り開いたのである。かつては受動的な苦役に過ぎないと理解されていた政治家の妻業は、いまや成熟し、ビジネスとしての結婚のあり方について洞察を与えるような形に進化したのだと考えられる。このような領域で、「妻」は職位である。本章は、この一見疲弊した役割にまったく異なる脚本を保証するヒラリー・クリントンのレガシーを取り上げる節から始まり、現在の言説が同時代の妻業をどのように再構築しているかを調査し、政治家の妻が、アメリカの結婚という国政を再編成するのに役立っていることを論じたい。

クリントンの青写真

ＣＢＳのテレビドラマ「グッド・ワイフ」（２００９～１６）は、「ニュースの見出しから切り取った」という前提で構成され、パイロット版のエピソードは、現実の数々の事例を再現した記者会見で始まった。高級娼婦、収賄、汚職などのスキャンダルで失脚した政治家ピーター・フローリック（クリス・ノース演）は州検事局を辞職し、失意の妻アリシア（ジュリアナ・マーグリーズ演）が彼の傍らに黙って立っている。舞台裏に退くまでは静かで無表情だったアリシアは、夫の顔をそこで思い切りひっぱたく。この衝動的で強烈な行動は、不当な扱いを受けた妻を、受動的であることが当然の結論ではなく、彼女の性格を規定する主体性をフィクションで割り当てるという、この番組の関心のありかたを露わにするものだ。

このような姿勢を貫き、夫の投獄とそれに伴う一家の経済的困難をきっかけに、アリシアは長い間諦めていた弁護士としてのキャリアに戻り、法科大学院時代の友人が共同経営する法律事務所に職を得る。シリーズ制作者が説明するように、アリシアの職業は、同じようにセンセーショナルな状況に直面した現実の女性たちの心に響くように作られている。番組制作者のロバートとミシェール・キングは、二〇〇八年に失脚した政治家エリオット・スピッツァーの辞任会見を見た際、ハーバード大学で法律を学んだ優秀な妻シルダ・ウォール・スピッツァーが彼の横に惨めに立っていたことが「グッド・ワイフ」の発端だと明言している。アリシアと同じように、シルダ・ウォール・スピッツァーは子育てのために前途有望なキャリアをあきらめ、(元)夫のスキャンダルをきっかけに一流の仕事に復帰したのだった。キング夫妻は、番組の着想に関してしばしばウォール・スピッツァーに言及しているが、アリシア・フローリックが多くの不当な扱いを受けた妻たちと共鳴していることは、注目に値する。番組初回の直後にピープル誌は、アリシアが自分と同じシカゴ出身でジョージタウン大学を卒業したことを「気味が悪い」と述べたジェニー・サンフォードの言葉を引用している。キング夫妻が指摘するように、不当な扱いを受けた妻には、法律関係者が驚くほど多い。ヒラリー・クリントンはイェール大学の法科大学院を卒業し、夫がアーカンソー州知事である間に開業したし、エリザベス・エドワーズはノースカロライナ大学の法科大学院に進み（そこでジョン・エドワーズと出会った）、結婚後も積極的に働いている。ＡＢＣのテレビドラマ「スキャンダル」（２０１１～）がファーストレディのメリー・グラント（ベラミー・ヤング演）も、同じような出自だ。メリーいうように、彼女はイェール大学法科大学院を首席で卒業し、そこには将来の夫となるフィッツジェラルド・グラント大統領（トニー・ゴールドウィン演）も含まれていたが、彼女は当時彼よりも優れていたのである。

「グッド・ワイフ」は、シリーズの早い段階から現実の人物との相対性が成立している。パイロット版では、法律事務所のシニアパートナー、ダイアン・ロックハート（クリスティン・バランスキー演）がヒラリー・クリントンと一緒に写った写真を見ながら、アリシアに「彼女にできるなら、あなたにもできるわ」と語りかける場面がある。夫の浮気が全米に放送されて以来、キャリアが急上昇した女性を意識的に登場させるという行為は、蔑まれた妻が有能な働き手として登場できる条件を明示した。この認識は、「グッド・ワイフ」の放映期間中、一貫して中心的な位置を占めていた。このセリフはまた、シリーズ全体におけるヒラリー・クリントンの役割を確立した。クリントンは、男性優位の職業におけるジェンダー（とリベラルな政治）が障害となっている法律事務所のパートナー、アリシアとダイアンの女神として繰り返し登場する。[2]このセリフが裏付けるように、苦しむ妻としてのヒラリー・クリントンの役割は国民意識の中ではほとんど消去され、回復力の持ち主イメージに置き換えられ、政治家の妻を描写する際の拠り所となったばかりか、そうした人物を主体とする新しい条件を定めることになったのだ。

この先例によれば、不当な扱いを受けた政治家の妻は、恥ずべき無名のまま消え去るのではなく、むしろ専門的な領域で勝利を収めるのである。ヒラリー・クリントンの軌跡を簡単に説明すると、ビル・クリントン大統領の任期の最後を揺るがし、一九九八年に発覚したモニカ・ルインスキー事件など、ビルの数々の不倫に耐えた後、ヒラリーは夫の退任後すぐに自らの政治キャリアに火をつけた（彼女が独自の思惑を持っていたことは、それ以前から明らかであり、特に夫の第一期目の任期中に陣頭指揮を執った全米規模の医療構想に顕著であった）。ホワイトハウスを去った後、ヒラリー・クリントンはニューヨーク選出の上院議員を八年間務めた。二〇〇八年の民主党大統領選では長らく候補者であったが、最終的に新人のバラク・オバマに押され、オバマの下で国務長官を務めることになった。二〇一六年の大統領選では当選が有力視されていたが、不動産王でリアリティ番組の有名人であるドナルド・トランプによって予期せぬ敗北を喫した。

このような驚くべき展開にもかかわらず、クリントンの遺産、とりわけ被害者とされていた彼女が強力なエージェントに転身したことは、不当な扱いを受けた妻の典型的感情が修正されたことを示すものだった。最も重要なことは、ヒラリーは煽情的なメディアの詮索に直面しても、ストイックでほとんど無表情であり、屈辱的な夫の数々の失策、結婚生活を続ける決断、結婚生活の多くの妥協についてほとんど語らなかったことである。このような行動により、彼女は無秩序なメディアに直面しても平静でいられる象徴となり、同じように悲嘆にくれた妻たちにこのような姿勢を取るよう奨励した。元ニュージャージー州知事ジム・マクグリーヴィーの元妻ディナ・マトス・マクグリーヴィーは、二〇〇七年の回想録『沈黙のパートナー』の中で、夫が元職員の男性と不貞を行ない、実は「ゲイのアメリカ人」だったと公にした後、ヒラリーに連絡を取り、彼女から危機管理者を推薦された、と書いている。その際ヒラリーはマトス・マクグリーヴィーに、自分と娘のことに集中すること、夫に頼らず自分で助言者を確保すること、メディアは「邪魔なだけであり、重要ではない」と助言したと言う。

ヒラリーは、二〇一一年にアンソニー・ウィーナー下院議員の最初の性的スキャンダルが発覚したとき、彼女の友人で国務省の補佐官だったフーマ・アベディンを強く支持していたし、その後ウィーナーがカムバックしてニューヨーク市長に立候補しようとした際、二度目のセックス・スキャンダルで名実ともに候補から外れたときも、彼女を自分の側近として支えていた。[3] ウィーナーの複数の軽率な性的行為と犯罪的なネット上での行動は、後述するように、ヒラリーの二〇一六年の選挙での敗北に部分的な責任があったと思われる。夫婦間の問題が不気味なほど似ていることに加え、二人の女性の結びつきは深い。アベディンはモニカ・ルインスキーと同時期にヒラリーのインターンとして働き始め、プロとしてのキャリアの大半を元大統領夫人の下での仕事に費やしてきた。ヒラリーの「代理娘」とも呼ばれるアベディンの武勇伝は、報道のされ方、妻が夫の浮気を認識するタイミングなど、師匠と似た展開であった。クリントン夫妻の場合、当時まだ新しかったウェブサイト「ドラッジ・リポート」は、ビルの不倫を報じニューズウィーク誌がそのネタを黙認していると主張した。ウィーナーの場合、最初に告発したのは、保守系ブロガーの故アンドリュー・ブライトバート(「ドラッジ・リポート」の元アシスタント)によるウェブサイト「ビッグ・ガヴァーンメント」で、ソーシャルメディアを使ってさまざまな若い女性に性的な内容を示唆する写真(陰部を隠しているみだらな写真を含む)を送っていたと伝えている。同様に、ウィーナーの二つ目のスキャンダルは、「ザ・ダーティ」という無名のゴシップサイトが、彼(カルロス・デンジャー)と、同じく暗号のような名前のシドニー・レザーズとの間でやりとりされた性的なメッセージを公開したときに発覚した。クリントンとウィーナーのスキャンダルは、政治家の性犯罪を報道する上で、新メディアの力が紙媒体のメディアを凌駕していることを示し、ゴシップと人格の織りなすものが、今やアメリカの政治活動の主役であることを強調している。(4) また、メディアがどの程度世論を左右するかということと、かつてのタブロイド紙のネタが、正当なジャーナリズムに取って代わられた事実を明らかにしている。

　ウィーナーにとって三度目の正直は、二〇一六年八月、息子が眠っている傍ら、性的行為を続け、あきらかに興奮した自分の暗示的な写真を共和党の工作員に送っていたことがニューヨーク・ポスト紙によって暴露されたことだった。暴露写真が公表されて、ニューヨーク市の児童福祉局がウィーナーを調査しているという報道の中、アベディンはすぐに夫婦が別居していることを発表した。その直後、デイリー・メール紙はウィーナーが一五歳の少女にも性的メールを送っていたことを発表し、彼のオンライン活動に対するＦＢＩ捜査が始まり、二〇一六年一〇月末にはＦＢＩ長官のジェームズ・コミーが、ウィーナーのコンピューターから見つかった情報に基づき、ヒラリー・クリントンの電子メールを再び捜査対象にした。それはアベディンが彼とデバイスを共有していたためだった。大統領選挙のわずか数日前に、コミーはヒラリーを有罪にする新しい材料は発見されなかったと発表したが、支持者の多くは、彼女の信頼性、特に電子メールスキャンダルに関する疑問が二〇一六年のキャンペーン開始時からつきまとったため、ダメージが大きかったと感じたのだった。二〇一七年五月、ウィーナーは未成年に性的メールを送ったとして、連邦猥褻罪を認めた。同日、アベディンは離婚を申請した。

クリントンとアベディンの共通点とそれぞれの結婚について、もう少し時間をかけて解析してみたい。なぜなら彼女たちは、共有する倫理観と野心だけでなく、妻の新しいパラダイムについても語っているからだ。ビル・クリントンが「あの女性とは性的関係をもっていない」と主張したように、アンソニー・ウィーナーも、当初は二〇一一年の性的スキャンダルとの関わりを隠蔽しようとし、彼の携帯から送られた淫らな写真はハッカーかメディアの陰謀、あるいはその両方によるものだと主張していた。二人の妻も、少なくとも当初は夫の無実を信じ、悪質な噂の裏には夫の敵がいると考えていたのだが、二人の夫はどちらも結局罪を認めたのだった。ウィーナーの場合は、涙ながらに記者会見を開き、噂の真偽を認めて謝罪し、最終的には議員を辞職するという、今ではお決まりの流れになった。アベディンの居場所を聞かれたウィーナーは、「ここにはいない」とぶっきらぼうに答えた。この懐柔的な記者会見における妻の役割、特にアベディンとウィーナー夫妻の関係については、本章で引き続き調査することになる。しかしここでは、ヒラリー・クリントンがこの最初の記者会見にアベディンを欠席させた可能性が高いと私は主張したい。ルインスキー事件のゴタゴタでクリントンが逃げ出したように、アベディンは当初、結婚について沈黙を守っていたが、数日後、二人にとっての子どもを妊娠していることが報道された。アベディンは当時、クリントン（当時国務長官）の副長官として働いており、夫の謝罪の翌週には上司とアフリカ視察に出発していた。アベディンは会話の内容を明らかにしていないが、旅行中に重要な助言者の助言を求めたことは認めている。クリントンとアベディンがそれぞれのスキャンダルに直面したとき、その対応と沈黙は、逆に妻の持つ象徴的な力を示すと同時に、妻が夫婦の中でより確かで有能な存在であることを裏付けている。アベディンは最終的にウィーナーと距離を置いたが、後述するように、二〇一三年のニューヨーク市長選に失敗したウィーナーにとって重要な存在であった。

ヒラリーが残したものは、禁欲と自立の主張に加えて、仕事の持つ癒しとリハビリの力についても多くのことを語っている。二〇〇〇年刊行の『リビング・ヒストリー――ヒラリー・ロダム・クリントン自伝』（酒井洋子訳、早川書房、２００３）の中でヒラリーは、上院議員に立候補したことが和解への道筋になったことを明かしている。「ビルと私は、私たちの将来以外の事柄について再び話をするようになった」と彼女は記す。「時が経つにつれて、二人ともリラックスできるようになった」。同様に、シルダ・ウォール・スピッツァーの報道は、不当な扱いを受けた妻に新たな公的価値を与える緩和剤として仕事が機能する、という考えを呼び起こした。ウォール・スピッツァーは非常に寡黙だが、二〇〇九年にはヴォーグ誌の見開きインタビューに応じている。記事は、子ども向けチャリティーの設立から、スキャンダル後の女性によるヘッジファンドのマネージング・ディレクターとしての地位まで、彼女の仕事上の業績に重点を置いている。ウォール・スピッツァーは、「試練」に直面したことと、「前進するために内なる力を使う」ことの必要性を示したほかは、インタビューの中で結婚については何も語っていない。スピッツァー夫妻は、プライバシーを守るため、エリオット・スピッツァーがニューヨーク市の会計監査役に立候補して失敗し、長年別居していたことが多数報道された後の二〇一三年一二月二四日に、静かに結婚生活の終了を発表した。

不当な扱いを受けた政治家の妻に焦点化したメディアの描写も、同様に仕事を個人的な癒しとして位置づけている。「グッド・ワイフ」シーズン1の「ランニング」というエピソードでは、アリシアの夫が罪を償った今、再び州検察に出馬することについてどう思うかと尋ねられる。彼女は、子どもたちを巻き込みたくないと告げ、断固として次のように主張する―「私は仕事がしたいのよ」。二〇一二年のUSAネットワークのミニシリーズ「ポリティカル・アニマルズ」も同じ言葉でヒラリー・クリントンを模している。シガニー・ウィーヴァーがエレイン・バリッシュを演じたこのシリーズでは、自由な表現が用いられている。元大統領夫人のバリッシュは、大統領選に敗れた夜に女たらしの大物夫との離婚を決意し、その後予備選で敗れた大統領の下で国務長官となる。(5) 六話からなるこのシリーズは、彼女が当該ポストに就くまでの期間を描きながら、バリッシュが再び大統領を目指すことを想定し、まだ二期目前の大統領を失脚させるかどうかを中心に描いている。重要なのは、バリッシュが第二波フェミニズム遺産の代名詞のような役割を果たしていることである。夫が何度も浮気をしていることに耐え切れず、夫のもとを去り、厳しい仕事に就くが、女であることで幾度も周縁に追いやられながらも、無数の男性を相手に果敢に立ち向かう。例えば、海外での人質事件に直面したとき、バリッシュが数時間後まで呼ばれないのは、ホワイトハウスの参謀長が見下した調子で言うように、彼女が息子の婚約パーティで忙しいと思われていたからである。この発言の性差別と、重要なイベントの構成要素に対する明らかにジェンダー的な理解は、バリッシュが国家最高位の外交官として会議に出席することは疑いのないことであったと主張したことで明らかになる。シガニー・ウィーヴァーは、「エイリアン」シリーズなどで戦いにおびえる戦士役で記憶に残る映画出演をしており、このミニシリーズに奥行きを与えている。「ポリティカル・アニマルズ」はクリントンを念頭に置いて構想され、政治の世界で女性がいかに有能かを示すように作られている、とウィーヴァーは公言している。(6) このシリーズの着想は、バリッシュが妻の有名な家族と常に折り合いをつけなければならないというもので、ビル・クリントンを明らかに模倣した口調で魅力的な元夫が登場するが、それは妻にとって結婚の遺産から逃れることの難しさを確認させるものである。

ヒラリー・クリントンは、夫婦間のスキャンダルを超越し、特に大統領選に出馬した際にその歴史が何度も浮上し、その結果自らの職業上のアイデンティティを作り上げたという点で、妻が夫婦間の遺産に助けられながらも、それによって妨げられもするということを強烈に思い出させる存在となっている。ヒラリーの政界進出は、強力で有利な企業ネットワークと権力闘争的な日和見主義が蔓延していた点で、夫のそれを模倣したものであった。クリントン財団が富裕層からの資金援助と政治的便宜を交換したという告発（このやりとりは、ヒラリーの元国務長官としての立場に照らし合わせても問題である）という形で、彼女の選挙戦はスキャンダルにさらされ続けたのである。同様に、ビル・クリントンの不倫騒動は、ヒラリー・クリントンの対抗馬であるドナルド・トランプが一貫して言及し、クリントンが夫の不倫騒動を告発した女性たちへの不信を公にすることによって夫の不倫を助けたと繰り返し示唆し、それゆえ、選挙運動の要であるクリントンの女性に対する取り組みに疑問が呈された。またトランプは、ビル・クリントンの元愛人ジェニファー・フラワーズを、ヒラリーとの初の大統領選討論会に招待する可能性をツイッターで仄めかすなど、離れ業的な動きを連発した。この脅しは実現しなかったが、二回目の討論会の前にトランプは、一九九〇年代にビル・クリントンからの性的ハラスメントを告発したポーラ・ジョーンズなど、クリントンから何らかの性的被害を受けたと主張する女性たちとともに記者会見をし、彼女たちをゲストとして討論会に連れてきたのである。これは、第二回討論会の数日前に報じられた二〇〇五年のビリー・ブッシュに向けた「女たちのプッシー［訳注：性器の俗語］を掴んじまえ」発言に代表される、トランプ自身の性的暴行の歴史から注意をそらすための行動でもあったのだろう。

政治家の妻は抜け目がなく、時には規則を曲げる日和見主義者であるというこのイメージは、多くの大衆文化において生産的な効果を発揮してきたが、「グッド・ワイフ」では、夫の政治的コネクションを利用した裏取引によってアリシアは道徳的に疑問のある形でキャリアを積み上げ、その勝利がしばしば友人や指導者、さらには恋人を犠牲にしているという事実を、彼女の冷徹な野心によって表現している。彼女の冷酷な作戦能力が際立って表現された例を挙げよう。アリシアがコネを使って法律事務所の正社員になるシーズン1、自分と同じように昇進を見送られた同僚に連帯保証をしてまでパートナーの座を勝ち取るシーズン4、会社を辞めて自社を設立し、その過程で有名なクライアントを多数獲得するシーズン5、シーズン6では長い場面で、彼女が州検察官になるために汚い政治を繰り返すシーンがあり、最終シーズンでは、州検察官を目指す彼女が、ダイアンの夫の不倫の証拠を突きつけダイアンを妨害する。これはピーターの容疑を晴らすための行動で、アリシアの最大の忠誠心がフローリック家王朝にあることを示す効果的な演出だった。この裏切りを予見していたかのように、次期知事であったピーターが、妻の新しい事務所に協力して古い事務所の顧客を奪おうとした後、ダイアンはこのパワーカップルを「ステロイド剤で増強されたビルとヒラリー」と形容したのだった。「グッド・ワイフ」の共同制作者であるロバート・キングは、二〇一三年のインタビューで、「この番組は、もともと男に寄り添う女の謎を探究するものとして始まったが、今のアリシアはむしろ『ビルにとってのヒラリー』のようだ」と説明している。アリシアの息子も同様の比較をして、母親に「お母さんとお父さんは、ビルとヒラリーのようだ」と言う。「何をするにしても、家族の問題さ。フローリック家はファミリービジネスなんだ」。フローリック家とクリントン家のつながりをさらに強調するように、「グッド・ワイフ」の最終シーズンであるシーズン7では、ピーターが大統領選に立候補し、番組ではピーターの対抗馬としてヒラリーの名前が明示され、彼女の副大統領に指名されたいというピーターの希望が語られることになる。

ＡＢＣのドラマ「スキャンダル」で何度も寝取られるメリー・グラントも、同じようにご都合主義で動いている。ファーストレディとしてのつまらない役割に不満を抱き、公共広告の撮影の最中に子どもに吐瀉物を吐きかけられたメリーは、「ハーバードでは首席、イェールの法科大学院でも首席だったのに、こんなみじめなことになるなんて」と悲鳴を上げる。メリーは国を統治する上でもっと大きな役割を果たすことを主張する。常に自分の立場を向上させることに腐心し、夫が自分を「飾り」で「機能的でない」と評したことに憤慨し、内政と外交の両面で夫の手を煩わせるような国家間の話し合いに自ら介入していく。当該エピソードでは、外交特権を持つ犯人に娘を殺害された遺族を公の場で慰めたために、夫はロシアとの緊張関係を強いられることになる。夫が撃たれて昏睡状態になると、健康であることを証明する手紙に夫のサインを偽造し、復職を要求する。大統領首席補佐官に「ウッドロウ・ウィルソンの妻は、彼が脳卒中で倒れた後の二年間、国を運営したが、彼女より賢い人はいなかった」と、その意図を予言するようなことを言う。このような政治的野心と、彼女が冷酷かつ執拗な人物であるという番組の度重なる位置づけを考えれば、シーズン5でメリー自身が大統領選に立候補し、最終的にシーズンフィナーレで大統領に就任したことは驚くには当たらないことだった。

「ハウス・オブ・カード――野望の階段」（２０１３～）のクレア・アンダーウッド（ロビン・

ライト演）も、冷酷さでは同類だ。彼女の政治的策謀は、極悪非道な夫の野心と、特に彼女自身の野心の両方の助けとなるからである。フランク・アンダーウッド（ケヴィン・スペイシー演）の地位が上がれば、自分の地位も上がることを理解しているクレアは、夫のホワイトハウス構想を推進するために、自分が経営する非営利の環境団体を利用する。夫の浮気相手であり、なおかつ利用もしている政治記者との関係には、あえて目をつぶる（後に彼は、その記者と、別の男性政治家を都合が悪くなったために殺害する）。夫が大統領に就任した後、クレアはファーストレディとしての立場を利用して、国連大使任命を夫に強要するが、彼はロシア大統領から辞職を迫られる。自分の役割に不満を抱き、自分には政治家としての才能があることを自覚したクレアは、夫と別れ、下院議員への立候補を模索し始める。しかし、夫とその取り巻きに妨害された彼女は、「自分を副大統領にしなければ、夫の大統領選を失敗させる」と再び脅しをかける。

先述のメリーと同じように、クレアはかつて破滅に追い込んだ記者から夫が銃撃された後に、彼女自身が権力を掌握する。瀕死状態のフランクは、クレアに絶好の機会をもたらした。病床の夫につきそうのではなく、彼女が実質的に国を動かすのである。大統領が肝臓移植を受けている間、無気力な副大統領を巧みに操り、容赦なく敵対者を脅迫しながら、クレアはヨーロッパに渡り、国務長官の傍らロシア救済の交渉にあたる。これは中国との提携を含む取引で、全米に大打撃を与えたアメリカの石油危機を終わらせたと評価される。この後アンダーウッド家は、クレアがこの交渉で重要な役割を果たしたことを彼女の政治的手腕の証明として宣伝するが、そのことによって彼女が副大統領候補の指名を取り付けるという生産的な効果が発揮された。夫妻は選挙を不正に操作して大統領に就任するが、フランクは現在進行中の倫理調査に悩まされており、弾劾を容認することになる。クレアは大統領に就任し、シーズン5のフィナーレでは、第四の壁を破って、シンプルだが厳格なメッセージを発するのだった。「いよいよ私の番よ」と。

被害者としての妻ではなく、むしろ政治家としての妻というイメージは、二一世紀において最も広く流布している妻像である。皮肉なことだが、このイメージは、不当な扱いを受けた妻が被害者意識を持たないよう意図的にクリントンの遺産を利用し、代わりに専門的能力と不屈の決意、そしてしばしば病的な野心に陥る実用主義を持った女性像を提示している。本節で詳述したように、不当な扱いを受けた妻を立ち直らせるには、粘り強さと向上心を通じて主体性を主張する必要がある。それによって妻は、自らの職業上の将来を確保するために危険な賭けに出る必要性を認識するのだが、これは現実社会と大衆文化の両方で識別可能な表現である。

不倫とセレブリティのメディア回路

「男に振られた女の怒りほど激しいものはない」という格言を裏付けるように、「蔑まれた女」というタイトルのエピソードで、メリー・グラントは涙ながらにテレビに出演し、夫である大統領の不貞を明らかにする。メリーはかねてからの脅しの計画を実行に移す。

私は報道陣の前に出て行って、結婚は終わったと発表する。なぜなら、私の妊娠中に、夫はオリヴィア・ポープと浮気をしていたからだ。夫と別れて子どもを連れていく。彼の銀行預金と政治資金をすべて頂く。フェミニストや母親の会や宗教団体に訴えてやる。私は彼を埋葬し、彼の墓の上で踊るだろう。そして、選挙に出る。

この言葉からもわかるように、メリーは不当な扱いを受けた妻、それも母親という立場を利用して、対立者も含め様々なところから支持者を集めようと巧妙かつ無差別に画策する。世間との関係にどう折り合いをつけるかは、彼女の将来にとっても、夫の将来にとっても、最も重要なことだ。というのも、メリーが熟知するように、夫と妻のキャリアはスキャンダルをめぐる物語に大きく依存しているからだ。不当な扱いを受けた妻が純真な犠牲者なのか、もしくは当然の報いなのか、愛人が狡猾なのか単に世間知らずなのか、迷える夫が企んでいるのか不意を突かれたのか、そういうことを決めるのは、メディアの権限にほかならないのである。

メリーの怒りは、軽蔑された妻の立場をようやく計算に入れはじめたメディア界に、新鮮な変化をもたらした。過ちを犯した政治家が記者会見やテレビインタビューに応じ、不正を否定するか、あるいは公に謝罪することは昔からあったが、後者の場合は、宗教指導者との個人的なスピリチュアル・カウンセリングという噂で正当化されるのが普通だった。ルインスキーのスキャンダルのずっと前、一九九二年の選挙期間中、ビルとヒラリーはCBSのドキュメンタリー番組「60ミニッツ」のインタビューに応じ、ジェニファー・フラワーズとの不倫疑惑に直面した。ビル・クリントンは「不正行為」と、結婚生活に「苦痛をもたらした」ことを認めたが、不倫していたかどうかについては語らず、すでに国民に対して極めて率直な態度を取っていることから、公職には適性だと述べている。「つまりね、これは非現実的家内工業ということになっているのです。この問題を解決する唯一の方法は、我々全員が、この男は我々が知るべきことをすべて話したということに同意することだと思うのです」。クリントン夫妻の結婚は「理解しあい」でも「取り決め」でもないとビルは断言した。それにもかかわらず、この認識はそれ以来、特に彼の相次ぐ不倫の後で、夫妻にまとわりつくのである。重要なことを認めながらも、重要なことが抜けているこのインタビューは、ビル・クリントンの言い逃れよりも、ヒラリー・クリントンの主張のために人々に記憶されているのである。「タミー・ウィネットのように、私は、男のそばに座っているちっぽけな女ではない。私がここにいるのは、彼を愛し、彼を尊敬し、彼が経験してきたこと、そして私たちが一緒に経験してきたことに敬意を表しているからです」。ヒラリー・クリントンが、この状況下で自らの権力と選択を主張しようとしたことは徹底的に批判された。彼女の発言は、伝説の歌姫ウィネット自身からも非難を浴びたが、これは、浮気をされた妻が被害者意識以外のものを主張しようとすると、文化的寛容さがいかに欠けるかを示す鞭打ちの言である。

それとは対照的に、逆説的かもしれないが、愛人が自分の言い分を伝えるための回路は豊富に存在するのである。たとえば、ペントハウス誌やスター・マガジン誌、カレント・アフェア誌、さらにスペインやドイツのテレビ番組への出演は、ジェニファー・フラワーズに約五〇万ドルの報酬をもたらした。こうした経路は、リアリティ番組の隆盛やオンラインでのセレブ・

ニュースやゴシップの増加のおかげで、一般人が無名であっても日常的に引き出され、複数のメディアを通じて露出する場を持つようになった二一世紀の著名人文化に重要な形で対応するものである。その重要な先駆けとなったのが、ジェシカ・ハーンである。ジェシカ・ハーンは、一九八七年にテレビ伝道者ジム・ベイカーが起こしたセックス・スキャンダルの後プレイボーイ誌でポーズをとり、テレビ番組「既婚で…子持ち」に出演し、「ハワード・スターン・ショー」に頻繁に登場するようになった教会秘書である。ハーンのメディア横断的な成功は、現代の愛人たちによって模倣された。たとえば、モニカ・ルインスキーは、バーバラ・ウォルターズのインタビューに応じ、アンドリュー・モートンと協力して『モニカの物語』という本を出し、ダイエット・プログラムのジェニー・クレイグの広報担当を務め、HBOドキュメンタリー「モニカ・イン・ブラック・アンド・ホワイト」（2002）に出演し、短期間のリアリティデート番組「ミスター・パーソナリティ」（2003）に出演している。[7] 二〇一四年になって、ルインスキーはヴァニティ・フェア誌に寄稿し、「ベレー帽を燃やし、青いドレスを葬る時が来た」と書いている。この記事の後、ルインスキーは注目を集める講演会に乗り出し、ネットいじめに対するキャンペーンを開始した。

有名人の愛人は今日、露出のための多数の手段を享受し利用する。その中には、本の契約や雑誌の見開きページ、ラジオやトークショーへの出演、リアリティ番組での主演、保証契約などがあり、これらはすべて彼女らの物語の卑猥な側面を利用しようとするものである。最近の例を挙げよう。エリオット・スピッツァーの愛人アシュレイ・デュプレは、高級娼婦としての経験をＡＢＣのダイアン・ソーヤーのインタビュー、プレイボーイ誌への登場、ニューヨーク・ポスト紙のセックスコラム執筆、ＶＨ１の番組「フェイマス・フー」への出演（２０１１）などに活かし、メディアでの名声に結びつけた。ジョン・エドワードの元愛人リール・ハンターも同様に、「オプラ・ウィンフリー・ショー」に出演し、ＧＱ誌で不倫を蒸し返し、示唆的な写真のポーズをとり、『何が実際起こったか――ジョン・エドワーズ、娘たち、そして私』（２０１２）というタイトルですべてを語る回想録を執筆している。[8] 最後に、「カルロス・デンジャー」（別名アンソニー・ウィーナー）の愛人だったシドニー・レザーズは、富裕層の男性と若い女性をセッティングする出会い系サイト、アレンジメント・ファインダーズの売り子となり、「クリスマスには愛人を」という看板を掲げて二〇一三年の季節広告キャンペーンに大きく登場することになった。また、ドキュメンタリー映画「ウィーナー」（２０１６）が明らかにしたように、ウィーナーが市長選に敗れた夜に彼と公開対決を試みたのだが、それはその日に出演していたラジオ番組のショックジョッキー、ハワード・スターンに促されて起こした突飛ないやがらせシナリオであった。

このような例が確約するように、著名な男性の元愛人には、有名人ブランドの回路が存在するが、彼女たちは尊敬の対象からは外れた場所にいる。[9] このような現実をフィクションで表現した「グッド・ワイフ」のエピソード「三人で」は、ピーターの元愛人アンバー・マディソンが、トークショーの司会者チェルシー・ハンドラーとともに登場するシーンから始まる（この名前は明らかにAshley Madison.comを想起させるものである）。[10] このエピソードの後半では、多くの愛人たち（前述のハーン、デュプレ、レザーズを含む）と話をし、物議を醸したスターンとマディソンのラジオ出演についても言及される。しかし、マディソンのこうした場への出演は、賞賛されたり容認されたりすることはほとんどない。それどころか、メディアは妻への共感を呼ぶために、愛人というキャラクターを悪者に仕立てることが多い。メディア出演でマディソンがアリシアを性的に抑制された存在として酷評していることを知ったアリシアは、別居中の夫に「やめさせて」と懇願する。ピーターと彼の支援者は、もしマディソンが暴露本の出版に踏み切ったら、マフィアのボスである彼女の元恋人をけしかけると脅すのだが、観客はこれを拍手で迎え入れる。この筋書きは、不当な扱いを受けた妻の相対的な上品さを強調し、愛人の下品で行き過ぎた行為と比較して、不穏な階級的含意を仄めかすのである。

これらの例は、ビル・クリントンの「政治スキャンダルはそれ自体が家内工業となっている」という言い分の正しさを証明するものだが、つい最近まで、過ちを犯した政治家や後悔していない愛人に与えられるようなメディア露出を、不当な扱いを受けた妻は享受できなかった。次節ではこのような状況を踏まえて、「蔑まれた妻のメディア」の新たな潮流が、妻の能力、不屈の精神、自己主張の強さを主張し、妻が登場するメディアによってその認識が助長されていることを論じることにする。これらは、しばしば長編の手記という形で現れ、愛人の起用を好む傾向があるタブロイド紙向けのメディアとは対照的に、象徴的な資本を獲得することができるのである。

このように、女性のメディア文化は、妻が尊敬され、愛人が軽蔑されることを前提とし、妻が崇拝される場に登場し、彼女たちの共感性を高めることを体系化し強調するのである。

不当な扱いを受けた妻の回想録に見る被害者意識の再定義

モニカ・ルインスキーと夫の関係が発覚して一〇年目、追い上げるバラク・オバマ候補との厳しい予備選に臨んでいたヒラリー・クリントンは、タイラ・バンクスの名を冠した番組で対談に臨んでいる。なぜ結婚生活を続けたのかという質問に対して、クリントンは「何が自分にとって正しいか、何が家族にとって正しいか、深く掘り下げてよく考えなければならなかった」と答えている。ビルの愛情を疑ったことはないと言いながらも、「どうしたらいいのか、自分で決めなければなりません。辛い時に自分の声を聞くことはとても大切です。本当に、自分の声を聞かなければならない時がたくさんあるものです」。このコメントは、困難でしばしば険悪な選挙戦の最中に、クリントンに人間味を与え、和らげることを意図したものであったと推測される。また、インタビューの中で、同じような試練を経験した女性たちが頻繁に自分の助言を求めてくることを述べているが、これは今日、政治的アイデンティティに必要な姿勢である親しみやすさを確立しようとする発言であった。このときのクリントンの態度は、回顧録『リビング・ヒストリー』の中で語られる不倫騒動での言葉少なな対応とは対照的であった。その中で彼女は、マーサズ・ヴィンヤード島での寒々とした家族旅行の際、「犬のバディがビルの相手をしていた。当時そうしたがったのは、バディだけだった」と記した。クリントンのレトリックのようなさまざまな声を比較することによって、二一世紀の文化における不当な扱いを受けた妻の物語の形成に関する戦略的な反映を見ることができる。

本節で検討するように、不当な扱いを受けた妻たちは近年自分たちの物語を語るために、回顧録のような女性向けのジャンルを意図的に利用し、独自の女性メディア回路を確立している。ここでは、以下の四つのテクストを紹介する。ディナ・マトス・マクグリーヴィーの『沈黙のパートナー――我が結婚の回想録』（２００７）、エリザベス・エドワーズの『回復する力』（２００９）、ゲイル・ハガードの『なぜ結婚にとどまったか――暗闇の中で決めたこと』（２０１０）、そしてジェニー・サンフォードの『正直であること』（２０１０）である。いずれも公の場でスキャンダルを抱えながら生きることの難しさを詳細に述べている。テッド・ハガード牧師は政治家ではないが、男娼とのセックス・スキャンダルによって失脚し、その後、自らが設立した福音派の巨大教会から追放され、全米メディアの注目を浴びた。私が妻のゲイル・ハガードの手記を分析に加えたのは、不当な扱いを受けた政治家の妻がそうであるように、彼女もまた世間の注目を浴びる存在であったからである。

彼女たちは一人称の自伝的な形式で物語を語るため、しばしば切り取られる妻の視点を提供する大衆文化の描写に共鳴する。回想録というジャンルを使って彼女たちは正当性を証明する（完全な復讐でもありうる）。この姿勢は、自己開示がエンパワーメントの行為になりうるというフェミニスト的理解に基づいている。[11]「グッド・ワイフ」がアリシアの視点で物語を展開することになったのは、この番組が「フェミニスト・ショー」と呼ばれるようになった重要な理由の一つである。[12] マーケティングの観点からも、夫に不義をはたらかれた妻の回想録は驚くほど良いビジネスである。性的スキャンダルとハリウッドに関する二〇一一年のバラエティ誌の記事によれば、映画製作者は一般的に性的スキャンダルを敬遠し、タブロイド紙やテレビ番組が長編映画よりも物語を語る場として適していると考えているようである。しかし、経営者たちは、妻と愛人をはっきりと区別する。愛人の証言は忘れ去られるものだが、妻による一人称の証言は、特にエリザベス・エドワーズのように同情に値する公人であれば、市場価値のある有益な機会であると考えるのである。記事に引用されている文芸エージェントによれば、マリア・シュライヴァー（カリフォルニア州元知事アーノルド・シュワルツェネッガーの妻）が本を書けば、「大いに注目を集めるだろう」。この論理に沿って、二〇一七年四月には、フーマ・アベディンが本の契約を求め、二〇〇万ドルを要求したと報道されている。

緊張をはらんだ（そして時には崩壊した）結婚生活の物語を、おそらくは女性の読者と共有するというレトリック行為に投資する妻の回想録は、ローレン・バーラントが「女性の不満申し立て」と呼ぶ様式の中に存在する。それは「恋愛幻想と経験された親密さとの微妙な関係における女性の失望を目撃し説明すること」に基礎を置くとバーラントは特筆する。バーラントは、「不満申し立てのジャンルは、女らしさの感情的な特質である快楽、重荷、美徳と関連づけ、各種の状況において該当する筋道を追い」「女性の感情の働きが、さまざまな種類の冷淡さ、無能さ、構造的不公正さの犠牲になることに焦点化される」と論じている。ここで分析されたテクストは、異なるトーンを持ち、様々な結論を詳述しているが、それぞれが感情その他の労働の形態を説明し、関心を持つ聴衆と折り合いをつけるために、回想録という形式を使っている。いずれの場合も、不当な扱いを受けた政治家の妻は、公人としての自分の役割と、偽りの物語を広めることに貢献したかもしれないという事実の認識を実証している。手記は彼女たちの免罪と正当化の役割を果たすが、その正当化は、しばしば結婚労働者としての自分を主張する身振りによってもたらされる。要するに、これらの語りは、公的な家族形成の詳細を明らかにするのである。これらの手記は、ネイサン・ラムブッカナが「不倫産業」と呼ぶ、不倫をめぐる言説生産の全領域を表す用語のより広いパターンに参画していることを認識すべきだろう。これらのテクストは確かに不倫を容認・推奨しているわけではないが、不倫をよりセンセーショナルに伝えることに加担しているのである。

不当な扱いを受けた妻側のメディアは、夫のために女性が行なった努力、特に選挙運動での努力は善意で行なわれたものだという主張を補強している。ジェニー・サンフォードの回顧録『正直であること』は、この点を明確に打ち出している。二〇〇九年六月、彼女の夫であるサウスカロライナ州知事のマーク・サンフォードが、「ソウルメイト」と呼んだ有名な長年の愛人と再会するために、アルゼンチンに五日間姿を消すまでの出来事を彼女は詳細に記している。予定外の旅行から戻ったサンフォードは、結婚生活や居場所に関する質問の嵐に直面し、一八分以上にわたって記者会見を開き、自分の気持ちを詳しく説明し、不貞行為を詳述し、何度も謝罪と言い訳を繰り返した。ジェニー・サンフォードはこの記者会見に姿を見せなかったが、この行動は、不当な扱いを受けた妻が活動できる条件を変えたと評価されている。アンソニー・ウィーナーの最初の記者会見にフーマ・アベディンが出席しなかったことについて、世論調査員のセシリア・レイクは、「ジェニー・サンフォードは多くの政治家の妻たちを解放し、『もうこれ以上我慢する必要はない』と教えてくれた」と述べている。マーク・サンフォードは州知事を辞任し、夫妻は二〇一〇年に離婚した。その後、サンフォードは愛人のマリア・ベレン・チャプールと再会し、二〇一三年にサウスカロライナ州の下院議員に就任して公職に復帰した。このような経緯を見れば、この関係の亀裂もまた、不快なほど公然と発生したのは当然だろう。サンフォードは、二〇一四年のフェイスブックへの投稿で、彼とチャプールとの破局を公表し、新しいロマンスを邪魔した元妻を非難している。チャプールは、彼が二人の裁判の公開を計画していることを事前に知らず、報道陣にそのように告げた。二〇一五年、サンフォードとチャプールは復縁したと報じられている。

ジェニー・サンフォードの本には、夫が信仰を破り、子どもをないがしろにし、彼女には堅物だが愛人には浪費家として振る舞い、関係を断とうとした時期には彼女を冷たく扱ったという非難を含め、夫の幾重もの偽善の詳細が豊富に描かれている。このように、この回想録は、ジェニー・サンフォードの苦しみに修辞的権威を与えている。キリスト教的で慈愛に満ちた善良な口調で語り、夫の執拗で飽くなき自己満足の探求とは対照的に、彼女は自分を与える人として位置づけている。サンフォードは、「結婚の見返りとして受け取った以上のものを生活の中で与えることが、私たち家族のために正しいことであったと結論づけることができ、私は、それを誇りに思ってる」と書いているが、これは彼女が結婚を一種の市民権のようなものとして理解していることを示している。夫婦の断絶による裏切りの感覚と怒りに加え、サンフォードの回想録には、政治家の妻としての彼女の労働がいかに利用されていたかという深刻な告発が見られる。結婚早々、夫の少年時代の故郷であるサウスカロライナ州に移り住み、ニューヨークの投資銀行家としての仕事を諦めたことを断固として主張し、夫婦の四人の息子たちの母親であり妻であることを誇らしく語る一方で、家族がみな夫のために働いていたことを頻繁に指摘する。彼の最初の議員選挙の運営(「全力を尽くしたら、ありえないことに、政治家の妻になってしまった」)、彼の信念や政策を確立するために方々に手紙を書き、演説をし、選挙活動に参加したことを語っている。サンフォードの最大の不満は、夫が家族を利用して、公には自分の立候補を後押しし、家族の価値を高めるキャンペーンを展開しながら(「夫は原則と価値に従って生きることについてよく話す男で、家族は彼の魅力の一部、人格の証拠だった」)、私的には家族をないがしろにしていたことである。またサンフォードは、家族をいつでも写真に撮られて良いような状態に保つためにかかった労力について、疲れた口調で書いている。「人前で自分がどう見えるか、子どもたちがどう見えるか、どう振る舞うかを常に意識する必要があった」。ジョージ・W・ブッシュの演説中に息子の一人が退屈そうにしているところを写真に撮られたとき、夫は彼女に腹を立てたことからもわかるように、彼女が容赦ない要求に直面して見せた忍耐力とは対照的に、彼が短気で妥協を許さない性格であったことがわかる。人間離れした息子ではなく、無愛想な夫を律するかのように、サンフォードは打ち明ける。「夫は、息子たちが興味を示すように指導しなかった私に失望していたが、私自身は息子たちの良い行ないを誇りに思っていた。子どもに要求できることは限られており、政治演説をじっと聞いているのは限界だったのだ!」。

サンフォードは、夫が子どもたちを従業員のように扱っていると感じており、それは、夫が家庭生活の情緒的な現実を見失ったからだという彼女の告発を裏付けている。また公人としての立場からくる感情のコントロールについても言及している。

家庭と政治との間の不安定な関係、とりわけ世間の詮索を受けながら自分の本心を抑え込む労苦は、不当な扱いを受けた妻に関わるメディアのもう一つの特徴を構成している。今回取り上げた中でも、サンフォードの本は、このようなパフォーマンスがもたらす悪影響について最も痛烈な批判を展開している。サンフォードは、家庭生活が常に一般大衆の目に触れるという点を嘆いている。サンフォードは、前知事夫人の観察を裏付けるように、知事公邸に住むことは、階下で行なわれるイベントやツアーが常に聞こえてくる「店の上に住むようなもの」という前大統領夫人の主張を繰り返している。自分の家を店舗に例えることによって、サンフォードは事実上、自分の結婚と家族の機構を政治的生産プロセスとして特徴づけている。

ディナ・マトス・マクグリーヴィーも同様にこれらの要件に留意しているが、そのコストと利益についてはより微妙な見方をしている。彼女は、ジム・マクグリーヴィーとのつきあいが、当初から衆人環視のもとで行なわれたことを述べている。「高齢者との朝食、高校の運動場でのフットボールの試合、教会のピクニック、ケータリングホールでのディナーなど、私たちのデートはしばしば選挙運動の場という形をとっていた」。マトス・マクグリーヴィーは、このように公に家族の親密さを示すことは彼女にとってそれほど異質なことではなかったと話している。なぜなら、ほとんどの子どもにとっては「家族の生活はプライベートな問題であり、家で暮らすもの」のはずだが、慢性疾患を持つ弟のいる彼女にとっては、「弟を保護し養おうという家族として最も重要な活動は、病院や診察室という公共の場で行なわれることが常だったから。私生活と公的生活を分ける通常の境界が取り除かれるか、あるいは引き直されるとき、私にとって政治的なことは個人的なこととなった」のだ。マトス・マクグリーヴィーは、擁護活動を共同作業としてとらえ、その活動が私生活に取って代わることに同意したが、それは事実、公共圏の先見的な再定式化につながっている。彼女は、「政治活動は情熱であり、公の場は親密な空間だった」と書いている。このように公共圏の機能を説明するために、彼女は夫妻が公共サービスの約束事について共有していた信念を繰り返し、夫と出会う以前から、彼女が育ったポルトガル人コミュニティで強力な公共サービスの唱道者だったことを述べている。ジムの知事就任式で、夫婦の間に生まれた赤ん坊も一緒にステージに上がったというエピソードは、彼女の家庭生活がいかに同じような努力によって決められていたかを浮き彫りにし、「この公的な瞬間は、ジャクリーンの誕生以来、私たち家族が最も感動した瞬間でもあったのだと、胸騒ぎを覚えずにはいられなかった」と書いている。後に夫の秘密の性癖が判明することを考えれば、この出来事について彼女が落胆の念を持つのは当然と言えるだろう。しかし彼女の言葉は、実は家族生活の定義の変遷に対する鋭い洞察でもある。例えば、生まれたばかりの赤ちゃんの写真がすぐにフェイスブックやインスタグラムに投稿されるように、私的な瞬間が世間の目に触れる時代において、マトス・マクグリーヴィーの家庭生活は、多くのアメリカ人が享受するメディア化した生活を先取りしているのだ。また本書が一貫して指摘しているように、結婚をますます公的な場で機能する労働の一形態として検討する必要性も強調されている。この点で、政治家の妻は、家庭生活の公的交渉が日常的なアメリカ人のそれとはほとんど関係ない希有な存在に見えるが、実際には彼女らの物語は、そうした必要性をより鮮明に浮き彫りにしているにすぎない。

このような妻の労働の新たな常態化を考えれば、エリザベス・エドワーズが、夫の浮気を知った後でも彼の大統領選出馬に協力したことを、偽りの行為ではなくむしろ夫婦の最も大切な強みを証明する決断だったと語る理由もよく理解できるだろう。夫に二〇〇八年の大統領選への出馬を促したのは、自分たちの葛藤を隠すためではなく、むしろ二人の大きな目標を思い起こさせることで結婚生活を救おうとするものであった。エドワーズは、「私たちは恋人であり、人生の伴侶であり、国がどうあるべきかというビジョンのために並んで闘ったのであり、それが二人の接着剤となった。私はそれを掴んだ。そうする必要があったのだ。私たち二人の間では何が信頼できるのかわからなかったが、二人の仕事は信頼できるとわかったのだ」。彼女の発言が示すように、この夫婦の「二人の仕事」は負債ではなく資産であり、結婚生活を維持する理由と手段を（少なくとも一時的には）提供していた。このように、パートナーシップを仕事ととらえなおすことは、逆説的にパートナーシップを維持するための手段となった。

妻たちの回想録は、妻としての仕事が私生活と仕事の両方に不可欠であったことを強調することで、公私の区分を複雑化するのに役立っている。これらの回想録は、個人的な裏切りが発覚した後でも、妻たちが結婚生活を有意義で誇らしいものと考えていることを示唆している。(13)

結婚が直接的な配偶者を超え、むしろ国家の責任として投げかけられるため、蔑まれた妻の回想録は、逆説的に、回想録を書く引き金となったスキャンダルを超越した夫婦生活の政治性を確認するという偉業を達成している。これらの妻たちは、虚偽のパフォーマンスに加担するどころか、自分たちの結婚生活と世間の目にさらされた仕事のどちらも、誤解を招くようなものではなかったと示唆している（どちらかと言えば、マクグリーヴィーの回顧録は、彼女の努力が正しく認識されていなかったことを示唆している。『沈黙のパートナー』という題名を文字通り受け取れば、彼女は舞台裏で彼の努力を支えながらも、そのために必要な信用を欠いていたことになる）。

このように、結婚を夫と妻の双方が承知の上で運用するパートナーシップとして捉え直すことは、妻が夫婦関係の破綻による影響を、親密さの喪失というよりも、仕事の喪失として特徴付けることが多い理由にもつながる。ゲイル・ハガードは、夫が男娼とのセックス・スキャンダルを起こし、夫とともに福音主義教会から追放されたとき、女性のためのネットワーキング団体「女性の所属先《ウィメンビロング》」の常勤ディレクターという有給の職を追われたことを痛切な悲しみをこめて書いている。ジョン・エドワーズとの別離後、エリザベス・エドワーズも同様に、個人としてのアイデンティティと仕事上のアイデンティティの両方を失ったと感じている（「三五年前にジョンと恋に落ちていなかったら、私はどんな人間だったのか、そしてどんな人間になっていたのかを、これから探さなければならない」）と述べ、小さな家具屋を開いた経緯を綴っている。「この世界では、私はジョンの妻ではない。私の名前がタブロイド紙に載ることもない。私は、チャペルヒルに小さな店を購入したエリザベスなのだ」。この文章からは、結婚の危機が個人のアイデンティティの危機として読み取れる。親密な生活、個人的な約束、仕事上の義務が不可避的に関連している点で示唆に富む文章である。

結婚や政治をめぐる国民的な議論でも、妻を職業としてとらえる傾向が強まっている。ニューズウィーク誌の表紙には「二〇一二年の良き妻」と題し、赤いスーツに身を包み、真珠の首飾りをつけたブロンド女性が微笑んでいる。そして、次のような主張が書かれている。「女性は夫を養う以上のことをする力を与えられており、本来の姿より洗練されたように見せることが多い政治家の妻は、完璧な助っ人以上のことを期待されるようになっている（ただし、間違いなくそれは必要なことだが）。夫の隣で愛情あふれるまなざしを向けることも仕事のうちだが、今は、経歴書に載せるとまではいかなくても、自分自身の目標や関心事を示す情熱が必要だ」。この記事が「仕事のうち」という表現を使っているのは偶然ではない。本書が一貫して辿ってきたように、妻業が仕事であるということは、その現代的な共振に不可欠なのである「スキャンダル」のメリー・グラントは、明確に類似した助言を受けている。結婚当初のフラッシュバック・シーンで、メリーがまだ弁護士の仕事をしているとき、アドバイザーが、もし夫が知事職に就くのを彼女が助けたいと望むなら、「夫」を自分の専門家にしなければならないと助言するのである。「彼はあなたの慈善事業であり、あなたのフルタイムの仕事。あなたは妻なのです。彼を助けなさい」。同様に、息子の悲劇的な突然の死で精神的に麻痺してしまったメリーは、夫の説得ではなく、むしろ彼の報道官の言葉によって、ファーストレディとして公の場に出るようにうながされる。「子どもは死ぬものです。あなたの仕事をしなさい」。「ハウス・オブ・カード」

では、シーズン3でのクレアとフランク・アンダーウッドとの険悪なやりとりが、この気持ちに共鳴している。クレアは、夫が自分の支援によってより多くの利益を得ていることに気づき、公の場に夫と一緒に出ることを拒否するが、フランクは、翌日の予備選挙のキャンペーンのために彼女がニューハンプシャーに同行することを望んで、「私は私の仕事をしている。今度は君が君の仕事をする番だ」と言うのである。

とはいえ、妻業を職業とする女性は、世間から嫌われる傾向にある。この不快感は、女性の仕事が結婚や母親の役割の延長線上にある場合、認知された経済の周縁に存在するという事実に起因しているだろう。個人的な関係から経済的あるいは感情的に利益を得たり、個人的に意味のある議題を推進するための基礎として親密な絆を利用したりすると、女性はただ自己の利益のために働いているという非難に直ちにさらされやすくなるのである。このような不信感は、妻や母であることがもっぱら家庭の領域に存在するという考え方の象徴的な牙城を確証するものであり、その大部分が幻想であるにもかかわらず、どこか畏怖すべき力をもって存続する重要な観念である。サンフォードのような回想録作家が、家庭生活から利益を得て神聖な絆を汚すことになるという理由で断固として避けているこのレッテルを、アメリカのメディア文化が「政治家の妻」という地位に警戒心をもってアプローチしていることからも、同様の感覚を見て取ることができるだろう。このような言説の領域では、最も重要な職業的パートナーシップであると思われる結婚生活に留まる妻として、ヒラリー・クリントンという人物が認識され、訓話的な役割を果たしている。クリントンが影響力と権力へのアクセスを得るために、自ら進んで愛を犠牲にしたという見方は、極端な日和見主義がもたらす個人的な代償を象徴するようになった。

冷酷な野望の暴走という亡霊がマトス・マクグリーヴィーにつきまとう。夫がゲイであることを最初から知っていたという主張に反論するために、彼女は回顧録にこう書いた。「ヒラリー・クリントンに対してと同様、私に対してもいわれのない悪口が投げつけられた。私が日和見主義者で、ジムがゲイだと知りながら結婚したのは、ファーストレディになって、自分の政治的将来を有利にしたいからだ、と」。マトス・マクグリーヴィーは、このような非難に断固として反論する。「私はジムがゲイであることを知りながら結婚したわけではない。彼と結婚する前にも政治の世界を楽しんでいたし、自分が公職に就く可能性を高めるために彼と結婚したわけではない。ジムなんて必要なかった。やりたいと思えば自分でできた」。マトス・マクグリーヴィーの否認は、ヒラリー・クリントンのような人物が文化的言説に及ぼした影響力を示している。マトス・マクグリーヴィーは主体性を主張するよりも、日和見主義を否定せざるを得ないと感じている。彼女の発言は、結婚が個人的な利益のための約束と見なされることにおいて、本書が辿ってきた論理に対するより広い文化的理解を確認するものである。また、マクグリーヴィーの発言は、人生経験がいかにマスコミによってフィルターにかけられ、マスコミとの対話の中で生きられているかを示している。彼女の本の目次には「政治家の妻」という項目さえ見られるのである。

これに対して、ジェニー・サンフォードは、妻業が嫌いだと繰り返し主張するが、彼女の本質的な女性性を強調し、この批判から免れているように見える。伝統的なジェンダー・アイデンティティーという古風な概念への傾注を繰り返し公言し、家族的労働を市場原理の醜悪さから守ろうと努力したことを証言するサンフォードは、マトス・マクグリーヴィーを悩ませる種類の疑惑から自分を免責している。前述したニューズウィーク誌のカバーストーリーでは、サンフォードは一五年間の政治家の妻業に「耐えた」一人として紹介され、「早くこの仕事から抜け出したかった」と語っている。また、サンフォードは政治家の妻業の過酷さを語る有力な評論家としても一定の評価を得ている。彼女は、ウィーナーの二度目のスキャンダルが発覚した後に掲載された二〇一三年のワシントン・ポスト紙の記事にも登場している。「人として、女性として、妻として、問題を抱えた人物と結婚し、それが報道されるという辛い現実を経験した。自分のことを思うと、胸が張り裂けそうだ」。

不当な扱いを受けた妻たちの回想録によれば、彼女たちのイメージはマスメディアと直接対話する形で存在しており、そのせいで彼女たちはメディアによる不当な描写に異議を唱えざるを得ないと感じている。エリザベス・エドワーズが書いているように、「私は、移り変わるイメージの中で描かれるほど良い人間でも、悪い人間でもなかった」。特に、夫の不倫を隠すのを手伝ったおべっか使いのアシスタント、アンドリュー・ヤング（彼女はこの名前を挙げていない）が口にする有害な描写に直面して、彼女自身の言葉が伝えられることは重要である。ヤングは著書『政治家』（２００９）で、ジョン・エドワーズと不倫相手のハンターとの間にできた娘の父娘関係を主張し、その事実を知って怒りをあらわにしたエリザベス・エドワーズを激しく非難している。彼女が告白しているように、「私は決して聖女エリザベスではなかった。そのようなふりをしたこともない。怪物になったこともない。そうなりたいと思ったこともない。私は単に、信じられないほどもろい人間で、明日になれば自分の健康について、家族について、人生について、何を言われるのか、どんどん怖くなっていったのだ」。

ハガードは、自身がメディアで問題になったことを引き合いに出し、映画「ジーザス・キャンプ」（２００６）やＣＮＮの番組「ラリー・キング・ライブ」で、夫がいかに誤った報道をされたかを嘆いた結果、ＨＢＯのドキュメンタリー番組「テッド・ハガードの試練」（２００９）の制作に協力することになった。この作品は、以前務めていた教会だけでなく、コロラド州からも追放されたハガードが、新しい人生を築こうとする困難な努力に焦点を合わせ、より共感できるストーリーになっている。このドキュメンタリーの中で、ゲイル・ハガードは夫と一緒にいることを決めたことについての質問に彼のそばを歩きながら答えている。彼の存在は、彼女の言葉や感情が彼の関心によって形成されていることについて、静かではあるが力強く物語っている。一方、ハガードが長年にわたって性的関係をもっていた男性は、シリウスＸＭラジオの司会者ミケランジェロ・シニョリーレによるラジオインタビューに応じたが、スキャンダルに意図的に参加した者には多くの道が存在し、間接的にしか関与していない者には比較的道が少ないことを示した。ゲイル・ハガードの回顧録は、彼女が自分の言葉で語る唯一の場である。それに関連して、二〇一二年に夫妻がセンセーショナルなリアリティ番組「セレブリティ・ワイフ・スワップ」（２０１２～１５）に出演し、常軌を逸した俳優ゲイリー・ビュジーと自分の家族を交換したのだが、それは新しい聖職に就くためにコロラドスプリングスに戻ったテッド・ハガードの汚れた評判を更生し、心機一転をはかることが動機だったようである。この番組でゲイル・ハガードは、夫のキャリアを助けるために妻であることを利用しながらも（そしておそらく家族にお金をもたらすために）、中心になっており、落ち着きがあり、明晰であるように見えた。

これらの例が示すように、不当な扱いを受けた妻の回想録は、メディアのプラットフォームを意図的に、戦略的に利用するのと同時に、結婚というものが、ますます対話的な性格を帯びてきていることを不用意にも明らかにしている。結婚の生活実態が公的な行為であることを認識すれば、妻業が複数の舞台で演じられることを知るのに選挙遊説に出る必要はない。何が仕事であり、何が結婚であるかの境界線を曖昧にし、蔑まれた妻側のメディアは、親密な働きと公的な努力の間に避けがたいいずれがあることを明らかにしている。

結婚という道具的手段と「アメリカの赤ちゃん」

ＣＢＳの「グッド・ワイフ」、ＡＢＣの「スキャンダル」、ネットフリックスの「ハウス・オブ・カード」は、いずれも政治家の妻を登場させ、それぞれ妻という立場を利用して政治的利益を得るという、現実世界での事例を借用している。本節では、アリシア・フローリック、メリー・グラント、クレア・アンダーウッドを現実の妻と並べて論じ、これらのキャラクター化が、本書が全体を通して辿ってきた妻の新しいレトリックをどのように内包しているかを説明する。具体的には、結婚の職業化と子どもの道具化を検証し、家庭生活を公的イメージの中心に据える覚悟のある女性にもたらされる利益を論じる。

アメリカの政治プロセスでは、候補者の結婚生活の質と実績が、その候補者の資質を表わすとされる。このパラダイムに従えば、候補者のパートナー関係（性的貞操観念が極めて重要である）の機能性は、その候補者の本質を根本的に物語ることになる。逆に、そのパートナー関係にストレスや亀裂が生じれば、もう一方のパートナー、それもほとんどの場合妻の責任として、関係の修復によって候補者や政治家に対する信頼が再び正当化されることを国民に保証しなければならなくなるのである。「グッド・ワイフ」はこの点について特に雄弁である。スキャンダル後、アリシアが夫婦の和解を（大部分偽って）証言したことは、紛れもなくピーターの政治的復活を助けることになった。例えば、ピーターが州検事選に出馬するとき、アリシアは選挙前夜の生放送インタビューへの出演に同意する。夫婦仲はよくないのに、彼女の出演が彼の当選を後押しする。このインタビューでは、女性インタビュアーがアリシアに政治的な願望を尋ね、アリシアが夫よりも好かれているような枠付けをする最初の種をまくことになる。この主題を利用して、番組は夫ではなくアリシアにこそ政治的な未来があるという考えに何度も立ち戻るのである。

また「グッド・ワイフ」では、夫婦円満を演出するために、メディアを意図的に利用することも繰り返し行なわれる。シーズン3では、アリシア（説明として「政治家の妻／弁護士／母親」とある）がテレビのトーク番組「チャーリー・ローズ」に出演し、ピーターの家族への献身を証明した後、ピーターのイリノイ州知事職へのチャンスと、彼が必要としていた女性有権者の目における彼の地位が著しく上昇する。しかし、「グッド・ワイフ」では、この必要性が徐々に諸刃の剣と化すことが描かれる。アリシア自身の政治への願望が強まるにつれ、夫婦の和やかな雰囲気を維持する必要性が高まるのだ。シーズン5と6では、夫婦とは名ばかりで二人は疎遠になっているが、アリシアはピーターに「私はあなたと離婚するつもりはない」と言う。「私があなたにとってそうであるように、あなたは私の仕事上、とても貴重な存在。でも、もう会うことはない。必要なとき以外はね」。

アリシアは、フェミニストの旗手グロリア・スタイネムの指示で州検察官に立候補することになったが、彼女もまた、ピーターとの結婚がそれぞれの職業人生にとって重要な要素であることを代弁するようになる。彼女の出馬表明の際に、ピーターが彼女を紹介することを渋ると、彼にとって不利になるようなシナリオをいくつも挙げる。「あなたの好感度はガタ落ちよ。あなたが年金の話をするつもりの日に、すべての質問はあなたの結婚生活に向けられる。たしかに私にはあなたが必要かもしれない、ピーター。でも、あなただってとても私が必要なのよ」。アリシアとピーターが直感的に認識できたように、政治的な将来は、候補者が夫婦関係の安定と正常さを認識できるかどうかにかかっているのだ。フローリック夫妻の結婚が単に夫妻のキャリアを支えるだけでなく、夫妻のもう一つの武器として存在することを再確認したアリシアは、彼女が政治イベントに出席が必要な場合は、夫に彼女のオフィスに電話するよう伝える。「私のアシスタントが予定表に書き込んでおくから」。アリシアはこうして、フローリック家の結婚が取引的な性格を持つことを冷静に再確認する。結婚を遂行することは、職業上の義務の一つに過ぎない。

「グッド・ワイフ」は、夫婦の取り決めの条件を冷徹かつ明確に表現し、政治的未来が夫婦の認識の一致によってどの程度まで上下するかを示唆するのである。同じ理解が、「スキャンダル」におけるグラントの結婚の描写を構成している。このテレビドラマは、アドバイザーが言うように、「終わった結婚を回し続ける」ために必要な策略を一貫して細分化する。また「スキャンダル」は、配偶者が広報キャンペーンを効果的に展開することによって得られる政治的利益を巧みに表現している。保護者会に出席し、陽気にソフトクリームを分け合い、愛情ともとれる優しいふざけあいを見せるフィッツとメリーは、しかし緊張した関係を修復しようと、おなじみの脚本にしたがって行動する。このシリーズでは、夫婦の信頼性に対する認識が持つ驚くべき力を強調する場面で、「神頼み」とも言うべき結婚の一手を披露する。フィッツが女性有権者とのつながりがないために大統領候補者指名選挙の山場であるスーパー・チューズデーに負けるという世論調査の数字に直面したメリーは、ジョージア州の食堂で心おきなくパイを食べる写真撮影を利用して、痛烈な作り話をする。(14) 彼女は集まった南部の女性たちとの会話を中断して、最近流産した話をでっち上げ、その原因は選挙運動のストレスにあったと話す。「たった八週間とはいえ、それは赤ちゃんであり、私たち家族の一員でした。それ以来、私は子どもを失ったことを毎日悲しんでいるのです」と彼女は涙ながらに告白した。二人が分かち合ったトラウマの痛みと、フィッツが「お互いを気遣う時間」を持つために選挙戦を離れたように思われることを利用して、メリーは選挙戦中二人の間に距離があった言い訳を提供する。

この驚くほどご都合主義的な動きは、彼女らの結婚を人間らしくし（そして暗に性的なつながりの継続を肯定し）、女性有権者共通の基盤として母性衝動を主張し、婚姻の崩壊を疎遠ではなく悲しみとして捉え直すという、多くの目的を達成するものであった。

それに対して、クレア・アンダーウッドの最大の負債は、彼女が何度も妊娠人工中絶していることで、その事実を隠すために彼女は多大な労力を費やしている。このように、「ハウス・オブ・カード」は、妻にとって母になることは神聖な願望であり、それによって妻が親密で温厚であることが直ちに確認されるよう強調されている。もちろん、クレアが何度もしてきたように、子どもを持たないことよりも悪いのは、子どもの存在を意図的に阻むことである。アンダーウッド家の大統領選のライバルは、共和党の多産系の若夫婦で、小さな子どもが二人いるのだが、この事実がアンダーウッド家の不毛さと冷たさを再び際立たせている（アンダーウッド家とシェイクスピアのマクベス家の比較は、実のところ、幅広くかつ多重である）〔訳注：アンダーウッド家とシェイクスピアの無慈悲なマクベス家とはよく似ている場面がある〕。この精神に則り、アンダーウッド家の「神頼み」は、メリーの偽流産よりもはるかに陰険で、悲惨な結果をもたらすものである。アンダーウッド夫妻は、自分たちの不正と違法行為の暴露から注意をそらし、低迷している大統領選挙を立て直すために、アメリカ人の人質を犠牲にして、国を戦争に持ち込むことを決意する。

このように、政治家の妻は、母親であることが疑問の余地のない、極めて重要な熱望であるような風景の中に暮らしている。このような環境の中で、メリーの一件はマスコミが「アメリカの赤ちゃん」と呼ぶような受け止められ方をする。冷笑が蔓延するアメリカ文化において、なぜかそれが家族という神話にまでは及ばないことを見事に明瞭に表現しているのが、メリーは赤ん坊を武器であり財産であると考えていることだ。大統領のインターンとのセックス・スキャンダル疑惑から目をそらすため（この番組がクリントンの遺産を借用した例の一つ）、アメリカ国民に妊娠を発表した（これも嘘）メリーとフィッツは、子作りに取りかかる（「もちろん、すぐにでもトライしないとね」とメリーは素っ気なく言う）。シーズン2のオープニングで妊娠が明らかになり、「政治的な動きがすべてではない」と言う夫の悲痛な訴えに応えて、彼女はこの子がどんな状況で妊娠したのか、そして二人の共同政治願望という観点から、この子の持つ大きな意味を正確に図式化する。

あなたはインディアナ州の歯っ欠け工員じゃないし、私は貧乏人の住むトレーラーパークで育ったぽっちゃり娘じゃない。私たちは恋に落ち、酔っぱらって、ピックアップトラックの荷台でやったわけではないのよ。この赤ちゃんは、ああ、この子に祝福あれ！　私たちのものではないのよ。この子は私たちの愛国的義務、国のために授かったの。この子はアメリカの赤ちゃん。そしてレポーターのキンバリー・ミッチェルが男の子か女の子か私たちが見極めるのを見にやってくる。なぜって、あなたは自由世界のリーダーだから。あなたはズボンのチャックをしっかり閉めておくことができなかった。この赤ちゃんは、あなたのためにあなたへの、ちょっとした政治的な贈りものなのよ。

メリーは、「アメリカの赤ちゃん」の性別が明らかにされたインタビューの中で、重要な外交問題で夫に対して強硬手段に訴える。東スーダンの子どもたちを大量虐殺から守るために軍隊を送るべきだと提案し（しかし本当は、耳目を集める戦争が彼の再選のチャンスを確かにすることを望んで）、メリーは自分の妊娠をいかに戦略的に利用したかについて事後にコメントする。「あなたがばっちり大衆受けするトーンを使ったわけ。両手をお腹に当てて、懸念を共有する、ってね」。

このシリーズは、母性を操作用のパフォーマンスとして冷徹に表現し、母体を使い勝手のいいものとして見せている。大統領首席補佐官のサイラス・ビーン（ジェフ・ペリー演）がメリーにいうように、「君とそのお腹は、フィッツの再選の可能性にもう十分貢献している」のである。女性の出産能力はイメージ戦争で強力な武器になると主張するこの筋書きは、ジェンダーに基づく理念がいかに利用されうるかについての鋭い洞察を示しており、母としての能力が女性をバカな打算から免除または排除するという信念に対する痛烈な反撃を提示している。メリーは、マスコミが見ているときだけ息子を抱きしめる。「赤ん坊好きな人なんていやしないわ」と、時には正直に淡々と話す。メリーは、夫のためにキャリアを捨て、子どもを産んだことをよく引き合いに出すが、「アメリカの赤ちゃん」の筋書きは、この子どもが自分の役に立つことを示唆しており、自分の政治的利益のために赤ちゃんを露骨に道具化する。

赤ん坊の誕生は人間らしさを表すという逆転の発想、加えて番組で多く使われるシェイクスピア的潜在要素、あれか、これかを表す、「ハウス・オブ・カード」のクレアは、副大統領候補の指名獲得に向けて厳しい闘いを強いられる民主党大会への出席前夜に、平然と瀕死の母親を安楽死させる。エリザベス（エレン・バースティン演）は、明らかに世代を超えて受け継がれてきた冷徹な意志を示しながら、政治的な後押しをするために自分を犠牲にするよう娘に迫る。エリザベスは言う「そうすればあなたは勝てるわ。母親がいなくなることは、あなたの勝利につながるのだから」。母の死をきっかけに、クレアは、まさに母が望んだとおりに同情を集める。副大統領の指名を受けたクレアは、二人の関係を偽り、暖かさと励ましあいの関係だったと言葉にするが、それはほとんど偽りである。

これらの番組を総合すると、幸せな家族の物語なるものへのアメリカの思い入れが、搾取と巧みな操作に満ちているという明白な洞察が得られる。妻は、家族をそのように見せるために重要な役割を果たすだけでなく、家族のブランドを回復させたり、失墜させたりする驚くべき力を持っているのである。このような現実を認識した上で、「スキャンダル」は複数の筋書きにまたがって展開される。シーズン1のストーリーでは、フィクサーのオリヴィア・ポープ（ケリー・ワシントン演）が、南米の独裁者に向かって、彼に不満を持つ妻と別れ、子どもを妻の要求通り引き取らせるよう説得する。さもなければ、妻が独自の広報活動を展開すると予測されるからである。賢くてパワフルな女性は、「回想録を書いたり、トークショーに出たり、慈善事業に出たり、レッドカーペットに登場して、途上国の女性の権利について話したりして、国はおろか、自分の家族すらまともに運営できない冷酷な独裁者に赤ちゃんを引き離されたとぶちまけて反撃するものよ」とオリヴィアは指摘する。オリヴィアの言葉通り、独裁者の決断は

「政治的な生き残り」に関わる問題であり、慎重に考える必要がある。「この女性は、あなたの子どもの母親か、あるいは敵かのどちらかです」。本章でも強調してきた女性のメディア回路の力と普及を指摘することで、「スキャンダル」は妻の象徴的価値を巧みに表現している。

「ハウス・オブ・カード」もよく似た感情を表現する。クレア・アンダーウッドがタイミングよく選挙戦から姿を消したおかげで、フランク・アンダーウッドの大統領選挙戦は失敗に終わる。具体的には、クレアはアイオワ州での夫の勝利を祝わず、ニューハンプシャー州にも行かず、そこで夫が敗れ、さらにサウスカロライナ州でも故意に妨害工作をする。そして、その失敗を夫に思い出させ、自分の地位と効果を利用する。「あなたの選挙戦は大変なことになっている。あなたには私が必要なのよ。私の支持率はあなたより上。テキサスで勝たせることができるのよ」。しかしクレアの申し出には、自分を副大統領にするよう求めるなど、さまざまな条件が付けられていた。クレアは彼を説得するため、自分の価値と、もし彼が要求を呑まなかったらという暗黙の脅しを口にする。「私がいなければあなたは勝てない。私はあなたの選挙運動の一部になることもできるし、終わらせることもできる。どんなことでもやるわ。絶対にこの機会を手放すもんですか」。

「スキャンダル」「ハウス・オブ・カード」「グッド・ワイフ」は、実際の政略結婚や二一世紀のメディアを揺るがしたスキャンダルを見る上で重要なレンズを提供してくれる。例えば、二〇〇三年にアーノルド・シュワルツェネッガーのカリフォルニア州知事選に参加したマリア・シュライヴァーは、母性を倫理の三段論法として用いる妻の力を明確に証明している。シュライヴァーは、夫が多くの女性に不適切に手を出したという悪い噂から彼を擁護し、強い信念を持った女性であるという自身の評判を担保に、夫の資質と女性の功績に対する彼の支持を証言する一連のスピーチ（「めざましき女性のツアー」という適切なタイトル）を行ない、彼の立候補を効果的に救い出した。シュワルツェネッガーが、長年連れ添ったスタッフの女性との間に子どもをもうけながら、その事実を一〇年以上も明らかにしなかったという裏切りを自分の信用に結びつけた後で、彼の行為はより残酷に感じられ、世論の流れは彼女に大きく傾くことになった。同様に、マリアほど強いレトリックな力は持っていなかったが、二〇一六年一〇月、メラニア・トランプは、夫が女性の体を触ることについて淫らに話している証拠となるテープが出てきた後、彼の弁護を始めた。メラニア・トランプは「そんなことを言うような人は知らない」と主張し、夫が「ボーイ・トーク」に煽られたと示唆した。このような弁明は、すでに彼に投票しようと考えていたアメリカ人に、間違いなく他人に目を向けさせるものだった。

現実世界における妻や母性の道具化については、二〇一三年にニューヨーク市長選に出馬したアンソニー・ウィーナーの例ほど顕著なものはないだろう。性的メッセージ、スキャンダルで議員辞職に追い込まれてから一年余り、ウィーナーとアベディンは広報攻勢をかけ、ピープル誌に「アンソニー・ウィーナー、『別人のように感じる』」という下らないタイトルで記事を掲載した。くつろいだ姿で幼児を抱いた夫妻の見開き二ページの写真で始まるこの記事は、ウィーナーの涙の記者会見の静止画像を含み、次の文章で始まる。「クイーンズ出身の前議員は、シアサッカー生地のショートパンツと黒い靴下、メッツの野球帽を身につけ、六ヶ月の息子ジョーダンの髪をシャンプーしながら『ジョイ・トゥ・ザ・ワールド』〔訳注：クリスマスの讃美歌〕を口ずさんでいる」。この文章は、ウィーナーが父親であることを熱心かつ愛情深く語り、キャリア志向の妻とは対照的に、家庭的な夫としての自分の役割を誇示していることを物語る。この記事は、しがない男が子どものために時間を費やしていることを仮定しているが、これは議会でのウィーナーの評判が生意気で大胆なエゴイストであったことから、重要なイメージチェンジを意味する。この感想は、ニューヨーク・マガジン誌の記事にも反映されており、ウィーナーの家庭的な性格が彼を軟化させたと主張している。「フーマがまだヒラリーと旅行していることもあり、かつては日曜日に一〇のイベントを予定するような放浪者だったウィーナーは、主夫として息子に哺乳瓶を与え、おむつを替え、その成長を見守るようになった」。スキャンダル後のウィーナーと彼のカムバック物語は、親になると成熟するという考えとうまく合致している。人生の晩年における自己改革の物語に加えて、ウィーナーは四七歳で初めて父親になった。

ウィーナーの親としての地位の利用は、ジョーダンの「最初の一歩」という、子育てにおける身近な記念碑的転機に立ち会うことへの興奮を繰り返し再現していることからも明らかである。この画期的な出来事はピープル誌でも言及されている（「選挙キャンペーンの計画はまだ何もないよ。計画している次のドラマチックな一歩は、ジョーダンのものだ」）。また、ニューヨーク・タイムズ紙のカバーストーリーでは、ニューヨーク市長の座を狙うというウィーナーの発表と時を同じくして、この夫婦に関する冒頭の言葉が語られている（「私が席に着いたとき、ウィーナーが最初に言ったことは、彼らの一三ヶ月の息子、ジョーダンがほんの少し前に最初の一歩を踏み出したということだ」)。著者は、ウィーナーとアベディンを「めまいがするほど、赤ちゃん自慢ではしゃいでいた、特にウィーナーは」と表現している。こうした薄っぺらなインタビューの最中にも、ウィーナーは「カルロス・デンジャー」という偽名を使ってさまざまな若い女性に性的なショートメールを送っていたことから、彼とアベディンが息子を使うのは「アメリカの赤ちゃん」的計算と読めなくはないだろう。この点で、ジョーダンの最初の一歩への執着は、メリーがお腹に手を当てるのと同じような感傷的なものとなる。また報道では、アベディンがなぜこれほど長くウィーナーと一緒にいたのかの説明として、繰り返しこの赤ちゃんが使われた(15)。

複数の出版物でウィーナーは「ミスター・ママ」的な存在として扱われているが、アベディンはこの全面的な報道において重要な役割を担っている。ピープル誌は、普段は「報道慣れしていない」彼女が「彼と結婚していることを誇りに思っている」とわざわざ発言したことで、報道陣を呼び込んだのは彼女であると評している。この記事の中で、そして後の描写でもそうであるように、アベディンは二人の結婚生活について次のように言及している。「今日に至るまで大変な苦労をしましたが、私たちが普通の家族であることを皆さんに知ってほしいのです」。リハーサルされた物語の中で、アベディンは、熟慮の末に夫を許した愛する妻であることを自らに課している。アベディンが重要な役割を果たしたウィーナーの最初の市長選挙のビデオも、こうしたパフォーマンスが依拠する悔い改めと改革の論理を完璧に言い表している。夫婦が子どもに食事を与える賑やかな朝食シーンから始まり、ウィーナーはナレーションで「毎日がここから始まる。最高の時間だ」と言う。ウィーナーがこの町との関わりを語る一方で、アベディンは映像の冒頭と最後の瞬間を括弧でくるかのように登場する。彼女は、実際に住んでいるパークアベニューの高級ビル（クリントンの長年の支援者が所有する三三〇万ドルのアパート）ではなく、茶色い壁のアパートの階段にいる夫の横に座っている。アベディンはアップで、「私たちはこの町を愛しています。この町をより良くするために、アンソニーほど一生懸命に働く人はいないでしょう」と言い、夫に横目でちらっと視線を送る。

アベディンの夫のための表舞台への登場は、驚くべき一貫性を持っている。いずれも、結婚という仕事と個人の選択力を強調する（「私にとって正しい選択だった。軽々しく決めたわけではない」）。そして、（彼女がアンソニーと呼ぶ）ウィーナーが改心したと確信してから結婚に踏み切ったという主張である。これらは、ネオリベ的でポストフェミニスト的な個人成長の理念を強化する傾向にある女性メディア形態の論理を巧みに利用している。ニューヨーク・タイムズ紙の記事の中で、アベディンはヒラリー・クリントンを名指して、自分も非常に個人的な選択を迫られたことを語っている。「私がこう言っても大丈夫だと思う、前にもこのように言っていたから。『結局のところすべての女性は、少なくとも自分にとって正しい決断をする能力と自信と選択権を持つべきであり、それによって批判されるべきではない』と」（しかし、クリントンはこのような言及にそれほど「大丈夫」ではなかったと言われている。クリントン夫妻はウィーナーとアベディンの記事で二一回も引用されており、この点に関して彼らは不満を持っていた。アベディンとクリントンのそれぞれの結婚に対する弁明は、それでも信じられないほど一致している）。アベディンは個人の選択とプライバシーの権利について典型的なポストフェミニストの主張をしているが、それは目眩ましとして存在する。プライバシーを主張する一方で、アベディンは世間体を気にする。アベディンの婚姻における闘いは、ネオリベ的な自助的個人主義の観念を流布しようとする女性メディアにとって格好の撒き餌となる。アベディンとウィーナーは親近感と、おそらくはウィーナーが市長選に勝つ可能性を高めるためにこの事情を利用したのだろう。

アベディンが二〇一三年にハーパーズ・バザー誌に寄稿した「良き妻」というタイトルの論説も、自分にとって最善の道を選ぶ必要性について同じように理解しており、その中で彼女は夫を「より良い男」と呼び、「ニューヨーカーたちは、彼に第二のチャンスを与えるかどうか自分で決めなければならない」と書いている。「私は自分自身のため、息子のため、家族のために同じ決断をしなければならなかった。そして私はその決断が正しかったと心から思っている」。皮肉なことに、この記事が掲載される頃には、第二のスキャンダルが広く知られるようになり、出版社はその罪を認めて新たな序文を書き加えた。アベディンが高級ファッション誌で夫の立候補を公に訴えたことも、華やかな飛行機で各地を移動する有名人としての彼女のイメージを巧みに強調するものである。アベディンがウィーナーと結婚する数年前、二〇〇七年のヴォーグ誌の記事は、彼女のセンス、洗練された雰囲気、成熟度を賞賛し、全体として彼女を国際的に洗練された人物に仕立てている。女性のメディア形態に対する心やすさとそれを意図的に利用しようとする姿勢は、彼女が見せる幅広さを物語り、エリート出版物とピープル誌のようにもっと一般的にアピールする雑誌の両方に登場することを彼女はいとわない。

アベディンは、女性のメディア文化が好む感情的パラダイムで作用する驚くべき能力を発揮し、市長選でスキャンダルに巻き込まれた夫の記者会見に「夫の味方」として登場し、個人の意志と選択という同様の基準で訴えた。アベディンは、これが初めての記者会見であり、「とても緊張した」ために声明を書き留めたことを明かし、読み上げた。「私たちの結婚は、他の多くの人々と同様に、上昇と下降を繰り返してきたのです。アンソニーを許せるようになるには、たくさんの労力とセラピーが必要でした」。涙をこらえながら続けた彼女は、「決して簡単な選択ではありませんでした。でも私はこの結婚生活を続ける価値があると決断したのです」と言い、夫に微笑みかけた。「どうなるかはわからないけれど、やってみたいとは思ったんです」。アベディンは続けて、夫が議員を辞職する前と後の「ひどい過ち」に言及する。「けれども、それは私たち夫婦の間のことだと強く信じています」。アベディンの登場は、市長選で夫を勝たせるほどの変化にはいたらなかったが、もはや夫がすでに失いつつあった信憑性、正当性、信頼性を、逆に彼女自身を確立するのに役立ったのである。

夫から二度目の公然の屈辱を被ったアベディンの反応は、実のところ彼女の魅力を高めただけだったのかもしれない。ヒンダ・マンデルが正しく伝えるように、政治屋のするとんでもない記者会見における不幸な妻の姿は、一般に大衆の同情を集める。「男の味方」をする女性に目を向けさせることは、出版社や著者が自身の進歩的姿勢を強調し、結果裏切られた妻の「味方」になるのである。このような姿勢は、出版社や著者が女性の利益を考えていることを主張するものであり、堕落した夫を支えることは誤った意識であるとの非難につながりかねない。

しかし、今日の不当な扱いを受けた妻たち、あるいは彼女らのメディアへの登場を、このようなレンズを通して読むのは怠慢であろう。女性のメディア形態の力を理路整然と計算高く利用し、不当な扱いを受けた妻たちは、むしろ批判をそらし、自らのイメージを保つための戦略として、個人の選択という宣言をしばしば利用するのである。アベディンが夫からの二度目の屈辱を公の場で話し合ったのは、最初の時に彼女が取った無言の対応よりも、夫と比較され、二人のうちでより好感があり、信念を持った人物としての登場であったという意味で、さらに巧みだったのかもしれない。後の節では、彼女のブランドイメージを考えるが、ウィーナーとアベディンの結婚を維持することが不可能になったという考えについて、また二人の結婚の失敗のせいで米国初の女性大統領が誕生しなかったのではないかという疑いについて考察しよう。

彼がブランドにとって良くない場合

アベディンが夫よりも巧みに自分の公的イメージを作り上げつつ、名声を欲するのではなく、メディアに消極的であるというイメージを保つことができたことは、二〇一六年のドキュメンタリー「ウィーナー」の公開を巡る宣伝でもあらためて確認された。このドキュメンタリーには、ウィーナーが失敗した市長選挙の驚くべき舞台裏の映像が映されていたのだ。二人の気まずい、しかしありふれた瞬間（彼女が彼に「そのズボン、良くないんじゃない」と言う）に加え、このドキュメンタリーは、明らかにウィーナー・アベディンの結婚における別の苦痛と屈辱の章を捉え、映像化しているのだ。選挙の夜、アベディンを一人で家に送り届け（日中は一緒に公の場に出るよう彼女に訴えた後）、彼の敗北宣言パーティに到着し、待ち受けるシドニー・レザーズ（ウィーナーのスタッフによって「パイナップル」というコードネームで呼ばれていた）を避けるためにマクドナルドを走り抜ける映像に、彼のどん底が凝縮されていたのである。

多くの視聴者は、無口なはずのアベディンがなぜドキュメンタリーに出るのか、彼女のプライバシーに反しているように見える選択ではないかと不思議に思っていた。しかし、私が本書で論じたように、アベディンは世間の注目を集めることに同意していたのだ。特に彼女の妻としての魅力が、彼女と夫の両方にとって仕事上の利益をもたらすと約束されるときには。それにもかかわらず、このドキュメンタリーは、彼女が近づきがたい存在であることを切り札にしている。映像に映る彼女の声を「トーキー映画で初めてチャーリー・チャップリンの声を聞くようだ」とウィーナーが言う。神秘性を高めようと、ウィーナーは映画公開から四ヶ月も経った後、アベディンの映像が最終カットで使われることは許可していなかったと明らかにした。映画製作者はこの疑惑を肯定しなかったが、それは、アベディンが世間に迎合せず、彼との関連によって汚されるに値しないことを改めて示唆するものであった。しかしドキュメンタリーを見れば、アベディンが冷静な政治家であることは明らかだ。彼女は電話で大口寄付者を口説き、電話を切り、ウィーナーに淡々と、「よし、彼は最大に寄付するわ。彼の妻が、最大限の力を発揮してくれるわよ」と。

アベディンが（少なくとも）最初に出演に同意したことは、夫婦ともにウィーナーの市長選が異なる結果になると予測し、良い結果が得られれば、彼女の出演が両者を後押しすると期待していたことを示唆している。同様に、二〇一六年八月以降にウィーナーが再び失敗していなければ、結婚生活は存続していたかもしれないと考える根拠もある。三度目のスキャンダルの二週間前、ウィーナーがほとんど何も着ずに、寝ている息子のそばに座っている写真を、連絡を取り合っていた女性に送ったとき、アベディンは、アニー・リーボヴィッツが写真を添えたヴォーグ誌の熱烈な記事の対象者になっていたのである。その記事は、ヒラリー・クリントンのトップ支援者としての彼女の責任（そして、クリントンが当選した場合は首席補佐官になる可能性もある）と、彼女の完璧なファッションセンスに集中していたが、記事の一部は、予想通りアベディンの働く母親としての両立に焦点を合わせたものであった。アベディンは、選挙戦のさなかにあって、ウィーナーが家庭を切り盛りしていることを高く評価し、「多くの働く母親が罪悪感を持っている。私が得られるようなサポートがなければ、つまり夫がフルタイムの父親業を引き受けてくれなければ、私には無理だった」。このように称賛されたウィーナーの行動が、電子メール捜査の再開に拍車をかけ、結果的にクリントン（とアベディン）を大統領の座から引きずり下ろしたことは、とりわけ皮肉なことであった。このような不利な状況を予測してか、クリントン陣営はアベディンの結婚を長い間、問題視していたと言う。この写真が公開されたわずか数時間後に夫妻の別居が発表され、その報道は夫妻が以前から疎遠で別居していたことを仄めかしたが、ほんの数週間前の期間をカバーしていたヴォーグ誌の記事にはそのような気配はうかがえない。実際、アベディンは最後の瞬間まで、（問題のある）結婚生活を宣伝し、褒め称えることさえいとわなかったようだ（まだ仲直りできるかもしれないという噂の中アベディンが離婚を申請したのは、ウィーナーが刑務所に入る可能性が明らかになった時である。離婚の申し立ては、ウィーナーが実刑になる可能性がある連邦猥褻罪を認めたのと同じ日に裁判所に持ち込まれたのだった）。

離婚が発表されたとき、ドナルド・トランプは、アベディンがウィーナーと機密情報を共有していた可能性を示唆し、彼女が国家安全保障を侵害した可能性があると主張した。当時は、ヒラリー・クリントン自身の結婚生活や、その信頼性に問題があることを有権者に思い起こさせるための誇張表現に見えたが、選挙の数日前に、ウィーナーの一五歳の少女とのセックス疑惑で調査が始まり、ＦＢＩがヒラリー・クリントンの電子メールの調査を再開すると、それは一気に現実味を帯びたものとなってしまった。クリントン候補が予想外の大敗を喫した原因は一つではないにせよ、電子メール捜査の再開とそれがもたらした彼女の信頼性への疑惑が、彼女を後押ししなかったと考えるのが妥当であろう。

本章と本書全体を締めくくるにあたってこれらの展開を考慮すると、本章はほとんど別の結果を想定して書かれたものであることを認めなければならない。ヒラリー・クリントンの勝利が一時期ほぼ確実視されたとき、私は、不当な扱いを受けた政治家の妻が、家庭内の物語を職業的利益のために作り上げる熟達者へと完璧なイメージチェンジを果たしたという議論で終わるつもりだった。もちろん、現実においてもメディアで描かれるケースにおいても、妻が被害者になることによって、妥協と計算を使った回復への道を歩むことは事実である。クリントンに影響を受けたアリシア・フローリックのキャラクターに関して言えば、シリーズを重ねるごとにアリシアの道徳的妥協の姿勢が強くなり、倫理的誠実さを失うと同時に政治的野心が強まったことは否定しようのない事実である。シリーズ最終回では、まもなく別れる夫がまたもやスキャンダルに巻き込まれる中、アリシアのブランドの未来は彼女の選挙力にかかっていることが口々に語られる。同様に、「スキャンダル」と「ハウス・オブ・カード」は、政治家の妻が選挙に出馬するという決断と、結婚を放棄することを結びつけている。これは、政治家の未来が夫に左右されることはなく、むしろ夫によって妨げられる可能性があることを示唆している。しかし「ハウス・オブ・カード」でクレアが、夫の大統領選に自分が加われないのであれば、どんな手を使ってでも夫の選挙戦を頓挫させると公言したことは、強力で効果的な組み合わせの圧力に屈服したことを意味する。とは言え、彼女が大統領の座を確保すると、再びフランクと距離を置くことが暗示されている。

本章に登場する架空の妻たちは、みな何らかの形で婚外性行為に及んでいるという現実も、妻が夫なしで存在でき、時にはそのほうが良いという合図を強調している。この行動は、気軽な出会いから完全な浮気まで、疎遠な夫婦間の静かな理解から、合意による非一夫一婦制まで、さまざまな形を取っている。しかし、これらの性愛の物語は、結婚が欲望を規制し、封じ込めることができないだけでなく、この役割を果たすという結婚の歴史的地位がほとんど完全に無意味なものであることも示している。むしろ、新しい国家秩序においては、性行為は交渉次第でどうにでもなる親密さの一面に過ぎないのである。

本章と本書が論じたように、女性の表象文化は、妻の願望にますます焦点化するようになった。妻という言葉は従属と矮小化の歴史にまみれているかもしれないが、実際には、妻は不屈の精神の象徴であり、実用主義の人物であり、そのスキルと能力は自己の利益のために使われるものである可能性のほうが高い。家庭的なものと専門的なものの崩壊、そして妻の側のうんざりする、しかし経験豊富な実務知識は、公的な役割が私的な時間を凌駕していることを示している。とはいえ、このようなカテゴリーに分類される妻というのは、ヒラリー・クリントンのように、極端な文化的特権を享受している人々であることは覚えておくとよい。私がこれまで論じてきたように、女性のメディア形態が階級的不平等を複製し強調する傾向があり、そのために妻の姿を利用するのであれば、クリントン候補への拒否はこうした階級に対する人々の疲弊を示すものである可能性が十分にある。トランプの勝利を寛大に解釈すれば、彼の訴えはまさに、本書の冒頭で述べたような幅広い層のアメリカ人、つまり経済的安定を欠いているために結婚する余裕のない人々に向けられたものである。「アメリカを再び偉大にする」という彼の選挙スローガンによって、人々は安心して結婚、住宅購入、子孫を残せるような経済力を約束されたのだと強調できるかもしれない。

同時にヒラリーの敗北を、ジェンダーと妻業の文脈で読まないことは不注意であろう。多くのアメリカ人にとって、ヒラリーの敗北は、二代目のブッシュ大統領以降のアメリカ政治がとってきた王朝制とも思われる状態への拒否反応でもあった。さらに、ヒラリー・クリントンが、ビル・クリントンとの結婚生活、そして彼女らの実践と遺産であるビジネス、政治、秘密、親密さ、家族の複雑な交わりから完全に逃れることはできなかったという事実も存在する。ヒラリーの妻としての地位は、本書が力説するように、すでに変化しつつある最後の試練を示しているのだろう。ヒラリーの敗北が物語るのは、事態が予測したほどには急速に、あるいは永続的に、変化していないということだ。妻という言葉のニュアンスがどうであれ、妻は女性であり、女性はジェンダーという事実そのものによって不利な立場に置かれたままなのである。現実の妻や架空の妻が、家庭的な生活を捨て、結婚を矮小化し、女性らしさを貨幣化する無数の方法があるにもかかわらず、大衆文化は妻を、権利を奪われた集団の一員としての地位から完全に解放することはないだろう。この制約を捨てないまま、妻たちはブランド化、個人起業家、フランチャイズ化、複合企業参与となるとしても、大衆文化という大きな枠組みの中では、悲しいかな、まだＣＥＯにはなっていないのである。

謝辞

読者は、これまで私が、妻の座や結婚以外のことには興味がなかったように思われるだろうか。たしかに一九八一年、七歳のときに、私はダイアナ・スペンサーとチャールズ皇太子の結婚式に魅了され、その様子がロンドンから生中継されるのを見た。その後、ダイアナ妃の姿を熱心に伝えるあらゆる媒体で貪るように見た。特に、ピープル誌に掲載された結婚式の写真や、その後生まれた赤ちゃんの写真には目を見張った。そのとき以来、私は、妻としてのダイアナをメディアで伝えられる様子自体が、物語であると理解するようになった。おそらく、この文化的な出来事は、来るべき時代精神の最初のシグナルであり、私が本書において検証したこと、つまり現代の妻の座が、女性のメディア文化に浸潤し、かつまた依存していることへの道を切り開いたと思われる。

ここで長年にわたって私が魅了されてきた研究を励まし、強化し、多くの愛とごくわずかな批判で私を支えてくれた人々に謝意を表したい。

このプロジェクトは、二〇一三年にシモンズ大学で取得した一学期の研究休暇中に本格的に始まった。それ以来、大学の専門能力開発資金の寛大な支援によって、アイデアの多くを学会、特に映画・メディア研究学会の年次集会や、テレビ、ビデオ、オーディオ、ニューメディア、フェミニズムに関するコンソーリング・パッションズ国際学会の親しみやすく同僚同士のような環境の中で学識を磨くことができた。また、大学の素晴らしい同僚たちからも支援を受けた。ケリー・ヘイガーの熱意と細部へのこだわり、サラ・レオナードの落ち着いた見識、ローリィ・ペイの物事を長い目で見る姿勢、キャサリーン・パイデンの確固たる正しさ、コリーン・ケイリーが常に与えてくれた会話の彩り、レニー・バーグランドの注意深い読みと生きいきした文章、パメラ・ブロムバーグとの恵まれた環境の共有、キャシー・マーシアーの鋭い眼力（と舌）、メリージェイン・トレイシーの熱心な検証、リーン・ドハーティがすべてを笑って過ごせるように支援してくれたこと等すべてに感謝する。

また、長年にわたってシモンズ大学で教える機会に恵まれ、そこに居た学生たちにも感謝したい。彼女たちなしには、私の学者としてのキャリアはあり得なかっただろう。妻の座についての私の仕事がここに出版されたことに関して、この人の名前が最も重要である。二〇〇四年に出会ったダイアン・ネグラは当時から私のキャリア、アイデア、そして出版物への最大の支援者だった。著作の編集から、キャリアの指導、共著への誘い、フェミニズムと現代メディアの現状についての何時間にもわたる対話まで、ダイアンは優れた学者であるのみならず、プロとして寛大な指導者になるための金字塔と言える存在であり、大切な友人でもある。

本書はニューヨーク大学出版局の批判的文化コミュニケーション・シリーズの一冊であり、編集者のジョナサン・グレイ、ニーナ・ハントマン、アスウイン・プナサンベカーが原稿を評価し、出版に導いてくれたことに感謝する。特にニーナは、本書の主要なテーマをより明確にするために、序文の書き直しを助言してくれた。彼女との会話は、私がこのプロジェクトに少し迷いを感じていたときに交わされたもので、彼女は鋭い洞察力で、分析において何が問題であるかを正確に指摘してくれた。また、本書のジャケットの説明文には、彼女の素晴らしい言葉を借用した。出版社では、編集者のリシャ・ナッカーニに感謝したい。彼女は、企画書を書き直すのをスマートに手助けし、出版プロセスのあらゆる場面で励ましてくれた。

最後に、家族に感謝を捧げたい。大学の講師である父のドナルド・レオナードは、変わらぬ信念と、冗談を交えながらもあまり優しくないリマインダー（「スージー、本の調子はどうだ」）を示してくれ、そのおかげで、本が完成しないことなどありえなかった。私の母、比類なき不屈の女性、アン・レオナード。彼女の唯一の仕事は、私が愛されていると感じられることだった。弟のキース・レオナードは、辛辣なウィットと鋭い観察眼で、私の批判筋力を鍛えてくれた。そして最後に、最も重要なことだが、素晴らしくて、優しく、活気に満ちた夫、アラン・ビリング。互いの情熱と志を支え合うという、私たちの長年の誓いは、本書の中でさまざまな形で実現された。編集者としての驚くべき才能を原稿に注ぎ、言葉の定義について私と議論し、この本の執筆中に生まれたもうひとつのプロジェクト、娘のアナベルを共に育み、彼は「揺るぎないサポート」という言葉に新しい意味を与えてくれた。（第一章を読んでいただければわかると思うが、彼はディスコの衣装を着てくれることもある）。アラン、あなたには感謝してもしきれない。アナベル、あなたの人生において、仕事を理解し、さらにずっと重要な喜びも知ることができますように。

スザンヌ・レオナード（河野貴代美・訳）

訳者あとがき

私事から始めなければなりません。
二〇二一年八月、コロナ感染症流行の真っただ中、私はアメリカのボストン行きを決めました。この前年あたりから強化されたコロナ禍による蟄居の閉塞感が耐え難く、とにかく出国したかったのです。行くなら留学だと思い切ったのでした。幸いなことにボストンには二〇代後半から学んだ母校、シモンズ大学（院）があります。卒業後そのまま仕事に就き、結婚し、で滞米は一〇年ほどに伸びました。

帰国後は、フェミニストカウンセリングにかかわる仕事をしながら、一方、大学でジェンダー論などを教えてきましたが、二〇代時に学んだ大学院での専攻は異なるもので、きちんとフェミニズムやジェンダー論を学んだわけではありません。今回は、二〇二一年九月から始まる「Gender and Cultural Studies」という大学院のコースです。コースの多くがオンライン授業になる中で、ジェンダー論は対面授業です。デジタル操作ははなはだ不習熟で、対面授業が必須でした。基本的に八〇歳以上にアメリカ大使館は学生ヴィザを交付しないという風評の中、八二歳で出かけました。その後の留学生活は省略します。

さて渡航前、ジェンダー論の主任教授であるスザンヌ・レオナード先生とは一回ズームでの面接を行ないました。その彼女が本書の著者です。彼女に本著があることは、大学のウェブで知っておりました。内容はアメリカの様々なメディアにあるドラマやオンラインデートを中心に、結婚イシューとそのような場で活躍（暗躍？）する女性の様態を分析したものだ、とおっしゃいます。私はその類のドラマをアメリカでも日本でもほとんど見たことがありません。オンラインデート（マッチングアプリ）も言葉を知っているだけ。本書に出てくる「デスパレートな妻たち」というドラマは日本で聞いたことがあり、絶望的とか荒んだとかいう言葉をそのままカタカナで使っていることに、驚いたものです。

デジタルメディアにうとく、本書に挙げられているプログラムもよくわかっていないのに、翻訳に挑んだのは、正直に言えばひとえにスザンヌさんの、当時八二歳という老婆の私への惜しまない協力に少しでも報いたいという気持ちがあって、恩返しに彼女の著作を日本の読者に紹介したい、と思い立ったことにあります。出だしの動機が不純ですが、読んでいくと見ていないプログラムも物語の紹介があるので、その中の女性の分析もよくわかります。内容は面白くそしてなかなか鋭い分析があります。ポストフェミニズムとネオリベラリズムを肯定するかのような背景には疑問がありましたが、それがアメリカの現状でしょう。その現状への女性の関わりには驚くとともに、それらをどう評価するかは、読者に委ねればいいと思い始め、取り掛かりました。

そこで本書です。

原題『Wife, INC: The Business of Marriage in the Twenty-First Century』は、直訳すれば『妻、株式会社——二一世紀における結婚ビジネス』です。紙幅の関係で残念ながら、「バスケットボール選手の妻から極端な年上妻まで——妻ブランドの隙間産業」の章、および「原注の一部」、「謝辞の一部」「写真の全部」を、著者の同意のもとに省略したことをお断りさせてください。本来博士論文として書かれたものを一般的な著作としたためですが、このような省略については、読者の皆さまにこころからおわび申し上げます。

本書の主題の一つは、結婚です。ある意味で手垢にまみれた言葉、と言うと顰蹙を買うでしょうか。フェミニストの私としては、そのイメージなのですが、考えて見れば私はアメリカで、アメリカ人と結婚しました。見渡してみれば多くのフェミニストも結婚しているか、または日本の婚姻制度に反対して非婚の関係を持続しています。彼女たちの一人は「婚姻届けを出していないからといって別に変わった関係ではないですよ」と。パートナーの病気とかがあれば、そう呑気なことは言っていられないでしょうが。結婚率が下がったとはいえ、人は結婚し、人生の目標でもあるでしょう。だから現実は私のように、へぇ、結婚？　などと言えないはずなのです。

結婚について考えてほしい、と著者は「日本の読者へ」に書いてくれています。「もしいかに生きるべきかの処方箋をこの本に見つけられないとしても、結婚を理解することは、ジェンダーと権力を理解することから切り離せないでしょう」。また、結婚をして誰が得をするか、誰がしないかを考え「このような質問に答えることが、究極的に権力が検討されないまま、説明されないまま残されてしまうということを確信できる手助けになるでしょう」。なるほど。

二つめは、多種多様に発達したメディアにクライエントとして出演し、やがては、「結婚」をテーマに、主人公にまたはビジネスウーマンになっていく女性の様子の活写です。出発はつつましかったものの、やがてショッピング、友人との外食等、女らしい経験や活動を通して結果的にそれらを収益化していきます。第３章の最も商業的に成功した主婦、ベセニー・フランケルを見てもわかるように見事というか欲望の権化、の一言に尽きます。著者は、多くのメディアを通して、妻たちは起業し、ブランド化し、それを「消費（デートは買い物、人は商品）、生産（人はデート相手によって消費される利益を生み出す、あるいは自分を売る）、そしてデート界全般に関するマクロ経済のメタファーである」と言います。

もう一つは、オンラインデートのようなメディアを結婚に利用する女性の現状の分析です。驚く結果として、その過程で整形手術までするのです。されるほうもするほうも（手術に失敗して批判を浴びた外科医が再度登場する）危険性はないのか、とさえ思います。スザンヌさんに確認すると、現実にありますとの回答。

最後は、第４章に出てくる「政治家の妻」の被害者役割と見えるものから勝者になっていく過程における彼女たちの分析は、いささかゴシップ風であるものの、なかなか興味深いものです。ヒラリー・クリントン以外の名前は私たちにとって未知ではあるけれど、わからないわけではありません。夫、ビルの研修生への性加害で「かわいそうな妻」のヒラリーがそのイメージを逆転していく様子。またビル・クリントンの被害者アン・ルインスキーも著名人になっていきます。別人で野心的な夫の陰になった後、ゴシップにまみれた彼を逆手に取って、むしろ自分がスポットを浴びるようになる過程。第４章から読み始めてもいいでしょう。

著者は、もう女性を、仕事を持つ、持たないで区別しても無意味だと述べます。主婦のイメージはその虚構性にあって、にこやかなエプロン姿の女性はメディアが作り上げた構築物だ、主婦は復活して起業家になった、というのが著者の主張です。「妻は忘却の彼方へ向かうどころかポストフェミニズムのメディア文化が最も好むアイコンへと変貌し」ているのです。

最後に社会的状況に触れておきましょう。著者は盛んにポストフェミニズムを言います。二〇二三年三月、久しぶりにアトランタで行なわれたフェミニスト心理学会に出席して、分科会で私がやってきた日本におけるフェミニストカウンセリングの発表をしました。驚いたことに、二〇余年前にあったあの学会の熱気とフェミニズムを前進させる意欲のようなものが失われていました。オープンで包括的な空気は変わらないものの、参加人数が極端に少なく会員数も減っていると言います。理由を聞いたら、答えは概してフェミニズムがすでに多くを獲得してきたから、と。それでも学会は続いているし、閉会時は、出てきた多様な課題をいかに解決していくかの討議がありました。アメリカでフェミニズムが全く消滅したとは思いません。女性への暴力は決して無くなっていないし、男女の完全な平等が達成されたとも言えないでしょう。もっとも完全な平等とはどういう状況を指して言っているのかはおいても。

またネオリベラリズムについて、アメリカは日本よりずっとネオリベでした。医療保険は限定されたものだし、介護保険はないし、富の格差はますますひどくなってきております。著者はアメリカでも結婚率が下降し、それは経済格差によるところが大きいと認識しながらも、本書の女性主人公たちの活躍を進めたのはネオリベだとの考えているようです。

「一九八〇年代から二〇〇〇年初頭まで結婚は、比較的争いのない比較的健全な文化的側面であったが、この一〇年で変化した。この変化は、ネオリベ的な理念が強まったこと、人間関係が多くの参与者に無制限の情緒的充足を与えるという信念が薄れたこと、おそらくもっとも顕著な要因として、大不況の間とその後に強まった経済不安、並びに不況が強調し悪化させた経済階層の進化などに起因すると思われる。これらの変化を受けて、妻業が職業として新たに専門化されたことと、現代の労使関係を特徴づける規制と感情を投資することが、アメリカにおける妻業の基盤になっている」

著者は、客観的な論述に終始し、このような女性の進出に明確な批判を述べてはいませんが、本意では決して大賛成しているわけではないようです。最終章の最後の数行にこうあります。「……妻は女性であり、女性はジェンダーという事実そのものによって不利な立場に置かれたままなのである。（略）大衆文化は妻を、権利を奪われた集団の一員としての地位から完全に解放することはないだろう。この制約をすてないまま、妻たちはブランド化、個人起業家、フランチャイズ化、複合企業参与となるにしても、大衆文化という大きな枠組みの中では、悲しいかな、まだCEOにはなっていないのである」

最後になりましたが、共訳者、但馬みほさんのご尽力と三一書房編集部高秀美さんの援助に深くお礼を申し上げます。

（河野貴代美）

やわらかいフェミニズム
—シスターフッドは今

河野貴代美 編著

四六判　ソフトカバー　本文252頁　本体1800円　ISBN978-4-380-22004-3

フェミニズムという言葉は知っているが、ちょっと距離を置いてきたとか、なんか難しそうと、逡巡・疑問視している人にこそ手に取っていただきたい。
（はじめにより　河野貴代美）

私たちはみな違っている。
何が違っているか、表面的にわからなければ
話し合ってみる。
Yes or No ではなく、想像力を働かせ違い
の中から支え合える関係を築いていきたい。
（河野貴代美）

三一書房

わたしを生きる知恵
―80歳のフェミニストカウンセラーからあなたへ―

河野貴代美著（対談：岡野八代）

四六判　ソフトカバー　本文２４５頁　本体１７００円　ISBN978-4-380-18004-0

◉落合恵子さん推薦「わたしたちは「ここ」から始まった。時に「ここ」に戻り、しばし羽根を休め、再び「ここ」から飛び立った。これまでも、今も、これからも。In sisterhood」

それはあなたが望んだことですか
―フェミニストカウンセリングの贈りもの

河野貴代美著

四六判　ソフトカバー　本文２５４頁　本体１７００円　ISBN978-4-380-20000-7

フェミニストカウンセリングの掲げる心理的困難からの回復目標の基盤に、「自分を大切に思うこと」があります。これは「あなたはあなたであってよい」という大事な自分感覚の育成につながる認識です。女性が自分を語り、受け止められ、その中でフェミニズムのメッセージを受け取る機会をつくることが私たちの願いです。今を生きる女性たちがフェミニストカウンセラーに出会う瞬間を記録した本書で、あなたもぜひフェミニストカウンセラーの仲間たちに出会ってください。

21世紀の結婚ビジネス
アメリカメディア文化と「妻業」

2024年3月25日　第1版第1刷発行
著　者―― スザンヌ・レオナード ©2018年
訳　者―― 河野貴代美　但馬みほ　©2024年
発行者―― 小番伊佐夫
装丁組版― SaltPeanuts
印刷製本― 中央精版印刷
発行所―― 株式会社三一書房
〒101-0051
東京都千代田区神田神保町3-1-6
☎03-6268-9714
振替 00190-3-708251
Mail　info@31shobo.com
URL　https://31shobo.com/

ISBN978-4-380-24002-7　C0036　Printed in Japan

著者・訳者プロフィール

◉ 著者プロフィール

Suzanne Leonard（スザンヌ・レオナード）

シモンズ大学 文学・ライティング教授。現在、大学院で「ジェンダーとカルチュラル・スタディズ」を教えている。映画およびメディア研究の学際的副専攻の共同コーディネーター。著書：『Fatal Attraction』（2009）、『Fifty Hollywood Directors』（2015）の共同編集者。『Imagining We in the Age of I:Romance and Social Bonding in Contemporary Culture』（2021）は、Media、Communication、Cultural Studies Association から編集ベスト賞を受けている。

◉ 訳者プロフィール

河野貴代美（かわの・きよみ）

1939 年生まれ、シモンズ大学社会事業大学院修了（ＭＳ）、元お茶の水大学教授。専門：フェミニストカウンセリング、臨床心理学、フェミニズム理論、社会福祉。日本にフェミニストカウンセリングの理論と実践を初めて紹介し、各地におけるカウンセリング・ルームの開設を援助。後、学会設立や学会での資格認定に貢献。著書:『自立の女性学］（学陽書房、1983)、『フェミニストカウンセリング（Ⅰ・Ⅱ）』（新水社、1991 ／ 2004)、『わたしって共依存？』（ＮＨＫ出版、2006)、『わたしを生きる知恵」（三一書房、2018)、『それはあなたが望んだことですか』（三一書房、2020)、『1980 年、女たちは「自分」を語りはじめた――フェミニストカウンセリングが拓いた道』(幻冬舎、2023) ほか。翻訳：Ｐ・チェスラー『女性と狂気』（ユック舎、1984)、Ｈ・パラド他『心的外傷の危機介入』（金剛出版、2003）ほか多数。

但馬みほ（たじま・みほ）

日本近現代文学研究、比較文化研究、翻訳（日・米）。比較文化博士。単著に『アメリカをまなざす娘たち――水村美苗、石内都、山田詠美における越境と言葉の獲得』（小鳥遊書房、2022)、共訳書に "The Story of Two Women: Ishiuchi Miyako and Iwasaki Chihiro (Excerpts from a Conversation between Ishiuchi Miyako and Ueno Chizuko—On Mother's and Hiroshima). " *Review of Japanese Culture and Society*, vol. 31(University of Hawai'i Press, 2019)、『だれも置き去りにしない　フィリピンＮＧＯのソーシャルビジネス』（文眞堂、2018）等がある。

〈原注〉

○ はじめに

1 Jamie Otis with Dibs Baer, Wifey 101: *Everything I Got Wrong after Finding Mr. Right* (New York: Jamie Otis, 2016), vii, ix.

2 Stephanie Coontz, "The Disestablishment of Marriage," *New York Times*, June 22, 2013.

3 Angela McRobbie, *The Aftermath of Feminism: Gender, Culture, and Social Change* (London: Sage, 2009), 62, 145.

4 Stephanie Coontz, *Marriage, a History* (New York: Viking, 2005), 9.

5 Anthony Giddens, *The Transformation of Intimacy: Sexuality, Love and Eroticism in Modern Societies* (Cambridge, UK: Polity, 1992), 58.

6 Shere Hite, *Women and Love: A Cultural Revolution in Progress* (London: Viking, 1988).

7 David R. Shumway, *Modern Love: Romance, Intimacy and the Marriage Crisis* (New York: New York University Press, 2003), 188.

8 Wendy Brown, "Neoliberalized Knowledge," *History of the Present* 1, no. 1 (2011): 118.

9 "The Decline of Marriage and Rise of New Families." *Pew Research Center*, November 18, 2010, http://www.pewsocialtrends.org/.

10 黒人男性はさらに暗い展望に直面している。「150 万人の行方不明の黒人男性」と題された 2015 年の記事で、死亡や投獄のために単純に数が少なくなっていると報告されたのである。黒人男性の少なさは、結婚の未来に具体的な影響を与える。「取り残された黒人女性は、同じ人種のパートナー候補が少ないことに気づく一方、豊富なパートナー候補が存在する男性は、パートナーを見つけるために必死に競争する必要がない」。Justin Wolfer, David Leonhard, and Kevin Quealy, "1.5 Million Missing Black Men," New York Times, April 20, 2015.

11 Anne Case and Sir Angus Deaton, "Rising Morbidity and Mortality in Midlife among White Non-Hispanic Americans in the 21st Century," *Proceedings of the National Academy of the Sciences* 112, no. 49 (2015), http://wws.princeton.edu/.

12 Eleanor Barkhorn, "Getting Married Later Is Great for College-Educated Women," *The Atlantic*, March 15, 2013, http://www.theatlantic.com/.

13 Catherine Rottenberg, "The Rise of Neoliberal Feminism," *Cultural Studies* 28, no. 3 (2014): 420.

14 Annie Lowrey, "Are Park Avenue Wives Really Like Bonobos? The Book That's Infuriating the Ladies Who Lunch," *New York*, June 1, 2015.

○ 第1章

1 Susan Patton, *Marry Smart: Advice for Finding the one* (New York: Gallery Books, 2014).

2 Sandberg, *Lean In*, 110.

3 オンライン・デートが社会的な汚名を返上したことを示す例としては、1995 年に出版された The Rules: Time-Tested Secrets for Capturing the Heart of Mr. Right (New York: Grand Central Publishing) の著者 Ellen Fein と Sherrie Schneider が共著で刊行した以下の文献に詳しい。*The Rules for Online Dating: Capturing the Heart of Mr. Right in Cyberspace* (New York: Pocket Books, 2002). これは以前（下記参照）の著作でオンライン・デートを公然と否定していた著者にとって、かなり唐突な方向転換を意味するものだった。*The Rules I* (New York: Grand Central Publishing, 1997).

4 Pierre Bourdieu, "Pierre Bourdieu on Marriage Strategies," *Population and Development Review 28*, no. 3 (2002): 549.

5 Damona Hoffman, *Spin Your Web: How to Brand Yourself for Successful Online Dating* (Cardiff, CA: Waterfront Digital, 2013), 13, 16.

6 Laurie Davis, *Love @ First Click: The Ultimate Guide to Online Dating* (New York: Atria Books, 2013), 42.

7 Diane Negra, *What a Girl Wants? Fantasizing the Reclamation of Self in Postfeminism* (New York: Routledge, 2009).

8 Interview with Koereyelle DuBose, "Single Wives Club: The Brand, the Organization, the Life and Style," *YouTube*, October 2, 2014, http://www.youtube.com/.

9 Hakim, *Erotic Capital*, 1–2, 15. Hakim はフェミニズムに懐疑的であることを公言しており、エロティック資本が社会的文脈における成功を決定するための非常に有効な尺度であるのに、急進的なフェミニストたちは女性にエロティック資本の使用を思いとどまらせていると考えている。私はこの前提には同意できないが、エロティック資本が、特にオンライン・デートに関連して、目に見える利益をもたらすことができるという彼女の主張には価値を見出している。

10 Anne Keefe の指摘と、その皮肉さを認識してくれたことに感謝する。

11 Finkel et al., "Online Dating," 22. eHarmony はこれまでユーザーが同性のパートナーを探すことを禁じていたが、この慣習が差別的であるとして 2009 年に訴訟を起こされ、敗訴している。和解の一環として、同社は同性愛者専用の出会い系サイト Compatible Partners を開設した。2010 年、別の訴訟の結果、同社は Compatible Partners を eHarmony に統合することを余儀なくされ、ユーザーが両方を利用することで二重課金

されることがないようにした。
12 自己のカテゴライズ化はオンライン出会い系サイトから始まったという考えに対する簡潔な言及は、以下を参照。Nancy Baym, *Personal Connections in the Digital Age* (Malden, MA: Polity, 2010), 110.
13 Anthea Taylor, *Single Women in Popular Culture: The Limits of Postfeminism* (Basingstoke, UK: Palgrave Macmillan, 2012), 15.
14 Suzanne Leonard, "Escaping the Recession? The New Vitality of the Woman Worker," in *Gendering the Recession: Media and Culture in an Age of Austerity,* ed. Diane Negra and Yvonne Tasker (Durham, NC: Duke University Press, 2014), 31–58.
15 新しい経済が「人間の終わり」を意味するという予測に対する反論は、以下を参照。Caryl Rivers and Rosalind Barnett, *The New Soft War on Women: How the Myth of Female Ascendance Is Hurting Women, Men—and Our Economy* (New York: Tarcher/Penguin, 2013).
16 Ralph Richard Banks, *Is Marriage for White People?* (New York: Penguin, 2011), 92.

○ 第2章

1 ABC ニュースはこのシリーズについて、明らかに客観的でない記事を掲載した。「Medical Unit」からの記事で、Bridalplasty の疑わしい医療倫理を批判する様々な整形外科医を取り上げたのである。Courtney Hutchison, "*Bridalplasty*: Plastic Surgery as a TV Prize?" ABC News, September 20, 2010.
2 この言葉は男性同士の親密な、しかし性的ではない関係を指す言葉である。ブロマンスの起源と 21 世紀のメディア文化における人気の高まりについては、以下を参照。Michael DeAngelis, ed., *Reading the Bromance: Homosocial Relationships* in Film and Television (Detroit: Wayne State University Press, 2014).
3 Megan Garber, "When Harry Met eHarmony," *The Atlantic,* July 9, 2014.
4 アメリカやイギリスのテレビ番組において、オンライン・デートがどのように枠づけられ、議論され、体験されているかについては、以下を参照。Lauren Rosewarne, *Intimacy on the Internet: Media Representation of Online Connections* (New York: Routledge, 2016).
5 デート番組では、出場者が酒に酔った状態で、服もろくに着ず、セクシュアリティも複数交際的であるという状況を放送する傾向があるため、Jonathan Gray はデート番組が「リアリティ番組をセクシーにした」と評価している。Gray の以下の論文を参照。"Cin-

derella Burps: Gender, Performativity, and the Dating Show," in *Reality TV: Remaking Television Culture*, 2nd ed., ed. Susan Murray and Laurie Ouellette (New York: New York University Press, 2009), 262.

6 「バチェラー」について、時代遅れのジェンダー政治を逆行的に強要しているとする読み方については、以下を参照のこと。Gust Yep and Ariana Ochoa Camacho, "The Normalization of Heterogendered Relations in *The Bachelor*," *Feminist Media Studies* 4, no. 3 (2004): 338–41; Andrea M. McClanahan, "Must Marry TV: The Role of the Heterosexual Imaginary in *The Bachelor*," in *Critical Thinking about Sex, Love, and Romance in the Mass Media*, ed. Mary-Lou Galician and Debra L. Merskin (New York: Routledge, 2006), 303–18. リアリティ番組全般の、より突飛なクオリティについて注意を払った読み物としては、以下を参照。Judith Halberstam, "Pimp My Bride: Reality TV Gives Marriage an Extreme Makeover," *The Nation*, July 5, 2004; and Gray, "Cinderella Burps." これらの両極を仲介する提案としては、以下を参照。Misha Kavka, "The Queering of Reality TV," *Feminist Media Studies* 4, no. 2 (2004): 220–23.

7 Quoted in Rachel E. Dubrofsky, The Surveillance of Women on Reality Television: Watching "The Bachelor" and "The Bachelorette" (Lanham, MD: Lexington Books, 2011), 110. 魅力的な女性に偏っていることは、予想通りフェミニストの論客を怒らせた。Yep と Camacho が書いているように、この番組は「現在の米国の女性美の基準と女性の体の客観化を強化している」のである。"Normalization of Heterogendered Relations in *The Bachelor*," 339.

8 *Entertainment Weekly* 誌の「バチェロレッテ」シーズン9の出場者特集では、司会の Chris Harrison が6人の求婚者を予告し、彼女らの本気度に2度疑問を投げかけている。"*The Bachelorette*: Meet the New Guys," *Entertainment Weekly*, May 24, 2013.

9 Bravo の女性起業家に対する扱いについては、以下を参照。Jorie Lagerwey, *Postfeminist Celebrity and Motherhood*: Brand Mom (New York: Routledge, 2017).

10 Suzanne Leonard, "The Americanization of Emma Bovary: From Feminist Icon to Desperate Housewife," *Signs: Journal of Women in Culture and Society* 38, no. 3 (2013): 647–69.

11 番組は、栄養士でパーソナルトレーナーの Cynthia Conde が 2001 年に有名人のクライアントのために開発した軍隊式ワークアウトをベースとしている。

○ 第3章

1 Stephanie Coontz, *The Way We Never Were: American Families and the Nostalgia Trap* (New York: Basic Books, 1992), 23, 27, 37.

2 Lesley Johnson と Justine Lloyd が論じるように、抑圧された主婦のイメージは、第二波フェミニストたちに自分たちを定義する姿を提供し、「幸せな主婦」の理想を問題視することは、運動の原動力となったのである。上記二人による以下の論文を参照。*Sentenced to Everyday Life: Feminism and the Housewife* (New York: Berg, 2004).

3 Haralovich, "Sitcoms and Suburbs," 61. ポストフェミニズムが白人の中産階級を優遇する傾向にあることについての入門書としては、以下を参照。Diane Negra and Yvonne Tasker, eds., *Interrogating Postfeminism: Gender and the Politics of Popular Culture* (Durham, NC: Duke University Press, 2007); Rosalind Gill, "Postfeminist Media Culture: Elements of a Sensibility," *European Journal of Cultural Studies* 10, no. 2 (2009): 147–66; Jess Butler, "For White Girls Only? Postfeminism and the Politics of Inclusion," Feminist Formations 25, no. 1 (2013): 35–58.

4 Rosalind Gill, "*Review of Sentenced to Everyday Life: Feminism and the Housewife* by Lesley Johnson and Justine Lloyd, and Mediating the Family: Gender, Culture and Representation by Estella Tincknell," *International Journal of Cultural Studies* 8, no. 4 (2005): 505.

5 bell hooks, *Ain't I a Woman: Black Women and Feminism* (Boston: South End Press, 1981), 146.

6 Brunsdon, *The Feminist, the Housewife and the Soap Opera*, 216.

7 コスモポリタン誌の記事が出版されてから 10 年以上、メディア文化は専業主婦へのこだわりを持ち続け、このアイデンティティをフェミニズムの文脈で捉え続けた。2013 年のニューヨーク誌の記事のキャッチコピーは、「家にいることを選んですべてを手に入れたと言うフェミニストたち」であった。以下を参照。Lisa Miller, "The Retro Wife," *New York*, March 17, 2013.

8 Tanner Stransky, "Housewives Confidential," *Entertainment Weekly*, March 30, 2012, 33.

9 Jennifer L. Pozner and Jessica Seigel, "Desperately Debating Housewives," *Ms. Magazine*, Spring 2005.

10 番組は 40 歳以上の 4 人の女優のキャリアを復活させ、高齢の女性を疎外するハリウッドの歴史に鑑み、重要な介入となった。

11 「デスパレートな妻たち」は、その猥雑で挑発的、わざとらしいトーンで ABC のブラン

ド・アイデンティティを確立し以下に挙げる番組のようなプライムタイムのドラマの成功に見られるように、驚くほど回復力があることが証明された。*Grey's Anatomy (2005–), Revenge (2011–15), Scandal (2012–), How to Get Away With Murder (2014–).*

12　「ステップフォード・ワイフ」との比較はさまざまな面で適切である。ブリーの息子が彼女を「ステップフォードの市長に立候補している」と非難する場面で、「デスパレートな妻たち」は、妻を家庭内で満足する空虚な模造品にしてしまった男性の責任を指摘するとともに、この映画を明確に引用しているのである。

13　Niall Richardson, "As Kamp as Bree: The Politics of Camp Reconsidered by *Desperate Housewives,*" *Feminist Media Studies* 6, no. 2 (2006): 158. この時期には、以下の番組や映画に見られるように、母親であることの神聖な重要性を主張する新自由主義的な大衆文化が飽和状態にあった。*Wife Swap* (2004–13) , *Supernanny* (2004–13), 13 Going on 30 (2004), *The Stepford Wives* (2004), Raising Helen (2004). この現象については、以下の文献を参照。Negra, *What a Girl Wants?*

14　Suzanne Leonard and Diane Negra, "After Ever After: Bethenny Frankel, Self- Branding, and the 'New Intimacy of Work,'" in *Cupcakes, Pinterest, Ladyporn: Feminized Popular Culture in the Early 21st Century*, ed. Elana Levine (Cham- paign: University of Illinois Press, 2015), 196–214.

15　フランケルは、リアリティ・テレビ以外では同じレベルの成功を収めていない。フランケルが短期間指揮を執った *Bethenny*（2014 年）は、ネットワーク・トーク番組だが、フランケルのがさつで舌鋒鋭いニューヨークの人物像が、全米の多くの非都市部では通じなかったこともあり、打ち切りにされたと思われる。

○ 第4章

1　不当な扱いを受けるアメリカの妻たちの窮状を、2014 年のブロードウェイ劇 *ail! Spin!* では、Saturday Night Live のベテラン Rachel Dratch が Jenny Sanford や Huma Abedin といった著名人を演じる。この劇の台詞は、インタビュー、公言、そして迷える夫とその愛人との間で交わされるしばしば際どいコミュニケーションから構成されている。

2　ダイアンとヒラリーが政治の舞台と思われる場所にいる象徴的な写真が、シリーズで何度も登場した。

3　ウィーナーのスキャンダルは、彼の名字から連想される粗野なイメージが、どうしても法廷でのジョークになってしまうこともあってか、メディアの人気になっている。2013 年に放送された *Law and Order* の「SVU」の回では、「Enrique Trouble」というペンネー

ムを使い、未成年の女性とのきわどい文通を好んだ市長候補が取り上げられた。同時期に放送された「スキャンダル」の「Say Hello to My Little Friend」というタイトルのエピソードでは、上院議員がセクスティングをしていた無数の女性の一人が殺害され、トラブルに巻き込まれる様子が描かれている。それ以外では、かなり高尚な Showtime の番組 *Homeland* でさえ、ウィーナーのトラブルを揶揄し、パンツを下ろしているのがバレて議席を失った下院議員を Richard "Dick" Johnson と名づけた（Dick は男性器の俗称）。

4 メディア論者の Mark Andrejevic は、ルインスキー・スキャンダルが「エンターテインメントとしてのニュースの受容を特徴づける分裂を浮き彫りにした」と重要視している。Reality TV: The Work of Being Watched (Lanham, MD: Rowman and Littlefield, 2004), 73. しかし、Matt Bai は、政治報道が大きく変わったのは、1987 年のゲイリー・ハート事件という別のセックス・スキャンダルがきっかけだという。民主党の大統領候補のキャリアは、*モンキー・ビジネス*というあまりにもぴったりな名前のヨットで撮影された不倫関係の写真のおかげで軌道修正された。このスキャンダルによって、政治家候補の個人的性格にかつてないほど注目が集まったと Bai は以下で論じている。*All the Truth Is Out: The Week Politics Went Tabloid* (New York: Knopf, 2014).

5 同局はこのシリーズをフルシーズン放映する計画を持っていたが、この企画は実現せず、番組は 6 話で終了した。

6 2013 年 10 月 17 日付の *New York Times* は「Hillary Rodham Clinton Meets Her TV Counterparts」と題し、Julianna Margulies と Sigourney Weaver が出席した資金調達パーティにヒラリーが出席していることを報じた。

7 ルインスキーの物語が根強い人気を誇っていることのさらなる証拠が、2013 年に現れた。一人称の語り手が若いホワイトハウス実習生で、現役大統領と関係を持ったという想像力に富んだ再創造作品が発表されたからである。オーラルセックス、汚れたドレス、ヘアブラシの使い方など、現実のスキャンダルと明らかに同じ関係性が描かれている。Emma McLaughlin and Nicola Krauss, *The First Affair* (New York: Atria Books, 2013).

8 Rielle Hunter, *What Really Happened: John Edwards, Our Daughter, and Me* (New York: Benbella Books, 2012). この本は、エドワーズが妻のエリザベスとの不倫を隠すために選挙資金を使ったというセンセーショナルな裁判の結審から数週間後に発表され、広範囲で非難された。エドワーズは最終的に無罪となり、陪審は残りの訴因について審理不一致となった。無効審理が宣言されたが、エドワードが再訴されることはなかった。

9 Chris Rojek はこのような人物を "cele-toids"（セレブリティとタブロイドを合わせた造

語）と呼び、有名人としてのタブロイド的な側面を強調した。Rojek, Celebrity (London: Reaktion Books, 2001), 20–21.

10 AshleyMadison.com は、婚外恋愛を求めるユーザー同士のつながりを促進するために設計された人気のオンライン出会い系サイトである。

11 女性が一人称の声で自分の物語を語ることが力を与えるという考え方は、フェミニズム文学批評において長い歴史を持つ。例として以下を参照。Joanne S. *Frye, Living Stories, Telling Lives*: *Women and the Novel in Contemporary Experience* (Ann Arbor: University of Michigan Press, 1986); Rita Felski, *Beyond Femi- nist Aesthetics: Feminist Literature* and *Social Change* (Cambridge, MA: Harvard University Press, 1989); and Gayle Greene, *Changing the Story: Feminist Fiction and the Tradition* (Bloomington: Indiana University Press, 1991).

12 2010 年 *Ms. Magazine* 誌はグッド・ワイフを「現在もっともフェミニスト的なテレビ番組」と評価した。Aviva Dove-Viebahn, “Stand by Your Man?” Ms. Magazine, Spring 2010.

13 しかしジェニー・サンフォードはこの例外である。彼女は、夫の選挙運動への貢献を次のように語っている。「この仕事は、夫の夢を実現するためのもので、私自身の夢ではありません」。しかし彼女は彼の政治的な願望を「価値あるもの」だと感じていた。*(Staying True, 51).*

14 スーパー・チューズデーとは、大統領選の予備選挙期間中に、アメリカのほとんどの州で選挙と党員集会が行なわれる日を指す。スーパー・チューズデーの勝者が党の指名を獲得することが一般的であるため、争いの多い予備選挙サイクルの転換点となることがある。.

15 People 誌の「Why Huma Stayed」という記事では、「結局、彼女が彼と一緒にいられたのは政治的な理由ではない。それは息子のためだったのだ」と書いている。*People,* August 12, 2013.

そして、アップルはユーザーIDに基づいて音楽やアプリの配信、クラウドなどのソリューション・サービスを提供している。つまりスマホの単体売りにとどまらず、販売後、長期にわたって収益を得る「販売後利益モデル」を確立している。

私はシャープが「COCORO LIFE」の会員制組織を充実させ、白物家電やテレビで同じようなビジネスモデルを確立すべきだと判断した。会員制サービスなどの統合はそのための一歩だった。

会員制ビジネスの拡大と多象限経営

シャープの事業拡大への試みでは、日本でコロナ禍が深刻化した2020年3月下旬に出荷を始めたマスクの知名度が高いだろう。

当時はメディアで盛んに報道され、シャープのブランドイメージは大いに向上した。マスクはシャープの主力事業である白物家電やテレビと関係ないとの指摘もあるが、実は私が本書で繰り返し説明してきた経営手法を集大成した事業なのだ。

まずは経緯を振り返ろう。

シャープは2020年3月初め、経産省から日本国内で需給がひっ迫していたマスクを生産できないかとの打診を受けた。私はコロナ禍による移動制限のため台湾にとどまっていたのだが、直ちに社内に検討を指示した。当時の日本社会は緊急事態に直面しており、日本企業であるシャープにできる貢献を考えるのは当然のことだった。

私には、マスクがシャープの事業拡大につながるとの読みもあった。白物家電を手がけているSmart Appliances & Solutions事業本部は顧客の身の回りの空気、水などの環境を浄化することや、健康を増進する食生活を実現することを組織のミッションとしていた。これはマスクを生産する目的とかなり一致する。

台湾ではその時点でマスクを自給自足できる生産体制を築いていた。

私が日本向けのマスク製造に回すことができる装置を探したところ、中南部の工場に償却済みで廃棄前の故障した装置があるとの知らせが入った。台湾当局は当時、マスク製造装置の輸出を禁じていたのだが、この装置は故障のため規制対象から外れていた。私は日本から呼んだシャープの生産自動化の専門家とともに現地に向かった。

私が大同グループの台湾通信時代に、半導体製造のダイマウント工程に使う装置を分解し、不具合を解消したことは第6章で紹介した。まさにその経験が生きた。半導体とマスクでは品目が異なるものの、生産を自動化する技術はそう変わらない。

私は専門家とともにその日、故障していたマスク製造装置の状態を徹夜で調べ、改造すればまだ十分に使えると判断した。その場でバラバラに解体したうえで、翌日には日本へ空輸した。作業を急いだ結果、シャープは3週間ほどでマスクの生産・出荷にこぎつけることができた。

この取り組みを前述した4象限マトリクスで分析してみよう。

マトリクス表の左下に位置する既存の「市場」「事業・商品」は主に量販店で販売する白物家電やテレビである。自動化技術と三重工場（三重県多気町）のクリーンルームという社内の既存資源を組み合わせることで、縦軸の「事業・商品」を新規のマスクへと広げることができた。

横軸の「市場」については、量販店のルートではマスクの販売実績がなかったうえ、シャープ製のマスクは大量流通に向いていない商品であると考えた。そこで、前述した「COCORO LIFE」のネット通販サイトで販売することにした。

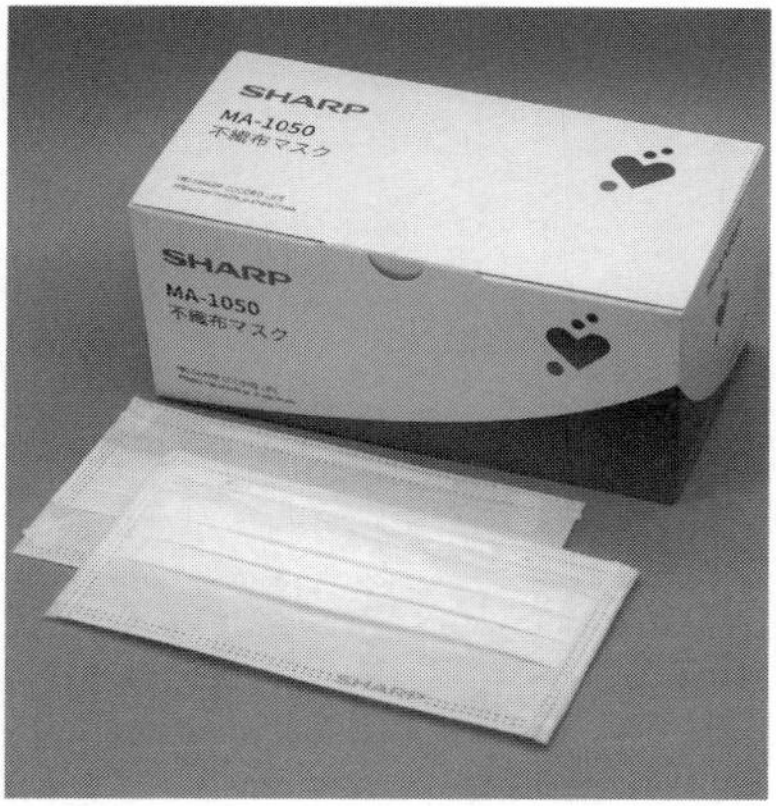

コロナ禍で真っ先にマスクの生産ラインを確立した

当初は生産能力が不十分で出荷が遅れることもあったが、社会貢献と事業拡大を両立できたと思う。２０１７年には約50万人台だった「COCORO LIFE」の会員は今や約７００万人にまで拡大した。

マスクを着用する時間が長くなると、肌荒れなどの症状が出て、スキンケア用品が必要になる顧客が増える。そこで、シャープは「COCORO LIFE」でスキンケア商品の販売も始めた。さらに、マスクもスキンケア用品もビジネスが軌道に乗れば、既存事業として定着する。顧客が受け入れやすいようにロゴをピンク色にしてソフト感を出したこともあり、将来は化粧品事業への進出が可能になるかもしれない。

その先に、ライフスタイル、ウェアラブル、スポーツ関連とそれぞれの領域にあった商品が生み出される可能性も出てくる。

つまり、シャープは既存事業の成長の鈍化を見越し、４象限マトリクスに基づく分析で新たな「市場」「事業・商品」へと事業を次々に拡大していけばいい。私は４象限マトリクスの繰り返しで事業を拡大するこの手法を「多象限経営」と名付けている。

私が経営陣から退いた後も、シャープには多象限経営の発想で事業拡大を続けてほしい。

最後のメッセージ

2022年に入ると、私はシャープの今後の経営方針について、次の3つを社内で強く徹底した。

第一に、海外での市場開拓や販売拡大は、引き続き徹底的にスピードを上げて推進していかねばならない点である。

第二に、新しい時代の流れを先取りするためにも、スマートライフやスマートオフィスという観点で展開するエコシステム、ソリューション、サービスの提供について、拡大に拍車をかける必要があるという点である。

そして最後に、全社の総資産の約5割を占め、シャープを最も代表すると言っても過言でない液晶パネル・ディスプレー事業をさらに強化せねばならないという点である。

コロナ禍の影響もあって、私自身ここ2、3年は思うほど日本に行くことができず、完全にはやり遂げられない経営課題もあった。社内で徹底した前述の3点はそれらのエッセンスでもある。新しい経営陣には、私のそんな思いをタスキにして渡したい。素晴らしいゴールを目指して駆け続けてほしい。

私がシャープの経営トップを務めた2016年8月から2022年6月までの約6年は、

こうして過ぎていった。6年間とは小学校、あるいは中学・高校を卒業するのに相当する時間だ。

私にとって、シャープでの6年間は日本に留学して大学・大学院を卒業・修了したようなものだ。あるいは、私はシャープの全社員とともに、長いカリキュラムを学び終えたのかもしれない。私はシャープが今後も健全に事業を継続し、次の100年の歴史を創ることに期待している。

本章の終わりに、2022年6月23日に発信した最後の社員向けメッセージの締めくくりのくだりを掲載し、筆をおきたい。

＊

最後に、私から皆さんに、3点お話ししたいことがあります。

1点目は、「どんな困難な局面でも逃げてはいけない。諦めてはいけない」ということです。私は鴻海時代から、「あなた自身が、物事を面倒と思った時は、それはやり方が合ってない」「あなた自身が、物事を困難と思った時は、それは能力が足りない」という中国語の標語を部屋に掲げてきました。つまり、何事にも「絶対に諦めない」「積極的に新しい事に取り組む」という姿勢が大事なのです。

回り道の先に待っているのは行き止まりだけであり、困難から逃げていては、苦労は2倍になります。ただ、真正面からぶつかれば、誰かの力を借りること、つまり、「借力使力」も可能です。是非、気持ちを強く持って業務に当たっていただきたいと思います。

2点目は、「スピード」です。皆さんは「Speed」という英単語の語源をご存知でしょうか。元々は、「成功」や「繁栄」を意味する「Sped」という言葉がその始まりです。例えば、「God speed you!!」という言葉は今でも「幸運を祈る」という意味に使われます。つまり、「Speed」こそが成功の鍵なのです。

今、Beyond 5GやAR／VRの具体化、DXの深化が待ったなしの世の中になっており、時代の変化はますます激しくなっています。「シャープは大きな魚ではなく、速く泳ぐ魚を目指せ」、私が社長就任以来言い続けてきた言葉ですが、これからも、速く泳ぐ魚であり続けてほしいと思います。

3点目は、シャープは「日本の宝」であるということです。私は心からそう思っており、社員の皆さんにも、自分はそういう会社に勤めているという強い自負心、「シャーププライド」を持って、全身全霊で業務に当たっていただきたいと思います。

私の後任のRobert CEOは、若くしながら卓越した能力を持った素晴らしい経営者です。彼を中心に新しいシャープ、これから100年先も発展し続ける、輝かしいシャープを作っていってください。どうか宜しくお願いします。

私自身、これからもシャープを見守っていきたいと考えていますし、今後とも何らかの繋がりを持てたらとは思います。

最後に、心からの感謝で締めくくらせていただきます。

長い間、本当にありがとうございました。

おわりに

若い頃から「学び」の連続であった。

幼少の頃の家業の手伝い、化学エンジニアリングや日本語を学んだ学生時代、リーダーシップを実践した兵役、大同での勤務と日本への赴任、さらには鴻海における偉大な経営者テリーさんとの出会いや苦難と喜びの日々、そしてシャープでの6年間。

改めて思い起こしても、私の人生は「学び」の連続であり、これまで事業を経営するうえでの原動力であった。シャープを引退した後も「学び」を続けている。私にとって学ぶことは生涯の目標であり、請われて母校である大同大学の理事に就任した理由でもある。後輩諸氏と一緒に「学び」たい、後輩諸氏の「学び」をサポートしたい、と思った次第である。

私はよく「なぜこんな短期間でシャープを再生できたのか」という質問を受けることがある。それは私と苦楽をともにし、シャープのさらなる発展のために歩みを進めてくれた役員・社員がいたからである。

私自身は、奇をてらうようなことは何もしていない。私は「学び」続けたことを強い意志を持って、曲げずに、愚直に、執拗に、スピード感を持って実践して具体的な成果を残した。何事にも勇気を持って挑戦し続け、現状を覆して未来を変えていく気概を持ち続けただけである。

さらには、父親が付けてくれた名前の「正」という文字に恥じることなく、「誠実な人間であり続けたい」という思いを貫き通しただけである。

私が本書を書こうと思い立ったのも、この「学び」が1つのキーワードであったからに他ならない。

私自身が指揮した経営革新を世に残すことによって、シャープの若い社員を含めた日本の企業の方々の「学び」の参考にならないか。それが私の大好きな日本、私が愛する日本の皆様への恩返しにもなるのではないか。そんな思いを抱いたからである。

企業というものは、激変する環境変化の中に身を置いている。

良いときもあれば、悪いときもある。チャンスもあればピンチもある。それは、シャープを含めて1社の例外もない。2回や3回は試練を迎えることもあるだろう。

この試練を乗り越えていくのが経営である。試練のときこそ「学び」の一助として、この書に目を通していただきたい。

苦境に立つと言われて久しい日本の社会、日本の企業が活力を取り戻し、さらなる発展を遂げていくために、本書が少しでもお役に立つとしたら、それは望外の喜びである。

ところで、私が経営者として存在できたのは、長く勤めてきた2つの会社で、私が誠心誠意お仕えした2人の董事長のおかげである。

1人は私が初めて就職し、当時は台湾を代表する企業だった大同の林挺生氏。もう1人は現在の台湾企業を代表する鴻海精密工業創業者の郭台銘氏。つまりテリーさんである。もし、私が彼らから何らかの宿題を課されているとしたら、この本はその回答の1つなのかもしれない。

特に、テリーさんのおかげで、私は人生における3つの得難い経験をすることができた。

第一に、2017年4月28・29日の両日、米国事業の拡大を進めていたテリーさんに同行して米ホワイトハウスに2度入り、大統領執務室でトランプ大統領（当時）と会談したことである。記念写真まで撮影できた。

第二に、2017年9月下旬、テリーさんとともに中国福建省の湄洲に行き、道教の女神・媽祖を台湾の宜蘭に迎え入れる祭事を行ったことである。台湾人の多くは航海・漁業の守り神である媽祖を深く信仰している。媽祖を迎え入れる祭事を実現できたことは、私にとっては故郷・宜蘭への恩返しとも言える。

そして最後に、2017年12月7日、私の人生の金字塔であるシャープの東証1部復帰の式典である。私は「日本への恩返しができた」という思いで式典に参加した。私は式典で、東証内にある鐘を鳴らした。打鐘の回数が5回であることは、穀物が豊かに実る「五穀豊穣」に由来していると聞いた。それには東証に上場した企業が繁栄を続けることへの願いが込められているのだろう。

私にとって、社長就任から東証1部復帰までの時間は、シャープの復活を願い、シャープの永遠の繁栄を願って鐘をつき続けた年月だった。5回の鐘の音はそんな私の思いを具現化しているようであり、その瞬間は感無量だった。

繰り返しになるが、私がこうした体験ができたのは、直接的にも間接的にもテリーさんのおかげである。テリーさんは稀代の事業家であり、私にとっては経営の、いや人生の師とも言える存在である。彼によって幾多の困難な道を与えられ、叱責を受け、時には褒められ、ともに35年以上の日々を過ごしてきた。

私の経営は、すべて彼の背中から学び取ったと言っても過言ではない。テリーさんには、どれほどの感謝の言葉を尽くしても感謝しきれない。深甚な謝意を表したい。

また、本書の執筆に当たっては、ジャーナリストで日本経済新聞記者の山田周平氏に絶大なるお力添えをいただいた。台湾の産業や社会に詳しく、中国語も堪能な山田氏からは、本書の構成や内容など多岐にわたり的確なアドバイスをいただいた。彼の存在がなければ本書は存在しなかった。深く感謝する。

最後に、現在の私の基礎を築いてくれた両親の戴来發と戴呉素娥に感謝する。

そして何よりも、いつも私を支え続けてくれた妻である高美娥に最も感謝する。

私の挑戦は、彼女の存在抜きではありえなかった。本当にありがとう。

2023年2月

戴正呉

解説

山田周平
（日本経済新聞記者、元中国総局長・台北支局長）

本書『シャープ　再生への道』は２０１０年代の日本の産業界を揺るがしたシャープの経営危機と鴻海精密工業による買収について、当事者である戴正呉氏が自伝の形式で振り返った著作である。

鴻海によるシャープ買収劇は当時、日本の電機大手がアジアの新興企業にのみ込まれる衝撃、経済産業省が描いた業界再編構想の是非など、様々な角度から経済論壇を賑わせた。その経緯を追った「シャープ本」は数多く出版されてきたが、当事者が体系的に証言するのは本書が初めてだろう。

近年の日本と台湾の経済交流において、戴氏ほどその実力や個性を発揮した台湾の経営者は珍しい。日台の経済交流は21世紀に入り、日本統治下で教育を受けた知日派の台湾経営者が現役を退き、人的なつながりが細る傾向にあった。台湾を代表する企業である鴻海で副総裁まで務めた手腕を持ち、長年の日本ビジネスで日本の商習慣や文化を熟知している戴氏は日台の経済交流の第一線に直近まで立ち続けた貴重な存在である。

本書はそんな戴氏の視点でシャープの再建・再生を描いている。戴氏の個人史としても面白い読み物だが、一般的な「シャープ本」とは異なる3つの特徴を指摘したい。

1つ目は台湾の視点で書かれている点だ。戴氏は鴻海がシャープ買収に動いた理由として、「SHARP」ブランドの価値を認めたことを挙げている。台湾の電機産業はEMSの鴻海、半導体のTSMCなどの大手を擁するものの、韓国の「SAMSUNG」、中国の「HUAWEI」のような世界に通用するブランドがない。シャープ買収でその弱みを補おうとする発想は理解しやすい。逆に本書からは、日本メディアが当時盛んに指摘したシャープの技術を吸収するという動機は読み取れない。

2つ目はシャープと中国の関係を冷静に分析している点だ。鴻海は「世界の工場」中国を現場で支えてきた台湾企業であり、戴氏は山東省煙台や貴州省で共産党幹部と親しく交流したと回顧している。しかし、シャープの今後の海外生産拠点としては中国ではなく、東南アジアを推奨している。一般に親中派とされる鴻海だが、戴氏は人件費高騰やコロナ禍による投資環境の悪化を客観的にとらえ、シャープに適した海外展開を志向したのだろう。

3つ目はまさに、日台の経済交流史の側面だ。戴氏が大同の駐在員として仰ぎ見ていた日本企業との関係は、鴻海がゲーム機の製造を請け負う頃には対等となり、シャープを買収するに至って逆転した。戴氏がシャープの買収交渉や経営遂行で感じた社内の権力争いの影や官僚主義は、日本の大企業に共通する病巣だろう。知日派の海外経営者が日本企業の強さと弱さをどう感じてきたかを知ることは、日本経済を活性化させるヒントにもなる。

日本では近年、中台関係の緊張に伴い、半導体の調達など経済安全保障の観点から台湾の重要性を指摘する論者が増えている。しかし、その多くが台湾企業の実力や日台の経済交流の現状を正確に把握せず、政治や外交の視点に偏った議論を展開しているのが実情である。

本書には日本、台湾、そして中国の産業連関の実話が詰まっている。シャープの動向を知りたい電機業界の関係者だけでなく、台湾に関心を持つ方々に広く手に取ってもらいたい著作である。

戴正呉 Tai, Jeng-Wu

シャープ元代表取締役会長
兼最高経営責任者（CEO）

1951年台湾宜蘭県頭城鎮生まれ。74年に大同工学院（現大同大学）化学工程学系を卒業し、大同に入社して日本駐在を経験。86年鴻海精密工業入社、99年恒業電子董事代表人、01年鴻海精密工業董事代表人、02年欣興電子董事代表人、04年鴻海副総裁（副社長）、05年廣宇科技董事代表人、09年乙盛精密工業董事、12年乙盛精密工業董事長、同年天鈺科技董事代表人、15年群創光電董事代表人。

16年8月にシャープの代表取締役社長に就き、18年に代表取締役会長兼社長、20年に代表取締役会長兼最高経営責任者（CEO）。17年にシャープの東証1部への復帰を果たし、22年にはシャープの全役職から退任した。

16年に大同大学から名誉博士を授与され、21年から同校理事を務めている。

シャープ　再生への道

2023年2月22日 1版1刷

著者　戴正呉

発行者　國分正哉

発行　株式会社日経BP
日本経済新聞出版

発売　株式会社日経BPマーケティング
〒105-8308 東京都港区虎ノ門4-3-12

装幀　新井大輔　八木麻祐子（装幀新井）

本文DTP　キャップス

印刷・製本　三松堂

JASRAC 出2300732-301

ISBN 978-4-296-11615-7